工会干部培训教材

黑龙江省工会干部学院 编著

申岩 主编

▶黑龙江版◀

电子工业出版社
Publishing House of Electronics Industry
北京·BEIJING

图书在版编目（CIP）数据

工会干部培训教材：黑龙江版 / 黑龙江省工会干部学院编著；申岩主编 . —北京：电子工业出版社，2018.9

ISBN 978-7-121-34758-0

Ⅰ . ①工… Ⅱ . ①黑… ②申… Ⅲ . ①工会工作－中国－干部培训－教材 Ⅳ . ① D412.6

中国版本图书馆 CIP 数据核字 (2018) 第 161131 号

书　　名：工会干部培训教材（黑龙江版）
作　　者：黑龙江省工会干部学院 编著　申　岩 主编
策划编辑：张振宇
责任编辑：张振宇
印　　刷：三河市双峰印刷装订有限公司
装　　订：三河市双峰印刷装订有限公司
出版发行：电子工业出版社
　　　　　北京市海淀区万寿路 173 信箱　　邮编：100036
开　　本：720×1000　1/16　　印张：25.75　字数：480 千字
版　　次：2018 年 9 月第 1 版
印　　次：2018 年 9 月第 1 次印刷
定　　价：58.00 元

凡所购买电子工业出版社图书有缺损问题，请向购买书店调换。若书店售缺，请与本社发行部联系，联系及邮购电话：（010）88254888，88258888。
质量投诉请发邮件至 zlts@phei.com.cn，盗版侵权举报请发邮件至 dbqq@phei.com.cn。
本书咨询联系方式：（010）88254210，influence@phei.com.cn，微信号：yingxianglibook。

第一章
新时代新使命新要求与工会工作

工会干部培训教材
（黑龙江版）

第一节　习近平新时代中国特色社会主义思想及
习近平总书记关于工人阶级和
工会工作的重要论述

一、习近平新时代中国特色社会主义思想

2017 年 10 月 18 日，在中国共产党第十九次全国代表大会上，习近平总书记首次提出"新时代中国特色社会主义思想"。这是全党全国人民为实现中华民族伟大复兴而奋斗的行动指南。

1. 习近平新时代中国特色社会主义思想的形成。

党的十八大以来，国内外形势变化和我国各项事业发展都给我们提出了一个重大时代课题，这就是必须从理论和实践结合上，系统回答新时代坚持和发展什么样的中国特色社会主义、怎样坚持和发展中国特色社会主义，包括新时代坚持和发展中国特色社会主义的总目标、总任务、总体布局、战略布局和发展方向、发展方式、发展动力、战略步骤、外部条件、政治保证等基本问题，并且要根据新的实践对经济、政治、法治、科技、文化、教育、民生、民族、宗教、社会、生态文明、国家安全、国防和军队、"一国两制"和祖国统一、统一战线、外交、党的建设等各方面作出理论分析和政策指导，以利于更好地坚持和发展中国特色社会主义。

围绕这个重大时代课题，我们党坚持以马克思列宁主义、毛泽东思想、邓小平理论、"三个代表"重要思想、科学发展观为指导，坚持解放思想、实事求是、与时俱进、求真务实，坚持辩证唯物主义和历史唯物主义，紧密结合新的时代条件和实践要求，以全新的视野深化对共产党执政规律、社会主义建设规律、人类社会发展规律的认识，进行艰辛理论探索，取得重大理论创新成果，形成了习近平新时代中国特色社会主义思想。

2. 习近平新时代中国特色社会主义思想的主要内容。

第一，明确坚持和发展中国特色社会主义，总任务是实现社会主义现代化和中华民族伟大复兴，在全面建成小康社会的基础上，分两步走，在本世纪中叶建成富强民主文明和谐美丽的社会主义现代化强国。

第二，明确新时代我国社会主要矛盾是人民日益增长的美好生活需要和不平衡不充分的发展之间的矛盾，必须坚持以人民为中心的发展思想，不断促进人的全面发展、全体人民共同富裕。

第三，明确中国特色社会主义事业总体布局是"五位一体"、战略布局是"四个全面"，强调坚定道路自信、理论自信、制度自信、文化自信。

第四，明确全面深化改革总目标是完善和发展中国特色社会主义制度、推进国家治理体系和治理能力现代化。

第五，明确全面推进依法治国总目标是建设中国特色社会主义法治体系、建设社会主义法治国家。

第六，明确党在新时代的强军目标是建设一支听党指挥、能打胜仗、作风优良的人民军队，把人民军队建设成为世界一流军队。

第七，明确中国特色大国外交要推动构建新型国际关系，推动构建人类命运共同体。

第八，明确中国特色社会主义最本质的特征是中国共产党领导，中国特色社会主义制度的最大优势是中国共产党领导，党是最高政治领导力量，提出新时代党的建设总要求，突出政治建设在党的建设中的重要地位。

3. 习近平新时代中国特色社会主义思想的重大意义。

习近平新时代中国特色社会主义思想，是对马克思列宁主义、毛泽东思想、邓小平理论、"三个代表"重要思想、科学发展观的继承和发展，是马克思主义中国化的最新成果，是党和人民实践经验和集体智慧的结晶，是中国特色社会主义理论体系的重要组成部分，是全党全国人民为实现中华民族伟大复兴而奋斗的行动指南，必须长期坚持并不断发展。

二、习近平总书记关于工人阶级和工会工作的重要论述

党的十八大以来，习近平总书记对工人阶级和工会工作高度重视，多次作出重要论述，为做好工会工作指明了方向。工会工作者要深入学习贯彻

习近平新时代中国特色社会主义思想，特别是这一思想中关于工人阶级和工会工作重要论述，不断开创工会工作新局面。

习近平总书记鲜明提出了工人运动的时代主题、工会工作的原则方针和目标任务，内涵丰富、思想深刻，系统全面、博大精深，集中体现在以下十个方面。

1. 切实保持和增强工会工作和工会组织的政治性先进性群众性。

习近平总书记强调，要毫不动摇地坚持中国特色社会主义群团发展道路，全面把握"六个坚持"的基本要求和"三统一"的基本特征。政治性是群团组织的灵魂，是第一位的，包括工会在内的群团组织要始终把自己置于党的领导之下，在思想上政治上行动上始终同党中央保持高度一致；必须把保持和增强先进性作为重要着力点，组织动员广大职工群众为完成党的中心任务而共同奋斗；群众性是群团组织的根本特点，开展工作和活动要以职工群众为中心，让职工群众当主角。

2. 坚持党对工会的领导，始终保持工会工作的正确政治方向。

习近平总书记强调，坚持正确政治方向，就是要坚持中国共产党领导和社会主义制度。党政军民学，东西南北中，党是领导一切的。在坚持党的领导这个根本问题上，工会干部必须头脑十分清醒、立场十分坚定、行动十分坚决。

3. 坚持全心全意依靠工人阶级，充分发挥工人阶级主力军作用。

习近平总书记强调，要把全心全意依靠工人阶级的根本方针贯彻到经济、政治、文化、社会、生态文明建设以及党的建设各方面，落实到党和国家制定政策、推进工作全过程，体现到企业生产经营各环节。

4. 牢牢把握我国工人运动的时代主题，为实现中华民族伟大复兴的中国梦而奋斗。

习近平总书记强调，工会要牢牢抓住我国工人运动的时代主题，把推动科学发展、实现稳中求进作为发挥作用的主战场，把做好新时代职工群众工作、调动职工群众积极性和创造性作为中心任务，使中国梦真正同每个职工的个人理想和工作生活紧密结合起来，真正落实到实际行动之中。

5. 崇尚劳动、尊重劳动者，大力弘扬劳模精神和工匠精神。

习近平总书记强调，劳模精神生动诠释了社会主义核心价值观，是我们的宝贵精神财富和强大精神力量。要大力宣传劳动模范和其他典型的先进事迹，引导广大职工树立辛勤劳动、诚实劳动、创造性劳动的理念。做好劳模管理服务工作，更好发挥劳模的榜样、示范、引领作用。

习近平总书记指出："当代工人不仅要有力量，还要有智慧、有技术，能发明、会创新，以实际行动奏响时代主旋律。"工会要实施职工素质建设工程，推动建设宏大的知识型、技能型、创新型劳动者大军。大力弘扬工匠精神，引导广大职工和劳动者树立终身学习理念，培养执着专注、精益求精、一丝不苟、追求卓越的职业素养，在创业创新的时代洪流中发挥主力军作用。

6. 注重发挥工会组织的作用，坚持中国特色社会主义工会发展道路。

习近平总书记强调，工会是党联系职工群众的桥梁和纽带，工会工作是党治国理政的一项经常性、基础性工作。中国特色社会主义工会发展道路是中国特色社会主义道路的重要组成部分，深刻反映了中国工会的性质和特点，是工会组织和工会工作始终沿着正确方向前进的重要保证。要始终坚持这条道路，不断拓展这条道路，努力使这条道路越走越宽广。

7. 把更好地维护和发展职工群众利益作为根本要求，构建和发展和谐劳动关系。

习近平总书记强调，要坚决履行维护职工合法权益的基本职责，帮助职工群众通过正常途径依法表达利益诉求，把党和政府的关怀送到广大劳动群众心坎上，不断赢得职工群众的信赖和支持。要健全劳动关系协调机制，及时正确处理劳动关系矛盾纠纷，最大限度增加和谐因素、最大限度减少不和谐因素。

8. 围绕"三个着力"加强基层工会建设，增强工会吸引力凝聚力战斗力。

习近平总书记强调，基层工会离职工最近，联系职工最直接，服务职工最具体，是工会工作的基础和关键。要从巩固党执政的阶级基础和群众基础的高度出发，着力扩大覆盖面、增强代表性，着力强化服务意识、提高维权能力，着力加强队伍建设、提升保障水平。

9. 增强自我革新的勇气，顺应时代要求推动工会改革创新。

习近平总书记强调，群团组织要增强自我革新的勇气，坚持眼睛向下、面向基层，改革和改进机关机构设置、管理模式、运行机制，坚持力量配备、服务资源向基层倾斜，创新群众工作体制机制和方式方法。要与时俱进，自觉运用改革精神谋划工会工作，推动工会工作再上新台阶。

10. 切实改进工作作风，提高能力素质。

习近平总书记强调，要坚持把群众路线作为工会工作的生命线和根本工作路线，把工作重心放在最广大普通职工身上，改进工作作风，破除衙门作风，坚决克服机关化、脱离职工群众现象，让职工群众真正感受到工会是"职工之家"，工会干部是最可信赖的"娘家人"。

习近平总书记关于工人阶级和工会工作的重要论述，是对马克思主义劳动学说和群众学说的传承与深化，是对党的群众工作理论和工运理论的丰富与发展，是指导工会工作的强大思想武器。工会干部要深入学习领会、坚决贯彻落实。

第二节　党的十九大报告关于工会工作的主要内容

党的十九大报告通篇贯穿了以人民为中心的思想，充分展示了我们党不忘初心、为人民谋幸福的宗旨意识和执政取向，对工人阶级和工会工作作出新部署、提出新要求，为工会工作者做好工会工作指明了前进方向，提供了强大动力。

一、关于以人民为中心

党的十九大报告强调必须坚持人民主体地位，把党的群众路线贯彻到治国理政全部活动之中，把实现人民对美好生活的向往作为奋斗目标，依靠人民创造历史伟业。当前我国职工队伍总数已达到 3.91 亿，作为人民的一部分，他们主人翁的地位进一步提高，是党和国家治国理政最可靠的力量。工会必须贯彻落实以人民为中心的发展思想，把广大职工对美好生活的向往作为工会的奋斗目标，切实维护好职工的各项权益。工会要紧紧围绕增强政治性、先进性、群众性，在建机制、强功能、增实效上下功夫，服务职工群众。

二、关于工人阶级的历史使命

党的十九大报告坚持了我国《宪法》确立的国家体制，"我国是工人阶级领导的、以工农联盟为基础的人民民主专政的社会主义国家。国家一切权力属于人民"。这是中国特色社会主义的基本特征。坚持这个要求，就必须贯彻全心全意依靠工人阶级的方针，发挥工人阶级在决胜全面建成小康社会、进而全面建设社会主义现代化国家的主力军作用。

三、关于健全人民当家作主制度体系

党的十九大报告强调有事好商量，众人的事情由众人商量是人民民主的体现。新时代下工会应当加强职工民主管理工作，保障职工的知情权、参与权、表达权、监督权，使职工群众真正成为民主管理的主体。

四、关于产业工人队伍建设

党的十九大报告强调要"建设知识型、技能型、创新型劳动者大军，弘扬劳模精神和工匠精神，营造劳动光荣的社会风尚和精益求精的敬业风气"。这里有两个方面的含义：一是要注重产业工人队伍建设，提高劳动者素质；二是让劳模精神和工匠精神不断发扬光大。这是全面建成小康社会，实现中华民族伟大复兴中国梦的必然要求。工会要在推进产业工人队伍建设改革中牵好头。要加快推进产业工人队伍建设改革，大力营造尊重劳动、崇尚技能、鼓励创造的社会氛围。要主动履行工会牵头责任，加强与相关部门的沟通协调，总结推广基层的创新实践和经验做法，发挥先进典型的示范引领作用，以点带面推动改革落地。

五、关于加强和改进思想政治工作

党的十九大报告强调把社会主义核心价值观融入社会发展各方面，推进社会公德、职业道德、家庭美德、个人品德建设，深化群众性精神文明创建活动。工会要把社会主义核心价值观建设与提高职工思想素质结合起来；要把做好职工思想政治工作与为职工做好事、做实事，帮助职工排忧解难结合起来；要把做好职工思想政治工作与全面提高职工素质结合起来，采取丰富多彩的形式，寓教于乐，努力拓展工会职工思想政治工作的新渠道、新领域，不断推动职工精神文明建设向前发展。

六、关于保障和改善民生

党的十九大报告强调增进民生福祉是发展的根本目的，必须多谋民生之利、多解民生之忧，在发展中补齐民生短板、促进社会公平正义，保证全体人民在共建共享发展中有更多获得感。工会要着力加大供给侧结构性改革中职工维权力度，协助党委和政府解决好职工普遍关心的就业安置、职业培训、工资报酬等问题。要聚焦困难职工和农民工群体，实施精准帮扶和普惠服务，多做雪中送炭的事情，确保全面小康路上不掉队。

七、关于构建和谐劳动关系

党的十九大报告强调要完善政府、工会、企业共同参与的协商机制，坚持就业优先战略和积极就业政策，促进高校毕业生等青年群体、农民工多渠道就业创业，坚持在经济增长的同时实现居民收入同步增长、在劳动生产率提高的同时实现劳动报酬同步提高。工会要做好构建和谐劳动关系工作，主动适应现阶段劳动关系的新变化，着力强化源头参与、集体协商、民主管理等工作，既要关心和维护职工权益，也要教育和引导职工理解改革、支持改革，引导广大职工正确对待社会利益关系调整，以理性合法形式表达利益诉求。要落实意识形态工作责任制，加强对劳动关系领域社会组织的引领服务，加强维稳和防范抵御工作，以维护职工队伍稳定促进社会和谐稳定。

八、关于加强预防和化解社会矛盾机制建设

党的十九大报告要求打造共建、共治、共享的社会治理格局，完善党委领导、政府负责、社会协同、公众参与、法治保障的社会治理体制。工会作为重要的群团组织，要积极发挥国家政权重要支柱的优势，积极投入国家治理建设，围绕联系、引导、服务抓好社会组织工作，突出预防、管控、处置抓好维稳工作；进一步健全劳动法律监督制度，增强劳动争议处理的能力，健全劳动争议调解机制，不断提升工会社会工作的科学化、法治化、规范化水平。

九、关于工会组织改革创新

党的十九大报告强调创新群众工作体制和方式方法，推动工会、共青团、妇联等群团组织增强政治性、先进性、群众性，发挥联系群众的桥梁纽带作用，组织动员广大人民群众坚定不移跟党走。工会一定要抓住工会改革这一重大契机，坚持省、市、县三级压茬推进，切实解决组织覆盖不到位、基层基础薄弱、"脚不着地"等问题。坚持工作重心下移、资源力量下沉，着力强基层、补短板、增活力。要加强网上工会建设，做到线上线下两条战线、实体虚拟两大空间同时发力，改变工会自我循环、封闭运行的局面。

十、关于提升各级领导干部的专业素质和能力

党的十九大报告强调各级领导干部既要政治过硬，也要本领高强，要增加学习本领、政治领导本领、改革创新本领、科学发展本领、依法执政本领、群众工作本领、狠抓落实本领、驾驭风险本领。工会要按照增强"八种本领"的要求，进一步加强教育培训，加强实践锻炼，加强选拔培养，全面提高工会干部能力素质。要突出干部作风建设，推动广大工会干部自觉到职工群众中去，接地气、增感情，始终同职工群众心连心，让职工群众真正感受到工会组织是职工之家、工会干部是职工"娘家人"。

中国工会是中国共产党领导的工人阶级群众组织，党的初心和使命是激励工会不断前进的根本动力。各级工会要自觉接受党的领导，不忘初心，牢记使命，高举维护职工权益旗帜，牢牢把握我国工人运动时代主题，引领广大职工听党话、跟党走，弘扬劳模精神和工匠精神，在决胜全面建成小康社会、全面建设社会主义现代化国家的新征程中，充分发挥工人阶级主力军作用。

第三节　贯彻《中共中央关于加强和改进党的群团工作的意见》和中央党的群团工作会议精神

群团事业是党的事业的重要组成部分，党的群团工作是党治国理政的一

项经常性、基础性工作，是党组织动员广大人民群众为完成党的中心任务而奋斗的重要法宝。工会、共青团、妇联等群团组织联系的广大人民群众是全面建成小康社会、坚持和发展中国特色社会主义的基本力量，是全面深化改革、全面推进依法治国、巩固党的执政地位、维护国家长治久安的基本依靠。为更好发挥群团组织作用，把广大人民群众更加紧密地团结在党的周围，汇聚起实现"两个一百年"奋斗目标、实现中华民族伟大复兴中国梦的强大正能量，2015 年 1 月，党中央印发了《中共中央关于加强和改进党的群团工作的意见》（以下简称《意见》），对加强党对群团工作的领导作出了全面部署，是推动群团事业发展、开创群团工作新局面的纲领性文件。同年 7 月，中央党的群团工作会议在北京召开，习近平总书记出席会议并发表重要讲话。由党中央召开党的群团工作会议，在党的历史上还是第一次。这次会议的主要任务是分析研究新形势下党的群团工作面临的新情况新问题，贯彻落实《意见》，总结成功经验，解决突出问题，推动改革创新，努力开创党的群团工作新局面。

一、加强和改进党的群团工作的重要性和紧迫性

在革命、建设、改革各个历史时期，党始终高度重视群团工作，加强群团组织建设，发挥群团组织特殊优势，团结带领广大人民群众共同为实现党在各个时期的历史任务而奋斗。中国特色社会主义进入新时代，党的群团工作只能加强，不能削弱；只能改进提高，不能停滞不前。

习近平总书记在党的十九大报告中提出实现中华民族伟大复兴的中国梦，描绘了国家富强、民族振兴、人民幸福的美好前景。实现我们党确定的宏伟目标，根本上要靠全体人民的劳动、创造、奉献，必须加强和改进党的群团工作，更好组织动员群众、教育引导群众、联系服务群众、维护群众合法权益，充分激发蕴藏在人民群众中的巨大创造力，凝聚起实现"两个一百年"奋斗目标和中国梦的磅礴力量。

当前，全面建成小康社会、全面深化改革、全面推进依法治国、全面从严治党的历史重任摆在全党面前。人民是国家的主人、改革的主体。做好改革发展稳定各项工作，必须依靠人民群众支持和拥护，必须加强和改进党的群团工作，充分发挥群团组织作用，调动人民群众的积极性、主动

性、创造性。

我国发展的内外环境正在发生深刻变化，党面临的挑战和考验前所未有。人心向背关系党的生死存亡。巩固党的执政地位，经受住执政考验、改革开放考验、市场经济考验、外部环境考验，应对好精神懈怠危险、能力不足危险、脱离群众危险、消极腐败危险，核心是保持党同人民群众的血肉联系。必须加强和改进党的群团工作，全心全意依靠工人阶级和广大人民群众，最大限度把人民群众团结在党的周围，打造抵御国内外敌对势力干扰破坏和"颜色革命"的铜墙铁壁，夯实党执政治国的群众基础。

近年来，党的群团工作在继承创新中不断加强，但与新时代新任务的要求相比仍存在许多不适应的地方。有的地方和部门党组织对群团工作重视不够，对群团工作的特点和规律缺乏深入研究，对发挥群团组织作用缺乏有力指导和支持。群团组织基层基础薄弱、有效覆盖面不足、吸引力凝聚力不够问题突出，特别是在非公有制经济组织、社会组织和各类新兴群体中的影响力亟待增强；有的群团组织工作和活动方式单一，进取意识和创新精神不强，存在机关化、脱离群众现象；群团干部能力素质需要进一步提高，作风需要进一步改进。各级党委必须高度重视做好党的群团工作，全面提高水平，切实解决问题，不断开创党的群团工作新局面。

二、中国特色社会主义群团发展道路的内涵

中国特色社会主义群团发展道路，是对党的群团工作长期奋斗历史经验的科学总结。这条道路是中国共产党开展群众工作、推进党的事业的伟大创造，是党领导群众实现共同梦想的历史选择，是群团组织与时俱进、发展壮大的必由之路。这条道路是中国特色社会主义道路的重要组成部分，其基本特征是各群团自觉接受党的领导、团结服务所联系群众、依法依章程开展工作相统一。

1. 坚持党对群团工作的统一领导。

党的领导是做好群团工作的根本保证。各级党组织必须负起政治责任，加强对群团组织的政治领导、思想领导、组织领导，把党的理论和路线方针

政策贯彻落实到群团工作各方面、全过程。群团组织必须坚持正确政治方向，自觉服从党的领导，贯彻党的意志和主张，严守政治纪律和政治规矩，在思想上政治上行动上始终同以习近平同志为核心的党中央保持高度一致，不断增强中国特色社会主义道路自信、理论自信、制度自信、文化自信。

2. 坚持发挥桥梁和纽带作用。

群团组织是党和政府联系人民群众的桥梁和纽带。各级党组织要重视依靠群团组织推动党的理论和路线方针政策在群众中的贯彻落实，更好践行群众路线，做好群众工作。群团组织要经常深入群众，倾听群众呼声、反映群众意愿，深入做好群众的思想政治工作，把党的决策部署变成群众的自觉行动，把党的关怀送到群众中去。

3. 坚持围绕中心、服务大局。

为党和国家工作大局服务，始终是群团工作的价值所在。各级党组织要指导群团组织紧紧围绕中国特色社会主义经济建设、政治建设、文化建设、社会建设、生态文明建设，围绕外交工作大局和祖国统一大业，找准工作的结合点和着力点，团结动员所联系群众为完成党和国家中心任务贡献力量。群团组织要坚持在大局下思考、在大局下行动，明确职责定位、展现自身价值，更好地促进改革发展、维护社会和谐稳定。

4. 坚持服务群众的工作生命线。

群团组织是党直接领导的群众自己的组织，为群众服务是群团组织的天职。各级党组织要推动群团组织贯彻党的群众路线，为群团组织服务群众创造条件。群团组织要增强群众观念，多为群众办好事、解难事，维护和发展群众利益，不断增强自身影响力和感召力。

5. 坚持与时俱进、改革创新。

改革创新是群团工作发展进步的不竭动力。各级党组织和群团组织要把握时代脉搏，适应社会发展变化，尊重基层首创精神，不断推进群团工作和群团组织建设理论创新、实践创新、制度创新，始终与党和国家事业同步前进。

6. 坚持依法依章程独立自主开展工作。

尊重群团组织性质和特点是做好群团工作的重要原则。各级党组织要支持群团组织发挥各自优势、体现群众特点，创造性地开展工作。群团组织要大胆履责、积极作为，依法依章程开展活动、维护群众权益，最广泛地吸引和团结群众。

第四节　不忘初心　牢记使命

面对新时代新任务，中国工会要全面贯彻党的十九大精神，以习近平中国特色社会主义思想为指导，坚持稳中求进工作总基调，牢牢把握工人运动时代主题，坚定不移走中国特色社会主义工会发展道路，以理论武装新境界维护核心，以建功立业新贡献服务中心，以维权服务新成效凝聚人心，以深化改革新突破增强信心，不断增强政治性、先进性、群众性，肩负起新的使命和责任担当，团结动员广大职工为决胜全面建成小康社会、夺取新时代中国特色社会主义伟大胜利、实现中华民族伟大复兴的中国梦作出新的更大的贡献。

一、坚持用习近平新时代中国特色社会主义思想武装头脑，切实增强贯彻落实的思想自觉和行动自觉

当前，学习宣传贯彻习近平新时代中国特色社会主义思想和党的十九大精神是工会工作的头等大事。各级工会要广泛运用工会报刊、网站、"两微一端"等阵地，开展多形式、分层次、全覆盖的宣传和培训，推动习近平新时代中国特色社会主义思想和党的十九大精神进教材、进课堂、进头脑，团结凝聚工会干部和广大职工坚定不移听党话、跟党走，增强拥护核心、拥戴领袖的自觉性和坚定性。

二、充分调动职工群众的积极性主动性创造性，在决胜全面建成小康社会、全面建设社会主义现代化国家新征程中展现工人阶级新风采

1. 以践行新发展理论为引领，团结引导广大职工建功立业。

牢牢把握为实现中华民族伟大复兴的中国梦而奋斗的工人运动的时代主题，引导广大职工积极投身于"一带一路"建设、京津冀协同发展、长江经济带发展等国家发展战略，以"当好主人翁、建功新时代"为主题，开展各种形式的劳动和技能竞赛，在打赢防范化解重大风险、精准脱贫、污染防治

三大攻坚战，建设现代化经济体系、振兴和提升实体经济、推动高质量发展中，充分发挥主力军作用，在实现中国梦的奋斗中争取人生出彩。

2. 以推进产业工人队伍建设改革为抓手，建设知识型、技能型、创新型劳动者大军。

围绕支柱产业、战略性新兴产业和骨干企业等重点领域，以创新职工技能培训模式、改进技能评价方式、拓展职业发展空间等为重点，充分发挥产业工会的作用，造就一支有理想守信念、懂技术会创新、敢担当讲奉献的宏大的产业工人队伍。

3. 以弘扬劳模精神和工匠精神为重点，营造劳动光荣的社会风尚和精益求精的敬业风气。

深化"中国梦·劳动美"主题教育，强化教育引导、实践养成、制度保障，深化职工职业道德建设，把社会主义核心价值观融入职工生产生活各方面。大力弘扬劳模精神和工匠精神，充分发扬劳动模范、大国工匠等先进人物的示范作用，进一步叫响做实"大国工匠"品牌，引导广大职工立足本职、爱岗敬业、拼搏奉献、追求卓越。

4. 以实现职工群众对美好生活的向往为目标，旗帜鲜明地做好维权服务工作。

加强供给侧结构性改革中的转岗安置职工、城市困难职工、农民工等重点群体的维权力度，健全以职工代表大会为基本形式的企事业单位民主管理制度，常态化开展送温暖活动，提升职工的获得感、幸福感、安全感，确保广大职工同步迈向小康社会。重视人文关怀，心灵引导，实现职工体面劳动、舒心工作、全面发展。

三、锲而不舍地将工会改革进行到底，为承担新时代工会新使命奠定坚实的组织基础

1. 坚定不移推动工会系统全面从严治党向纵深发展。

开展工会系统"不忘初心、牢记使命"主题教育，进一步提高工会系统党建水平，营造风清气正的良好政治生态。

2. 更大力度更实举措推动工会改革向基层延伸。

紧紧围绕增强政治性、先进性、群众性这条主线，继续在建机制、强功能、增实效上下功夫，按照"抓重点、补短板、强弱项"的要求，推动工会改革向下一级延伸。加快网上工会建设，持续推进农民工入会工作。夯实基层基础，激活活力动力，根据形势发展及时拓展新的工作领域，使工会工作真正深入到广大职工中去。

3. 从严从实锻造高素质专业化工会干部队伍。

落实好干部标准，建设好干部队伍。加强工会干部教育培训，引导广大工会干部特别是领导干部增强"八个本领"，全面提升干部的素质和能力。

第二章
中国工会和黑龙江省工会的历史发展

工会干部培训教材
（黑龙江版）

第一节　中国工会运动简史

中国工会运动的历史，是一部在中国共产党领导下的发展壮大史。中国工人运动和工会的历史发展表明，工人阶级是社会先进生产力和先进生产关系的代表，是党最坚实最可靠的阶级基础，是党领导的中国革命、社会主义建设和推进改革开放、实现中华民族伟大复兴中国梦的重要社会力量。

一、民主主义革命时期的工会运动（1840—1949 年）

民主主义革命时期的工会运动可以划分为三个阶段：1840—1919 年，中国工人阶级诞生，工人运动开始兴起；1919—1927 年，以城市为中心的工人运动风起云涌；1927—1949 年，在农村包围城市、武装夺取政权的革命道路中，工人运动走向成熟，革命工会也从弱小发展为革命的重要力量。

1. 工人阶级诞生和工人运动兴起（1840 年鸦片战争—1919 年五四运动）。

鸦片战争后，中国逐渐沦为半殖民地半封建国家。帝国主义对中国的侵略，一方面给中国带来了深重的灾难，同时也在客观上加速了中国自给自足自然经济的解体和资本主义的发展。在外国资本、官僚资本和民族资本经营的企业中，新兴的中国工人阶级开始诞生并逐渐发展壮大。到 1919 年五四运动前，工人阶级已经成为一支重要的社会力量。这是工会运动产生和发展的基础。

中国工人阶级产生于半殖民地半封建社会，深受帝国主义、封建主义和资本主义三重压迫和剥削，经济地位、政治地位都处在社会最底层，加上经济落后、劳动条件恶劣、劳动力价格低廉，工人阶级的境况极为悲惨。旧中国半殖民地半封建的社会性质和工人阶级的早期状况，决定了中国工人阶级除了具备一般无产阶级的基本特点，即与最先进的经济形式相联系、不占有生产资料、具有最坚决最彻底的革命性，以及在大工业中养成的组织性和纪律性之外，还具有它独特的优点：中国工人阶级深受帝国主义、封建主义和资本主义三重压迫，具有改变自己悲惨处境的强烈要求，其革命性和斗争性比任何阶级都坚决彻底；中国工人阶级主要集中在少数大城市和大型厂矿企业及矿山、铁路、海员、纺织等产业中，这种相对集中的状况有利于工人阶级的组织和团结；中国工人阶级大多数来自破产农民，与农民具有天然联系，便于同农民结成巩固的亲密联盟。但是，中国工人阶级也有其不可避免的弱点，人数较少，年龄较轻，文化水平较低，受传统观念、小生产意识影响较深等。

中国工人阶级这些突出的优点和弱点，对于中国工会运动乃至整个新民主主义革命，都产生了重大的影响。一方面，中国工人阶级是新的生产力的代表，它和分散的农民阶级、软弱的资产阶级相比，是近代中国社会最进步、革命性最坚决的阶级，必然成为中国革命的领导力量。另一方面，中国工人阶级自身的弱点也表明，工人阶级要完成自己的历史使命，必须建立本阶级的革命政党。有了这个核心力量，中国工人阶级才有可能充分发扬自己的优点，自觉克服自身的缺点，在本阶级的先锋队领导下，团结一切可能团结的力量，取得最后的胜利。

这一时期，工人运动开始兴起，但还停留在自发斗争阶段。在这些自发斗争中，工人阶级为了维护自身的利益，开始建立以行业和地域为纽带的群众性组织，多是中国旧式的秘密结社组织，不是现代意义上工会的形式。

2. 以城市为中心的工人运动风起云涌（1919 年五四运动—1927 年大革命失败）。

五四运动是中国新民主主义革命的开端。1921 年中国共产党成立后，把领导工人运动作为党的主要工作，把反帝反封建作为中国革命的主要任务，并与国民党建立了革命统一战线。这一时期，中国共产党效仿俄国十月革命的模式，尝试走以城市为中心的革命发展道路，工人运动在党的领导下开始融入中国反帝反封建革命的洪流之中。

中国共产党成立后，公开建立中国劳动组合书记部作为领导工人运动的工作机构。中国劳动组合书记部致力于建立具有阶级性、群众性和民主性的"真正的工人团体"，主张劳动者不分职业、不分地域，按照产业原则组织工会。1922年5月，中国劳动组合书记部发起召开了第一次全国劳动大会，会议通过的决议案，决定在全国总工会成立之前，由中国劳动组合书记部为全国工会的总通讯机关，即承认了书记部对全国工人运动的领导地位。1923年"二七"惨案发生后，中国劳动组合书记部及其领导的工会全部遭到军阀政府取缔，工人运动转入低潮。

1924年1月，中国国民党第一次全国代表大会的召开，标志着国共合作的统一战线正式建立，工人运动开始复兴。1925年召开的第二次全国劳动大会，宣布成立中华全国总工会。在五卅运动、省港罢工、北伐战争中，中华全国总工会领导下的工会组织迅速发展壮大，所属的全国性产业工会有铁路、海员、邮政总工会，地方性总工会有上海、广州、北京、天津、湖南、湖北、河南、济南等省市总工会，基层工会和会员人数发展迅速。中华全国总工会所属基层工会和会员人数，1925年为166个，54万人；1926年达到699个，124万人；1927年达到290万人。

3. 农村包围城市中的工人运动走向成熟（1927年—1949年新中国成立前）。

1927年大革命失败后，国民党反动集团疯狂屠杀共产党人和工农群众，封闭、解散革命工会，取缔工人运动。然而工人阶级在党的领导下顽强地坚持斗争。

中国工人运动始终与党领导的新民主主义革命的历史进程紧密结合。在土地革命战争时期，工人阶级积极投入武装反抗国民党反动统治和创建革命根据地的斗争。抗日战争爆发后，工人阶级不仅通过罢工、捐款、战地服务等各种形式开展抗日救亡运动，并将一批重要工业和军事工业从战区迁至后方，而且还组织了具有相当规模的工人抗日武装力量直接参战，为抗击日本侵略者同仇敌忾，为中华民族取得抗日战争的最后胜利作出了重要贡献。解放战争时期，工人阶级把争取和平民主、反对内战独裁作为工人运动的主要任务，在国民党统治地区，以工人阶级为主体的爱国民主运动，成为与解放区战场相互配合的第二条战线。

1948年8月在第六次全国劳动大会上，中华全国总工会恢复重建，中国劳动协会宣布以团体会员的资格加入中华全国总工会，至此中国工会实现了全国的统一。

二、社会主义革命和建设时期的工会运动（1949—1978 年）

社会主义革命和社会主义建设时期的工会运动可以划分为两个阶段：1949 年至 1956 年，过渡时期的工会运动取得了辉煌的成就；1957 年至 1978 年，由于"左"倾错误思想的影响，工会运动的发展历经坎坷。

1. 过渡时期工会运动的辉煌成就（1949 年新中国成立—1956 年生产资料的社会主义改造完成）。

新中国成立后，工人阶级的政治地位和经济地位发生了根本的变化。在政治上，工人阶级成为国家的领导阶级，成为国家和企业的主人。为了贯彻执行党的全心全意依靠工人阶级的指导方针，国家颁布的第一部法律是《中华人民共和国工会法》，该法确立了工人阶级的国家主人翁地位和工会的法律地位。在新中国接管的官僚资本企业中，废除了旧的劳动管理制度，如封建把头制、包工制、搜身制等，进行民主改革，实行民主管理；在私营企业中通过劳资协商制度，废除不合理的规章制度，真正实现了工人阶级当家作主。在经济上，工人阶级的劳动和生活条件得到改善。政府通过用工制度改革解决了失业问题；通过工资制度改革，建立了按劳分配的社会主义分配原则；政府还颁布了一系列劳动保险和安全生产条例，对城镇职工逐步实现了生、老、病、死、伤、残等劳动保险，使之享受住房、疗养、托幼等集体福利，并把劳动保险事业托交工会统一管理。一种以社会主义计划经济为主要特征的新型劳动关系逐步形成。

1953 年第一个五年计划开始实施以后，为了保证工人阶级在大规模经济建设时期充分发挥主力军作用，中华全国总工会召开了中国工会第七次全国代表大会，确定了"以生产为中心，生产、生活、教育三位一体"的工会工作的方针。这一方针适应了形势的发展变化，对发挥工会在社会主义建设中的作用具有积极的意义。

2. 社会主义建设时期工会运动的曲折坎坷（1957 年—1978 年改革开放前）。

1956 年党的八大基于对我国社会主要矛盾的正确分析和判断，不仅提出了党在今后一个时期的根本任务，而且明确了我国社会主义建设的基本方向，同时也指出了工会工作的奋斗目标。1957 年之后我国开始进入大规模社会主义建设时期。但是在实践中，由于对社会主义建设的规模、速度以及对社会主义条件下阶级斗争等问题的认识上出现了"左"的偏差，致使社会主义发展道路遭受严重挫折，以致后来出现"文化大革命"这样的全局性失误。在这种背景下，这一时期的工会运动在坎坷中艰难发展。

粉碎"四人帮"后，各级地方工会和基层工会开始恢复重建。1977年8月党的十一大明确提出：要加强党对工会、共青团、妇联等群众组织的领导，把这些组织整顿好、建设好，充分发挥它们应有的作用。根据中共中央的指示，1978年4月全国总工会召开了八届七次执委扩大会议，决定筹备召开中国工会第九次全国代表大会，这是全国总工会工作开始全面恢复的标志。

三、改革开放时期的工会工作（1978年至今）

改革开放以来中国工会运动的发展可以划分为两个阶段：1978年至1992年，工会工作在改革中开拓进取，开创了工会工作的新局面；1992年至今，随着向社会主义市场经济转型，中国工会逐步走出了有中国特色的社会主义工会发展道路。

1. 改革开放时期中的工会工作（1978年党的十一届三中全会—1992年向社会主义市场经济转型前）。

党的十一届三中全会以后，我国开始走上改革开放的道路。1978年中国工会九大召开后，工会恢复了在"文革"中陷于瘫痪的各级组织，各项工作开始走向正轨。工会在党的领导下，围绕大局，团结和组织广大职工投入社会主义经济建设和改革开放。

党的十二届三中全会以后，随着城市经济体制改革的全面展开，工会改革的任务提上了日程。《工会改革的基本设想》是这一阶段工会改革的阶段性成果，它是筹备中国工会十一大的一个重要成果。在工会工作方针方面，《工会改革的基本设想》明确了工会必须在党的领导下，坚持以经济建设为中心，立足改革全局，把发展社会生产力和维护职工利益结合起来，增强基层活力，实现工会的群众化、民主化，团结广大职工为建设具有中国特色的社会主义而奋斗；在工会的社会职能方面，明确提出了"维护、建设、参与、教育"四项基本职能。强调工会要努力为职工说话办事，开展建设"职工之家"活动。

1989 年 12 月，中共中央发布的《关于加强和改善党对工会、共青团、妇联工作领导的通知》对工会工作做了全面的阐述，指出：各级党委必须牢固树立全心全意依靠工人阶级的思想，高度重视工会工作；党对工会实行统一领导；支持工会依法独立自主地开展工作；支持工会在维护全国人民总体利益的同时，更好地代表和维护自己所代表的群众的具体利益；充分发挥工会在思想政治教育中的作用；发挥工会在国家和社会事务中的民主参与、民主监督作用；增强基层工会的活力；加强工会干部队伍建设等。

2. 社会转型中的工会工作（1992 年向社会主义市场经济转型至今）。

1992 年，我国改革开放步入一个崭新时代。在这一新的历史条件下，中国工会立足国情会情，适应劳动关系和职工队伍的深刻变化，坚持以理论创新推动体制创新、工作创新，逐步走出了有中国特色的社会主义工会发展道路。

中国工会十二大之后，工会工作面临着向社会主义市场经济的转型。1994 年 7 月《中华人民共和国劳动法》颁布并于 1995 年 1 月 1 日起正式实施。全国总工会以此为契机，在 1994 年 12 月召开的全国总工会十二届二次执委会议上，及时提出新的工会工作总体思路。这个工作思路，抓住贯彻和实施《劳动法》的契机，提出进一步加大对劳动关系的协调力度，突出工会的维护职能，明确了工会在社会主义市场经济条件下的基本任务。按照总体思路的精神，各级工会从大局出发，把握工作重点，推动工会的改革和建设，促进劳动关系的协调稳定，取得了显著成效。例如到 1998 年年底，全国签订集体合同的企业数已达 24.3 万个，涉及职工 6000 多万人，其中签订集体合同的外商投资企业和私营企业分别为 2.3 万家和 1.3 万家，分别占已建工会企业的 44% 和 47%。全国还建立了近 29 万个基层劳动争议调解委员会，积极开展劳动争议调解和劳动争议仲裁。

中国工会十三大贯彻党的十五大精神，强调工会工作必须坚持服务全局，突出依法维权，抓住工作重点，加强工会组建和自身建设，特别是为认真贯彻党的十五届四中全会通过的《中共中央关于国有企业改革和发展若干问题的决定》，先后提出了"五突破一加强"的举措、"三个最大限度"的工作目标和"抓机制、办实事、转作风、求实效、促发展"的工作思路，不断提高工会工作的整体水平。

3. 中国特色社会主义工会发展道路理论体系的形成。

进入新世纪新阶段，社会主义市场经济条件下劳动关系的新变化，迫切要求工会理论研究和工会工作取得重大突破，迫切需要工会在代表和维护职工群众的合法权益和建立协调稳定的劳动关系中发挥其他组织不可替代的作用。这一时期的工会工作，是在党的领导下，在服从服务于大局中，把维护贯穿于推动改革、促进发展、积极参与、大力帮扶的全过程。积极参与协调劳动关系和社会利益关系，促进劳动关系调整机制的建设更加完善。2004 年12 月全国总工会十四届二次执委会议，把"组织起来、切实维权"确定为工会工作方针。2005 年 7 月，全国总工会十四届六次主席团会议通过了《关于坚持走中国特色社会主义工会发展道路的决议》，明确了中国特色社会主义工会发展道路七个方面的基本内涵。

2008 年 10 月，中国工会十五大召开，大会报告具体阐述了坚持走中国特色社会主义工会发展道路、建设中国特色社会主义工会问题，要求全面把握"五个坚持"和"四个必须"。即：坚持中国共产党对工会的领导，坚持发挥工人阶级的主力军作用，坚持以职工为本、主动依法科学维权，坚持维护工人阶级团结和工会组织统一，坚持独立自主、互相尊重、求同存异、加强合作、增进友谊的工会对外方针；必须以中国特色社会主义理论体系为指导、深入贯彻落实科学发展观，必须服从服务于党和国家工作大局，必须不断扩大覆盖面、增强凝聚力，必须坚持解放思想、改革创新。这八个方面共同构成了一个相互联系、不可分割的完整的理论体系，涵盖了中国工会的历史使命、本质特征、政治保证、理论指导、基本职责等重大问题，揭示了中国工会的发展方向、发展目标、发展路径和发展动力，是做好新形势下工会工作、不断开创党的工运事业繁荣发展新局面的根本遵循。

2013 年 10 月，中国工会十六大召开。大会提出了"为实现中华民族伟大复兴的中国梦而奋斗是我国工人运动的时代主题"。围绕以习近平同志为核心的党中央提出的"四个全面"战略布局，各级工会积极投身于全面建成小康社会、全面深化改革、全面推进依法治国、全面从严治党的伟大实践，坚持不懈地推进改革；坚持以理论创新推动制度创新、实践创新；大力弘扬劳模精神和工匠精神；积极推进产业工人队伍建设；切实加强工会维权服务，不断增强工会组织吸引力战斗力；扎实推进协调劳动关系和工会维稳工作，坚决维护职工队伍和工会组织团结统一。

2017年10月党的十九大召开后，各级工会组织深入学习贯彻习近平新时代中国特色社会主义思想和党的十九大精神，以服务新时代新目标，在决胜全面建成小康社会、全面建设社会主义现代化国家新征程中，展现工人阶级和工会组织的新作为。

第二节　黑龙江工会简史

一、组织沿革

清光绪三十一年十二月（1906年1月），以俄国革命工人为主的中东铁路职工联合会成立，有大批中国铁路工人加入联合会。1918—1919年，中东铁路工人举行3次全路大罢工，反对继续控制中东路的沙俄残余势力，要求政治经济上的合法地位和民主平等。在斗争中，东省铁路哈尔滨总工厂工人发起成立三十六棚工业维持会，成为黑龙江地区工人最早的工会组织。

1923年9月中国共产党在黑龙江建立党组织后，深入群众，开展工人运动，建立工会组织。1925年3月，哈尔滨车夫举行同盟罢工，成立车夫工会；10月，中东路职工联合会成立，在各站段设32个分会，中国铁路工人4073人参加了联合会。

1928年3月9日，中共满洲省临时委员会制定秘密工会章程，并对发展秘密工会的条件做了具体规定。同年9月以后，在工厂、铁路、印刷、海员、矿工中都建立了工会组织。

1930年3月，哈尔滨成立皮鞋工人工会。在皮鞋工人罢工斗争的影响下，其他各行业工人相继举行罢工。在罢工中，很多工厂工人成立工会，全市工会会员达1000余人。

1931年9月，日本帝国主义武装侵占东北以后，直接由中共满洲省委领导的秘密工会（又称"赤色工会"）已发展会员142人，包括中东铁路、制鞋、烟厂、平民工厂、海员、船夫、印刷、玻璃厂和呼海铁路工会的会员。此后，黑龙江地区工会组织继续发展，并在这一基础上成立了满洲总工会筹备处，秘密工会会员发展到243人。

1933年4月，在中共满洲省委领导下，哈尔滨电业工人举行大罢工，反抗日伪当局的奴役和压迫。同年6月，满洲总工会筹备处在哈尔滨成立。哈尔滨总工会也进行改组。在满总筹备处的组织发动下，哈尔滨皮鞋、印刷、电业、中东路加油工人都爆发了罢工或示威斗争，并取得部分胜利。这一时期，黑龙江地区有工会干部9人，包括哈尔滨、鹤岗、下江金矿和呼海路、东宁在内的赤色工会会员，共有243人。到1934年，由于日本帝国主义的大规模镇压，城市工会组织受到严重破坏，黑龙江地区工会几乎完全停止了活动。

1937年4月，中共哈尔滨特委再次遭到破坏以后，黑龙江地区城市工会组织从上层到基层几乎全被破坏。1943年，中国共产党从关内抗日根据地派干部秘密进入黑龙江地区城市，重新集结工人力量，恢复了党和工会组织。

1945年8月，日本帝国主义投降。黑龙江地区工人阶级在中国共产党的领导下，迅速组织起来，努力恢复和发展生产。工厂企业普遍建立了工会组织。

1946年10月，哈尔滨市职工总会成立。1948年6月—1949年5月，黑龙江、嫩江、松江、合江四省职工总会相继成立。1949年5月，四省职工总会随之合并为松江省职工总会、黑龙江省职工总会。1946—1954年，在黑龙江地区先后存在5个省级工会。1953年6月，黑龙江省总工会改称黑龙江省工会联合会。

1954年8月，黑龙江省、松江省合并，两省工会联合会也随即合并，成立新的黑龙江省工会联合会。至此，黑龙江地区各省工会组织统一为1个省级工会组织。

1955年11月，黑龙江省工会联合会召开第一次代表大会。1959年2月，省工会联合会改称省总工会。至1985年，省工会共召开五次代表大会（1968年12月在"文化大革命"中召开的省革命工人首届代表大会，后经省总工会决定，未被列入省工会代表大会序列）。

1966年5月，"文化大革命"开始后，工会组织受到冲击。1967年2月，省总工会和全省各级工会组织被造反派接管，原工会领导人被迫停止工作，工会组织停止活动。1968年12月，在工会组织被"砸烂"后，黑龙江省召开革命工人首届代表大会，通过章程，选举省工代会委员会。1972年8月，省工代会解散。

1973 年 6 月，黑龙江省工会第三次代表大会在哈尔滨市召开。会议选举产生省总工会第三届委员会，全省各级工会组织至此已完全恢复。

1979 年 3 月，黑龙江省工会第四次代表大会在哈尔滨市召开。

1983 年 12 月，黑龙江省工会第五次代表大会在哈尔滨市召开。选举产生黑龙江省总工会第五届委员会。

1954—1985 年，省总工会先后对省内 6 个地区派出机构，设立地区工作委员会，负责对地区工会工作的领导。到 1985 年，黑龙江省总工会直辖 10 个市总工会；4 个地区工会辖 67 个县级工会。其中包括 6 个县级市工会。省级产业工会也在发展中壮大，从 1954 年的 16 个增加到 1985 年的 28 个。

二、工会建设

1947 年，黑龙江省 28 个县有会员 23744 人。1952 年 11 月，黑龙江、松江两省在推广沈阳五三工厂经验的基础上，开始建立和整顿基层工会工作秩序。1954 年，黑龙江省、松江省两省合并后，全省有会员 86 万人。通过建立工会正常工作秩序，全省各基层工会工作基本上转移到以生产为中心的轨道上来。

1956 年，开展了基层组织的民主选举工作。全省 21 个市县，已有 1402 个基层工会改选完毕。1961 年，全省职工总数为 295.1 万人。1962—1963 年，黑龙江省各级组织着手解决基层工会干部队伍薄弱和领导核心不健全的问题。1965 年全省工会会员有 1552951 人。1966 年 5 月"文化大革命"开始后，黑龙江省基层工会组织和工会干部遭到空前摧残。各地方工会被工代会代替。

1973 年，从省到各市（地）县开始重新整顿和恢复工会组织。

1978—1984 年，黑龙江省总工会按照全总第十次全国工会代表大会《关于整顿工会组织开展建设职工之家活动的决定》精神，在全省开展整顿建家活动。1980 年全省工会会员为 3818632 人，1985 年全省工会会员 5345303 人。在所有制性质上，到 1985 年，全民所有制单位职工为 5322494 人，占职工总数的 69.38%；集体所有制单位职工为 2346385 人，占职工总数的 30.58%；各类合营企业单位职工为 31232 人，占职工总数的 0.40%；在职工年龄上，35 岁以下的中青年职工占绝大多数；在文化教育上，全省 152 万职工补习初中文化课合格，占应补对象的 86%，107 万职工补习初级技术课合格，占应补对象的 87%；在专业技术上，专业技术人才在职工中的比例增大，1985 年全省地方全民所有制各类专业技术人员近 70 万人。1985 年 8 月，省总工会在绥化市召开全省小型企事业工会整顿建家座谈会。到 1985 年底，全省整顿建家工作基本情况和成果是：全省已验收合格的职工之家 15629 个，占全省 25308 个基层工会的 61.7%。通过整顿建家工作，基层工会领导班子切实得到加强。1985 年，基层工会 35310 个，工会小组 395939 个。全省专职工会干部 30120 人，兼职工会干部 32039 人。

三、民主管理

黑龙江地区职工群众对企业实行民主管理，最早实行的是企业管理委员会制。1957 年以后，黑龙江省工厂企业实行职工代表大会制。1966 年以前，企业试行党委领导下的职工代表大会制。1979 年以后，企业恢复实行职工代表大会制。工会组织对企业管理实行民主参与，参与工作的范围很广泛。在 20 世纪 40 年代至 50 年代国营合营企业、私营企业签订集体合同和实行改革开放以后企业签订双保合同的工作，"两参一改"经验的推广是其主要内容。1958 年春，以庆华工具厂、建华机械厂为主体的几个基层企业职工在改进企业管理和领导作风的试点中，创造了"两参一改"的新经验，该经验是黑龙江省职工的首创。

1978 年后，黑龙江省逐步开展对企业行政领导干部的民主选举和民主评议工作。1983 年 6 月，全省有 10 个市地工交、基本建设、农林、财贸等系统的基层企事业单位推行职工代表大会制，占全部企事业单位的 92%。建立厂、车间、班组三级民主管理体制的企业已达 654%。与此同时，全省民主评议选举企业领导干部的工作也在各地普遍开展起来。1983 年年底，全省有 35.6% 的企业民主评议企业领导干部，8.4% 的企业民主选举厂长。到 1985 年，全省已建立职工代表大会制的企事业单位达 19599 个，其中全民所有制单位 15172 个，其余为集体所有制单位。实行民主选举基层行政领导人的单位为 7676 个，民主评议基层行政领导人的单位为 12973 个。

四、技术协作

1979 年 7 月，黑龙江省职工技术协作委员会成立，有组织、有领导的职工技术协作活动在全省范围全面展开。由省总工会牵头组织的省先进技术服务队深入 12 个城市，以交流、攻关为主要形式，开展了重点新技术的推广：20 世纪 50 年代推广郝建秀工作法和五一织布工作法；20 世纪 60 年代推广汽车水箱抽换整根水管工艺；20 世纪 70 年代推广远红外烘干新技术；20 世纪 80 年代推广锌基合金模具技术等。解决技术关键 447 项，实现技术革新 3365 项，为全省工业的发展特别是轻工业的发展做出贡献。

五、职工生活

1961—1962 年，省总工会召开 3 次全省工会和城市职工生活工作会议，研究部署办好互助储金会，开展群众性互助活动，加强职工困难补助工作，为职工解决实际生活困难。1964 年，全省接受困难补助的职工为 361667 人，补助总金额为 1439 万多元。1966 年 5 月"文化大革命"开始后，困难补助工作改为由行政管理。1979 年以后，这项工作才又归还工会组织管理。1980—1985 年，全省各级工会共补助生活困难职工 3070322 人次，补助总金额为 168318094 元。

1981—1984 年，全省各级工会组织，以贷款扶贫为主要形式，开发贫困职工家庭劳动力资源，同时创造庭院经济扶贫和基地辐射扶贫等方式，4 年间有 2 万名职工通过工会组织多门路多渠道的帮助实现脱贫，有的初步富裕起来。到 1985 年，全省各级工会在组织职工保证完成生产任务的同时，加强劳保福利工作。全省工会系统办托儿所、幼儿园、哺乳室 9241 个，受托儿童 409143 人。疗养院所 124 个，床位 1 万余张。职工互助储金会 84424 个，参加人数为 300 余万，储金总额达 4600 多万元。

六、工会活动

1. 劳动竞赛。

1949 年年末，黑龙江、松江省两省职工开展创造生产新纪录运动；1950 年 10 月开展爱国主义劳动竞赛；1951 年 7 月开展增产节约竞赛；1953 年开展群众性技术革新运动，都充调动了职工的生产积极性，促进了产品产量质量的提高，产生巨大的经济效益，创造的增产节约价值为 1623 亿元（旧人民币）。1956 年 1 月，开展先进生产者运动。全省产生先进生产者 3281 人。

全国劳动模范、哈尔滨机车车辆修理工厂铣工苏广铭等人提前完成第一个五年计划的工作量，成为哈尔滨市和黑龙江省先进生产者的典型代表。1956年，全省共推广先进经验4051种，涌现出各行各业的先进生产者13万人，全省工业总产值（不包括林业）比1955年增长18.3%。在开展先进生产者运动中，全省各级工会大力组织职工群众进行技术革新，提合理化建议。全省职工一年中共提出合理化建议10万多件，其中一半被采纳，创造价值1489万元。1963年，全省开展以"五好"为目标的社会主义劳动竞赛。全省职工还以大庆石油工人杰出代表铁人王进喜为榜样，学习大庆经验，开展"工业学大庆"运动。

从1979年起，全省各级工会围绕经济建设这一中心任务，动员广大职工，广泛深入开展"为四化立功"和"双增双节"竞赛活动。根据新时期特点，对竞赛方式方法进行改革，更加重视产品质量、产品开发、经营管理、科技进步和市场效应，进一步促进生产力的发展。

2. 劳模表彰。

表彰劳动模范和先进集体，是各级人民政府对人民群众在社会主义建设事业中做出的突出贡献予以认定和奖励。工会负责具体工作的落实和实施。

1949—1954年省劳动模范表彰大会表彰的嫩江省、黑龙江省六届劳模共6182人，先进集体共113个。

1950—1979年黑龙江省参加全国劳动模范代表大会并被评为全国劳动模范的共765人，先进集体266个。

1954年，黑龙江省、松江省两省合并为新的黑龙江省。到1985年，全省召开5次劳动模范代表大会。共表彰省特等劳动模范（劳模标兵）、劳动模范6677人，先进集体2698个，选出全国群英会代表363人。

1955—1985年省劳动模范命名表彰会议表彰的先进生产者、工作者被命名为省劳动模范的共4642人，先进集体747个，选出全国群英会代表170人。

3. 文体教育活动。

从1946年开始，工会组织在黑龙江地区全省职工中进行了时事、抗美援朝、过渡时期总路线等政治教育。20世纪50年代开展扫盲教育，从1958—1973年开展和组织职工学习领导人著作等持续了近20年。

1978 年后，以"振兴中华"为内容的读书活动掀起了高潮；1981—1985 年的"五讲四美"和"四有"教育活动，加速了职工文化素质提高和队伍建设。截至 1985 年 12 月末，全省市级工会主办 6 所职工大学，共有教职工 572 名，专职教师 306 名。培养各方面人才 112305 名。1983 年，全省基层企事业单位工会主办的职工大学和大专班为 168 所，到 1985 年有学员 32343 人。1985 年全省职工参加业余文化技术学习的人数为 545356 人，其中在各级工会办的业余学校学习的人数为 89125 人。各级工会共办职工文化技术学校 483 所，教师（包括兼职）3176 人。全省有读书自学活动小组 89871 个，参加读书自学的职工为 1321668 人。

到 1985 年，全省有文艺创作组 2390 个，参加活动的职工 12603 人，创作作品 2500 多件，创作并演出文艺节目 3400 多个。从 1956 年 8 月—1984 年 5 月，全省举办了二届职工运动会。1985 年 9 月，参加了在北京举办的第二届全国运动会，并夺得金牌 4 枚、银牌 1 枚、铜牌 4 枚，获奖牌数在全国参赛的 32 个单位中名列第 9。男女篮球队荣获精神文明队称号，并进入全国前 8 名行列。

4. 对外交流活动。

1954 年开始，省工会开展对外交流活动，逐步同世界一些国家和香港、澳门地区的工会组织建立友好关系。

1955—1985 年，除因"文化大革命"中断外事活动 10 年外，省工会接待了 55 个外国访华团和香港、澳门地区工会及职工代表团的 5 次访问。特别是 1985 年 12 月，以妇女部长仁木美子为团长的日教组探访日本军国主义侵略罪行遗址访华团到哈尔滨市参观访问，他们参观东北烈士纪念馆、日军"七三一"部队罪行遗址，与日本侵华受害者进行座谈，深入了解了日本军国主义对东北人民犯下的残暴罪行。

1963—1985 年，黑龙江省工会组织代表团 4 次出访有关国家，并派遣 2 批工业实习生赴日本新潟县实习研修。工会和职工的对外交流活动增进了中外职工的友谊，促进了黑龙江省社会主义经济建设和改革开放事业的发展。

第三章
工会的性质、地位和职能

工会干部培训教材
（黑龙江版）

第一节　工会的性质

工会的性质体现在《工会法》第二条第一款的规定中："工会是职工自愿结合的工人阶级的群众组织。"这条规定明确了工会具有政治性和群众性的属性。2015年1月中共中央印发的《关于加强和改进党的群团工作的意见》则明确了工会具有政治性、先进性、群众性的群团属性。

一、工会的政治性

政治性是工会的灵魂，是第一位的。工会要始终把自己置于党的领导之下，在思想上政治上行动上始终同党中央保持高度一致，自觉维护党中央权威，坚决贯彻党的意志和主张，严守政治纪律和政治规矩，经得住各种风浪考验，承担起引导职工群众听党话、跟党走的政治任务，把职工群众最广泛最紧密地团结在党的周围。

二、工会的先进性

工会是党领导的群众组织，承担着组织动员广大职工群众为完成党的中心任务而共同奋斗的重大责任，必须把保持和增强先进性作为重要着力点。要牢牢把握为实现中华民族伟大复兴中国梦而奋斗的时代主题，紧紧围绕党和国家工作大局，组织动员广大职工群众建功新时代。要教育引导广大职工群众不断提高思想觉悟和道德水平，坚定走中国特色社会主义道路，自觉践行社会主义核心价值观，真正成为党执政的坚实依靠力量、强大支持力量、深厚社会基础。工会必须始终站在党和人民的立场上，坚持为党分忧、为民谋利，把实现人民对美好生活的向往作为工作目标，多做组织群众、宣传群众、教育群众、引导群众的工作，多做统一思想、凝聚人心、化解矛盾、增进感情、激发动力的工作。

三、工会的群众性

群众性是工会组织的本质特征。只有坚持把联系和服务职工群众作为工会工作的生命线，才能牢牢扎根于职工群众，使工会组织成为党执政的坚实依靠力量、强大支持力量、深厚社会基础。保持和增强群众性就是要以为职工群众服务为天职，以维护和发展职工群众利益为己任，努力构建和谐劳动关系，切实增强工会组织的吸引力、凝聚力和感召力。运用群众方法开展工会工作，深入一线、深入基层，面对面倾听职工呼声，直接帮助职工群众和基层工会解决实际问题。工会改革一项很重要的任务，就是要去除"机关化、行政化、贵族化、娱乐化"倾向。把改革领导机构、强化机关职能、改进干部管理、突出工会主业、推动力量资源向基层倾斜等重点领域和关键环节上抓紧抓好，通过改革使工会组织更加贴近基层、贴近群众，工会工作更加充满活力、更加坚强有力。

第二节　工会的地位

工会的地位是指工会在国家政治、经济、社会生活中所处的位置，由法律所确认和保障。工会的地位与工会发挥什么样的作用有直接的关系。

一、工会的政治地位

工会的政治地位主要表现在三个方面：

1. 工会是国家政权的重要社会支柱。工会作为工人阶级最为广泛的组织形式，是国家政权的重要社会支柱，依法发挥工会民主参与和社会监督作用，协助人民政府开展工作，以维护工人阶级领导的、以工农联盟为基础的人民民主专政的社会主义国家政权。

2. 工会是党联系群众的桥梁和纽带。党通过工会把党的路线方针政策传达到职工群众中去，同时职工群众的意见、建议和要求通过工会反馈上来，作为党的决策参考。

3. 工会是职工合法权益的代表者和维护者。工会的性质决定了工会具有职工合法权益代表者、维护者的资格。从宏观上来说，工会要代表职工群众参与国家立法和参与国家事务管理，维护职工群众的整体利益；从微观上说，基层工会要代表和维护本单位职工群众的具体利益和要求，反映职工群众的合理诉求，解决职工群众最困难最操心最忧虑的问题。

二、工会的经济地位

在社会主义市场经济条件下，工会的经济地位体现在劳动关系领域。工会通过代表职工与企业进行平等协商和签订集体合同，达到协调劳动关系、维护职工劳动权益和民主权利的目的，从而将企事业发展的整体利益与职工的具体利益有机结合起来，实现互利共赢。

三、工会的法律地位

工会的法律地位是工会政治地位和经济地位在法律上的确认和保障，表现为工会的法定权利和义务以及工会的法人资格。工会享有代表权、维护权、平等协商权、监督权等权益，同时履行《工会法》规定的义务。工会的法律地位通过法人资格来加以实现。

四、提高工会地位的途径

落实工会的地位同国家的政治体制、党政工三者关系、工会的组织程度、党政对工会的重视、工会在群众中的威望、法律保障、舆论宣传和工会的社会影响力等因素密切相关。就工会自身而言，一方面要有所作为；另一方面要加强工会组织体制和运行机制上的改革创新，即工会的组织建设能够不断适应劳动关系和职工队伍的变化，同时活动方式能够更加贴近基层企业和职工群众，使工会更加密切同职工群众之间的联系，从而赢得广大职工群众对工会的信赖和支持。

第三节　工会的社会职能

根据《工会法》《中国工会章程》的规定，我国工会具有以下四项职能。

一、工会的维护职能

1. 维护职工合法权益是工会的基本职责。

作为一个社会团体，它的功能是多方面的，但是不论哪个社会团体，都会有一个最基本的职责。《工会法》规定，维护职工合法权益是工会的基本职责，工会在维护全国人民总体利益的同时，维护职工的合法权益。这是工会工作的出发点和归宿点。因此，广大职工需要通过自己的组织表达和维护自己的具体利益，党和政府也需要工会经常反映职工的意见和要求，帮助党和政府改进工作。同时，工会要在实际工作中教育引导职工自觉做到个人利益服从国家利益，局部利益服从整体利益，眼前利益服从长远利益。

2. 履行工会基本职责的途径。

一是工会通过平等协商和集体合同制度，协调劳动关系，维护企业职工劳动权益；二是工会依照法律规定通过职工代表大会或者其他形式，组织职工参与本单位的民主决策、民主管理和民主监督。

3. 履行工会基本职责的要求。

工会必须密切联系职工，听取和反映职工的意见和要求，关心职工的生活，帮助职工解决困难，全心全意为职工服务。

4. 履行工会基本职责的方法。

一是最大限度地把广大职工吸引和组织到工会中来；二是注重维权机制建设，把维护职工合法权益的要求，通过建立和健全相应的制度、机制来落实，推进工会维护职工合法权益的制度化、法制化；三是各级工会组织和工会干部要不断提高维护职工合法权益的自觉性和责任感；四是把坚持依靠党的领导和支持作为维权的重要支撑，把工会维权放在党和国家大局中进行。

二、工会的建设职能

工会的建设职能，是指工会吸引和组织职工群众参加建设与改革，努力完成经济和社会发展任务的职能。工会作为工人阶级主力军的最广泛的群众组织，必须从工人阶级群众的长远利益和现实利益出发，推动社会经济效益的提高和生产力的发展。如果工会不能充分履行吸引职工群众参加建设和改革，完成经济和社会发展任务的职能，就会使工会脱离社会主义事业的全局，脱离职工群众的根本利益和具体利益，丧失职工群众代表者的身份。

当前，工会的建设职能集中体现在团结动员亿万职工为决胜全面建成小康社会、夺取新时代中国特色社会主义伟大胜利而奋斗这一目标上。

三、工会的参与职能

工会的参与职能，是指工会代表和组织职工参与国家和社会事务管理，参与企事业单位的民主管理的职责。工会参与职能具有两个层次的主要内容：一是各级工会要成为职工群众有组织地参政议政的民主渠道；二是基层工会要做好以职工代表大会为基本形式的职工民主管理日常工作机构的工作。

四、工会的教育职能

工会的教育职能，是指工会帮助职工不断提高思想政治觉悟和文化技术素质，成为职工群众在实践中学习共产主义的学校的职能。工会教育职能包括两个方面的内容：一是在思想政治教育方面，工会要在职工中着力抓好爱国主义、集体主义、社会主义民主与法制以及独立自主、艰苦奋斗的教育，开展社会主义核心价值观教育，坚定走新时代中国特色社会主义道路的信心。并且经常开展工人阶级优良传统的教育和职业责任、职业道德、职业纪律、职业技能的"四职"教育，把基础教育、形势任务教育和日常思想工作有机结合起来；二是在文化技术教育方面，工会要积极参与职工教育的管理，积极参与职工教育规划的制定和职工教育改革工作，维护职工受教育的权利。同时，还应办好工会的各级各类职工学校，以岗位培训和职业教育为重点，推进职工教育的改革。要继续抓好群众性的读书自学和"创建学习型组织，争做知识型职工"活动，鼓励和引导职工走自学成才、岗位成才之路。

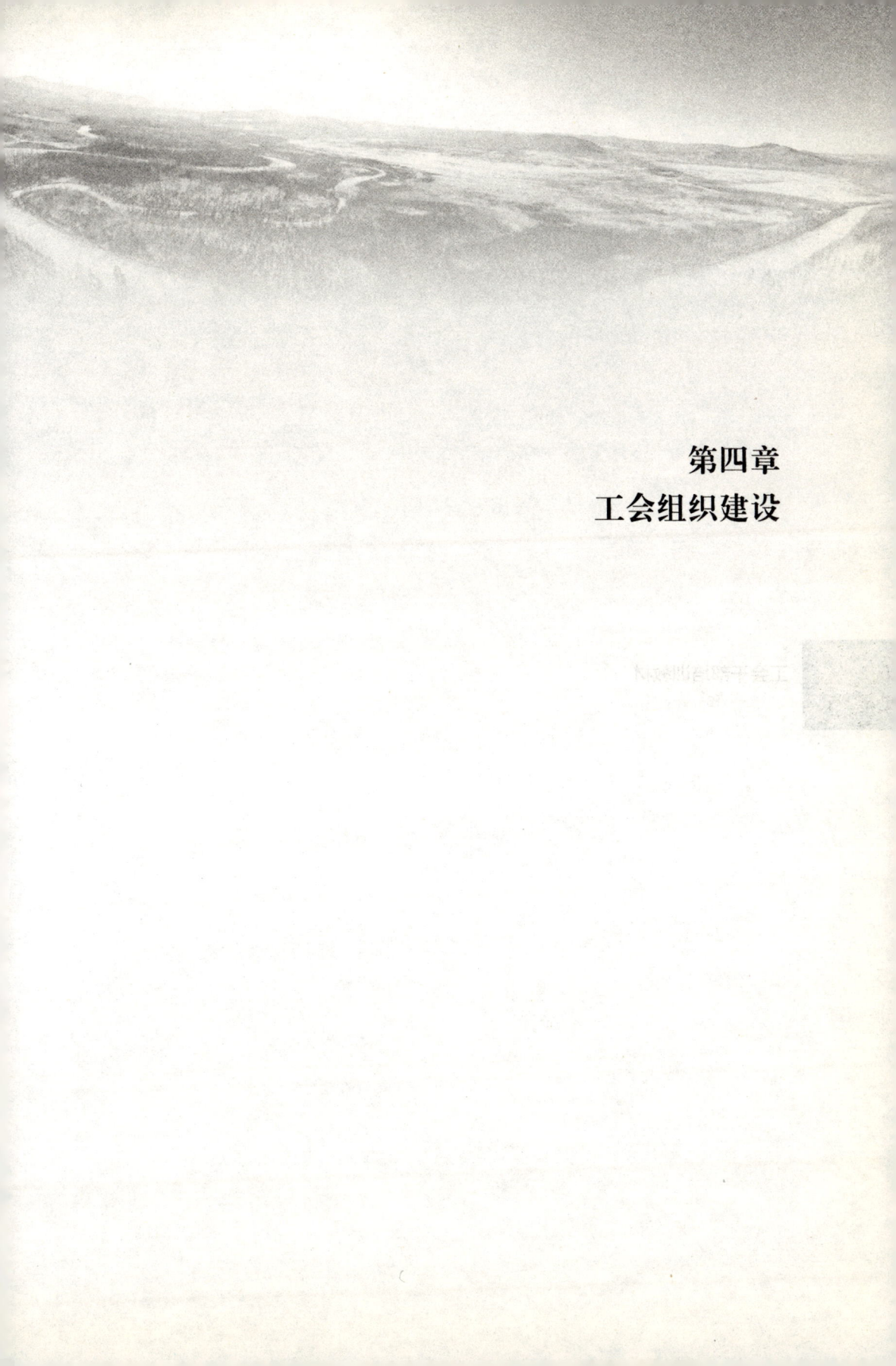

第四章
工会组织建设

工会干部培训教材
　（黑龙江版）

第一节　工会组织原则及领导体制

一、民主集中制

1. 民主集中制的含义。

《工会法》规定，"工会各级组织按照民主集中制原则建立"。所谓民主集中制，就是指一个组织研究决定重大问题和开展工作时，在充分听取组织成员意见、发扬民主的基础上，集中大多数人的意见作出正确决策的制度。民主集中制是民主与集中的统一，是民主制和集中制的结合，是在高度民主的基础上实行的高度集中。

2. 工会实行民主集中制的主要内容。

根据《中国工会章程》的规定：中国工会实行民主集中制，主要内容是：

（1）个人服从组织，少数服从多数，下级组织服从上级组织。

（2）工会的各级领导机关，除它们派出的代表机关外，都由民主选举产生。

（3）工会的最高领导机关，是工会的全国代表大会和它所产生的中华全国总工会执行委员会。工会的地方各级领导机关，是工会的地方各级代表大会和它所产生的总工会委员会。

（4）工会各级委员会，向同级会员大会或会员代表大会负责并报告工作，接受会员监督。会员大会和会员代表大会有权撤换或者罢免其所选举的代表和工会委员会组成人员。

（5）工会各级委员会，实行集体领导和分工负责相结合的制度。凡属重大问题由委员会民主讨论，作出决定，委员会成员根据集体的决定和分工，履行自己的职责。

（6）工会各级领导机关，经常向下级组织通报情况，听取下级组织和会员的意见，研究和解决他们提出的问题。下级组织向上级组织请示报告工作。

3. 贯彻民主集中制原则的具体措施和要求。

（1）建立健全民主生活制度。一是要保证会员的民主权利。二是工会的各级领导机关和领导成员必须按照民主程序进行选举，并切实接受选举单位会员群众的监督，充分体现选举人的意志。三是要从实际出发，建立工会机关的民主制度。

（2）实行集体领导和个人分工负责制。集体领导，是指各级工会组织对工会工作的重大问题，必须在民主讨论的基础上集体作出决定，要严格按照民主集中制的原则办事，坚持集体领导、民主集中、个别酝酿、会议决定的内部议事和决策的基本制度。个人分工负责，是指一旦集体研究形成决议后，就要按照各自的分工做好工作，保证决议的贯彻执行，不允许在行动上有任何反对的表示。

（3）加强工会组织的系统领导。一是下级工会必须认真贯彻执行上级工会的决议和决定，各级工会都要贯彻执行全国代表大会的决议，服从中华全国总工会的领导，执行和努力完成中华全国总工会提出的工会工作方针和工作任务。二是坚持下级组织向上级组织请示报告和反映重要情况的制度，保证工会组织上下情况反映及时，信息灵敏，渠道畅通。三是要认真按照《中国工会章程》的有关规定，各级工会委员会的选举结果，报上一级工会批准，各级工会主席、副主席未经同级工会委员会和上一级工会同意，不得随意调动其工作。

二、产业和地方相结合的组织领导原则

1. 产业和地方相结合的组织领导原则的含义。

产业和地方相结合是中国工会现行的组织领导体制。它是指同一企业、事业、机关单位中的会员，组织在一个工会基层组织中；同一行业或性质相近的几个行业，根据需要建立全国的或地方的产业工会组织。除少数行政管理体制实行垂直管理的产业，其产业工会实行产业工会和地方工会双重领导，以产业工会领导为主外，其他产业工会均实行以地方工会领导为主，同时接受上级产业工会领导的体制。各产业工会的领导体制，由中华全国总工会确定。

2. 坚持产业和地方相结合组织领导原则的重要性。

（1）适应了我国基本国情的要求。

（2）有利于加强党对工会工作的领导。

（3）有利于工会参政议政，动员和组织广大职工在经济建设和社会发展中充分发挥作用。

（4）有利于维护工人阶级的团结统一。

（5）有利于发挥地方和产业工会两个积极性，相互配合、相互支持，充分发挥各自组织的作用，共同推动工会工作的开展。

3. 产业和地方相结合组织领导原则的主要内容。

（1）关于基层工会的建立：凡是与用人单位建立劳动关系的职工，都可以申请加入所在单位工会，不允许跨单位参加工会组织。基层工会具备《民法总则》规定的法人条件的，经过登记，依法取得社会团体法人资格。

（2）关于产业工会的建立：同一行业或者性质相近的几个行业，可以根据需要建立全国的或者地方的产业工会。除铁路、民航、邮电、金融以及交通、长江航运等少数行政管理体制实行垂直管理的产业，其产业工会实行产业工会和地方工会双重领导，以产业工会领导为主外，其他产业工会均实行以地方工会领导为主，同时接受上级产业工会领导的体制。

（3）关于地方工会的建立：按照行政区划，在省、自治区、直辖市、自治州、市、县（旗）建立地方总工会。地方总工会是当地方工会组织和产业工会地方组织的领导机关。在发展社会主义市场经济的过程中，非公有制经济得到迅速发展，针对大量的分散的小型企业集中在城市街道和乡镇的现实情况，需要建立乡镇、街道、经济开发区工会，履行地方工会的职能，对辖区内的各种所有制经济单位工会组织实行统一领导。

（4）关于工会组织设置：产业工会全国组织的设置，由中华全国总工会根据需要确定。各级地方产业工会组织的设置，由同级地方总工会根据本地区的实际情况确定。省、自治区总工会可在地区设派出代表机关。直辖市和设区的市总工会可在区建立区一级工会组织或设派出代表机关。县和城市的区可在乡镇和街道建立乡镇工会和街道工会组织。

（5）关于中华全国总工会的建立：全国建立统一的中华全国总工会，中华全国总工会是各地方总工会和各产业工会全国组织的领导机关。

4. 贯彻产业和地方相结合的组织领导原则应当把握的几个问题。

（1）按照行政管理体制确定工会的组织领导体制。在建立健全地方工会组织、发挥地方工会对本地区工会实行统一领导的同时，要按照产业结构和职工队伍的构成情况，建立健全产业工会组织，并根据产业行政管理体制确定工会的领导体制。适合以地方工会领导为主的，实行地方工会领导为主，同时接受上级产业工会的领导；适合以产业工会领导为主的，实行产业工会领导为主，同时接受地方工会的领导。以地方工会领导为主还是以产业工会领导为主，要具体情况具体对待。

（2）根据政府机构改革后的变化，适时调整产业工会设置。原来设在政府有关部门的产业工会，政府有关部门在机构改革中仍然保留的，其产业工会可以保持不变；原有的政府部门在机构改革中改组为集团公司或控股公司的，其产业工会可以改组为集团公司工会或控股公司工会，根据工作需要，所在地方工会可以赋予其产业工会职能；机构改革后，原政府部门撤销，或变成行业协会、行业联合会的，地方工会可以根据本地区产业结构调整和职工队伍构成情况，在地方工会机关设立新的产业工会或由性质相近的产业工会管理。

（3）加强城市和县级产业工会建设。城市和县级工会直接领导基层工会，直接面向职工群众，在工会组织体系中处于承上启下的重要地位。城市和县级地方工会要按照上级工会的工作部署，结合本地实际研究确定工会工作重点，提出具体要求，通过产业工会直接面向基层抓好落实。

（4）合理划分地方工会和上级产业工会的职责。地方工会主要做好社会保障、劳动就业、医疗保险、劳动关系协调以及涉及地方性的立法、政策参与等工作，开展地方性的工会活动和对工会日常工作进行指导。上级产业工会主要开展调查研究、建立与对应产业部门联席（联系）会议制度，参与涉及本产业职工利益重大问题的决策，研究本产业职工劳动标准，指导开展工资协商，签订集体合同，维护本产业职工的合法权益，开展具有产业特色的劳动竞赛、技术比赛和具有产业特点的工会活动等。

第二节　基层工会及其组建程序

一、依法参加和组织工会的权利

1. 基层工会的定义。

基层工会是根据《工会法》和《中国工会章程》的规定，建立在各种所有制的企业、事业单位和机关中的工会组织，它是工会组织体系中最基本的单位，是整个工会的组织基础和工作基础。基层工会组织领导机构的构成有：（1）会员大会或会员代表大会；（2）工会委员会，包括基层工会委员会和分厂、车间、科室工会委员会；（3）常务委员会；（4）经费审查委员会；（5）女职工委员会。

2. 依法参加和组织工会的权利。

《工会法》第三条规定，在中国境内的企业、事业单位、机关中以工资收入为主要生活来源的体力劳动者和脑力劳动者，不分民族、种族、性别、职业、宗教信仰、教育程度，都有依法参加和组织工会的权利。任何组织和个人不得阻挠和限制。《中国工会章程》进一步规定，凡在中国境内的企业、事业单位、机关和其他社会组织中，以工资收入为主要生活来源或者与用人单位建立劳动关系的体力劳动者和脑力劳动者，不分民族、种族、性别、职业、宗教信仰、教育程度，承认工会章程，都可以加入工会为会员。

二、阻挠工会组建的法律责任

1. 阻挠工会组建工作。

阻挠职工依法参加和组织工会或者阻挠上级工会帮助、指导职工筹建工会的，由劳动行政部门责令改正。拒不改正的，由劳动行政部门提请县级以上人民政府处理。

2. 暴力对抗。

对以暴力、威胁手段阻挠组建工会造成严重后果，构成犯罪的，依法追究刑事责任。

三、小微企业工会的组建

1. 单独建会。《企业工会工作条例》规定，会员不足 25 人的可以单独建立工会委员会。

2. 联合建会。可以由两个以上企业的会员按地域或行业联合建立基层工会委员会。

3. 选举组织员。可以选举组织员一人，组织会员开展活动，或选举工会主席、副主席主持基层工会工作。同时按有关规定建立工会经费审查委员会和工会女职工委员会。

四、工会组建程序

按照《中国工会章程》的规定，建立基层工会组织的一般程序是：

1. 成立工会筹备组，提出建会申请，发展会员。

凡是已经建立党组织的基层单位由党组织提出工会筹备组的组成人选，报上一级工会批准。没有建立党组织的单位，由职工选出自己的代表，向上一级工会提出建会申请，或由上一级工会与相关单位和职工共同协商，成立工会筹备组，由工会筹备组提出建会申请。上级工会接到基层单位申请组建工会的请示后，一般应在 10 日内以正式文件下达同意筹备工会的批复。

工会筹备组经上一级工会审查批准后，即可开展工会组织的筹建工作，依此代行好基层工会委员会的职责。一是做好宣传发动工作。工会筹备组应广泛深入地向职工宣传工会的性质、地位、任务、作用以及会员的条件、权利和义务，使职工了解工会是职工利益的代表者和维护者，组建工会是职工的法定权利。二是发展工会会员。在发展工会会员时，对从未加入过工会组织的职工，要宣传动员他们加入工会，填写《中华全国总工会入会申请书》和《工会会员登记表》，经工会筹备组审查符合工会会员资格的，在正式成立工会后，统一发给《中华全国总工会会员证》。对原已加入工会的职工、下岗再就业的会员，应进行会员关系接转或重新登记入会。三是建立工会小组。按生产工作的行政建制如班组设立工会小组。人数多的同一行政建制内可以分设小组，人数少的可以将几个相近的行政建制单位合并设立一个工会小组。在小组内由会员民主选举工会小组长。四是建立分工会。行政建制职工人数多的单位如车间（科室），可在工会小组之上设立分工会。

2. 召开会员大会或会员代表大会，民主选举工会委员会、经费审查委员会。

会员 100 人以下的基层工会组织，应召开会员大会进行选举。会员 100 人以上的基层工会组织，应召开会员大会或会员代表大会。

会员代表大会的会员代表应由会员民主选举产生。会员代表大会代表一律采取无记名投票方式差额选举产生。会员代表候选人必须获得选举单位全体会员过半数选票，才能当选为正式代表；大型企业工会代表大会的代表，由所属单位工会代表大会选举时，其代表候选人获得应到会人数过半数选票，方可当选为正式代表。

基层工会委员会和经费审查委员会由会员大会或会员代表大会民主选举产生。工会委员会委员名额，应依据会员人数多少来确定：不足 25 人，设委员 3 至 5 人，也可以设主席或组织员 1 人；25 人至 200 人，设委员 3 至 7 人；201 人至 1000 人，设委员 7 至 15 人；1001 人至 5000 人，设委员 15 至 21 人；5001 人至 10000 人，设委员 21 至 29 人；10001 人至 50000 人，设委员 29 至 37 人；50001 人以上，设委员 37 至 45 人。大型企事业单位基层工会委员会，经上一级工会批准，可以设常务委员会，常务委员会由 9 至 11 人组成。

工会委员会和经费审查委员会委员的候选人，由工会小组或车间（科室）工会提名，经同级党组织和上级工会同意；未建立同级党组织的，经征得上一级党组织和工会同意后确定。工会委员会委员经无记名投票方式差额选举产生，差额比例为 5%—10%。经费审查委员会委员可以实行等额选举。分工会一般要召开全体会员大会，选举产生分工会主席。

3. 选举工会主席、副主席，经费审查委员会主任、副主任。

基层工会主席、副主席，经费审查委员会主任、副主任候选人，应由同级党组织和上级工会在充分听取会员意见的基础上协商提名。基层情况比较复杂，候选人提名应区别不同单位和企业的不同所有制性质加以把握。如国有、集体及其控股企业工会主席候选人，应由同级党组织和上级工会在充分听取会员意见的基础上协商提名。私营企业、外商投资企业、港澳台商投资企业工会主席候选人，由会员民主推荐，报经企业党组织和上一级工会同意提名；也可以由上级工会推荐。企业行政负责人、合伙人及其近亲属不得作为本企业工会委员会成员的人选。

工会主席、副主席可以由会员大会或会员代表大会直接选举产生，也可以由工会委员会选举产生。工会经费审查委员会主任、副主任由经费审查委员会选举产生。

4. 向上级工会报告选举结果。

按照《工会法》和《中国工会章程》《工会基层组织选举工作条例》的规定，基层工会委员会、常务委员会和主席、副主席的选举结果，报上一级工会批准。上一级工会自接到报告15日内应予批复。违反规定程序选举的，上一级工会不得批准，应重新选举。基层工会经费审查委员会和主任、副主任以及女职工委员会主任、副主任的选举结果，与基层工会委员会选举结果同时报上一级工会批准。

五、基层工会的法人资格

1. 取得法人资格的条件。

基层工会的法人资格：我国的法人分为企业法人、机关法人、事业单位法人和社会团体法人。基层工会组织属于社会团体法人。

基层工会取得法人资格的条件：《工会法》第十四条第二款规定："基层工会组织具备民法通则规定的法人条件的，依法取得社会团体法人资格。"全国总工会《基层工会法人资格登记办法》规定，基层工会组织申请取得工会法人资格，需具备五个条件：一是依照《工会法》和《中国工会章程》的规定成立。二是有健全的组织机构和经过民主程序选举产生的工会主席或者主持工作的副主席。三是有自己的工作场所，能正常开展工会各项工作。四是工会经费来源稳定，能够独立支配和使用工会经费。五是能依法独立承担民事责任。

2. 办理程序。

取得工会法人资格的程序分为申请、审查、核准、登记、发证。《基层工会法人资格登记办法》规定，基层工会组织法人资格的审查、核准、登记、发证，按属地原则及组织隶属关系分别由县、市、省级工会机关负责。基层工会组织申请取得工会法人资格，应向审查登记机关报送基层工会组织法人资格申请登记表、上级工会出具的基层工会组织成立的证明、自有经费和财产证明等材料。取得工会法人资格的基层工会组织变更名称或者法定代表人（含换届选举），应当在变更后的 30 日内向审查登记机关申请办理变更登记手续。取得工会法人资格的基层工会组织因所在的企业破产或者企业、事业单位、机关被撤销而依法撤销的，应向原审查登记机关办理注销登记手续。

第三节　基层工会会员大会或会员代表大会制度

一、基层工会会员大会或会员代表大会

1. 基层工会会员大会或会员代表大会的定义。

基层工会会员大会或会员代表大会是基层工会的权力机构。会员人数较少的基层工会召开会员大会，会员人数较多的基层工会召开会员代表大会。会员大会或会员代表大会是工会的一项根本性的制度。各级工会代表大会或会员大会，是同级工会的最高领导机关，是工会讨论、决定工会重大事项和选举工会领导机构的权力机关。

2. 基层工会会员大会或会员代表大会的职权。

（1）审议和批准工会委员会的工作报告。

（2）审议和批准工会委员会的经费收支情况报告和经费审查委员会的工作报告。

（3）选举工会委员会和经费审查委员会。

（4）听取工会主席、副主席的述职报告，并进行民主评议。

（5）撤换或者罢免其所选举的代表或者工会委员会组成人员。

（6）讨论决定工会工作的其他重大问题。

二、基层工会会员大会或会员代表大会的筹备工作

1. 提出请示。

召开基层工会会员代表大会，应由基层工会委员会向同级党委和上级工

会写出书面请示报告，待批准后方可进行筹备工作。

2. 建立筹备机构。

大会筹备机构一般设组织组、文件组、会务组、宣传组等筹备机构，在基层工会委员会的领导下，负责大会的各项筹备工作。

3. 起草文件。

起草的文件包括工会委员会工作报告、工会委员会财务工作报告、经费审查委员会工作报告、代表大会代表资格审查报告、代表大会筹备工作报告，以及需要提交大会讨论的决议草案。

4. 组织代表选举和资格审查。

会员代表的组成，应有广泛的群众性和代表性。会员代表的产生，应按照代表的名额和代表的条件由车间（科室）会员选举产生。会员代表选出后，将代表名单提交基层工会委员会进行代表资格审查。基层工会会员代表大会不设代表资格审查委员会。

5. 编制代表花名册。

会员代表选出后，按车间（科室）编制会员代表花名册，以便会议查用。

6. 提出主席团组成方案。

提出大会代表团（组）和大会主席团组成方案。代表大会的代表根据代表人数多少，可分成若干代表团（组），一般以车间（科室）为单位，代表团长（组长）原则由代表团（组）全体代表选举产生，也可先由大会筹备机构提出建议名单，再由代表团（组）全体代表选举产生。大会主席团成员由基层工会委员会提出建议名单，征求各代表团（组）同意后，提交代表大会预备会表决通过。

7. 酝酿候选人名单。

酝酿工会委员会委员、主席、副主席，经费审查委员会委员、主任、副主任候选人预备名单，并报同级党组织和上级工会同意。基层工会委员会委员候选人建议名单应进行公示，公示期不少于5个工作日。

8. 编写候选人简历。

工会委员会委员、经费审查委员会委员候选人确定后，要编写候选人名册和简历，供大会代表讨论时用。

9. 提出大会监票、计票人名单。

提出大会监票、总监票、计票、总计票人建议名单。

10. 开展宣传。

基层工会会员代表大会召开前，要向全体职工宣传召开会员代表大会的目的、意义，宣传会员代表大会的任务、作用，动员全体职工和全体代表积极参与大会的各项准备工作，确保大会的顺利进行。

11. 会务筹备。

大会的会务筹备工作主要包括：大会议程、日程的安排；会议证件的制作；会议文件、选票的印制；选举票箱的准备；会场的布置以及其他需要准备的工作。

三、基层工会会员大会或会员代表大会的议程

根据基层工会会员大会、会员代表大会的不同，基层工会会员的多少，以及基层工会的具体情况，议程可简可繁。

1. 预备会议。

预备会议由基层工会委员会主持。主要议程是：通过代表大会筹备工作报告和代表资格审查报告；通过大会主席团和大会秘书长名单；通过大会日程和议程；通过大会选举办法；通过其他需要在大会上形成决议的重要内容。

2. 开幕式。

开幕式由大会执行主席主持。主要议程是：上级领导、同级党政及有关方面代表致词；上届工会委员会作工作报告、财务工作报告，上届工会经费审查委员会作经费审查工作报告。

3. 组织讨论工作报告。

组织代表团（组）讨论上届工会委员会工作报告、财务工作报告，以及上届工会经费审查委员会经费审查工作报告。

4. 酝酿通过候选人。

酝酿通过基层工会委员会委员、经费审查委员会委员候选人名单。

5. 选举。

代表大会选举工作由一名执行主席主持。

主要程序是：宣读大会选举办法；宣布应出席和实出席的会员代表人数；通过监票人、计票人名单；宣布基层工会委员会委员、经费审查委员会委员候选人名单，并介绍候选人的简历及有关情况；分发、填写选票并清点、统计选票；宣布基层工会委员会委员、经费审查委员会委员选举结果。

分别召开新选举产生的基层工会委员会、经费审查委员会第一次全体委员会议，选举产生工会主席、副主席和主任、副主任，以及常务委员会委员。基层工会主席、副主席也可以由基层工会会员代表大会直接选举产生。

6. 闭幕式。

代表大会闭幕式的主要程序是：宣布新当选的基层工会委员会主席、副主席、常务委员会委员，经费审查委员会主任、副主任名单；通过上届工会委员会工作报告、财务工作报告的决议和经费审查委员会工作报告的决议；有关方面领导讲话。

7. 届期内会议。

届期内的基层工会会员代表大会一般每年召开一次。其主要议程是：审议和批准基层工会委员会和经费审查委员会的工作报告；讨论并决定基层工会工作的重大问题；对基层工会领导人进行民主评议和民主测评；补选、增选工会委员会、经费审查委员会的成员；选举出席上级工会代表大会的代表。

第四节　基层工会委员会的职权和基本任务

基层工会委员会是基层工会组织的领导机构，由基层工会会员大会或会员代表大会民主选举产生。

基层工会委员会每届任期3年或者5年，具体任期由基层工会会员大会或会员代表大会决定。

一、职权

基层工会委员会在基层工会会员大会或会员代表大会闭会期间，行使以下职权：

1. 负责执行会员大会或会员代表大会的决议和上级工会的决定，主持基层工会的日常工作，承担企业、事业单位职工代表大会工作机构的职责，代表本单位职工与行政进行集体协商和签订集体合同。

2. 主持会员代表大会代表的选举工作。

3. 负责筹备工会会员大会或会员代表大会。

4. 讨论决定基层工会的重要工作安排和有关重大问题。

5. 在工会会员大会或会员代表大会闭会期间，对基层工会领导人选的变动提出意见和建议。

6. 审查和批准下级工会会员大会或会员代表大会的召开和选举结果。

7. 讨论任免基层工会的工作人员。

8. 讨论决定工会的财务预决算。

9. 根据工作需要提出基层工会的工作机构设置方案。

二、基本任务

1. 执行会员大会或会员代表大会的决议和上级工会的决定。

2. 组织职工依法通过职工代表大会或职工大会和其他形式，参加企业民主管理和民主监督，检查督促职工代表大会或职工大会决议的执行。

3. 帮助和指导职工与企业签订劳动合同。就劳动报酬、工作时间、劳动定额、休息休假、劳动安全卫生、保险福利等与企业平等协商、签订集体合同，并监督集体合同的履行。调解劳动争议。

4. 组织职工开展劳动竞赛、合理化建议、技术革新、技术攻关、技术协作、发明创造、岗位练兵、技术比赛等群众性经济技术创新活动。

5. 组织培养、评选、表彰劳动模范，负责做好劳动模范的日常管理工作。

6. 对职工进行思想政治教育，组织职工学习文化、科学和业务知识，提高职工素质。办好职工文化、教育、体育事业，开展健康的文化体育活动。

7. 协助和督促企业做好劳动报酬、劳动安全卫生和保险福利等方面的工作，监督有关法律法规的贯彻执行。参与劳动安全卫生事故的调查处理。协助企业办好职工集体福利事业，做好困难职工帮扶救助工作，为职工办实事、做好事、解难事。

8. 维护女职工和未成年工的特殊利益。

9. 加强组织建设，健全民主生活，做好会员会籍管理工作。

10. 收好、管好、用好工会经费，管理好工会资产和工会企（事）业。

第五节　工会干部的权益保障

一、工会工作时间保障

《工会法》第四十条规定：基层工会委员会召开会议或者组织职工活动，应当在生产或者工作时间以外进行，需要占用生产或者工作时间的，应当事先征得企业、事业单位的同意。

基层工会的非专职委员占用生产或者工作时间参加会议或者从事工会工作，每月不超过三个工作日，其工资照发，其他待遇不受影响。

二、工资福利待遇保障

《工会法》第四十一条规定：企业、事业单位、机关工会委员会的专职工作人员的工资、奖励、补贴，由所在单位支付。社会保险和其他福利待遇等，享受本单位职工同等待遇。

三、劳动合同保障

《工会法》第十八条规定：基层工会专职主席、副主席或者委员自任职之日起，其劳动合同期限自动延长，延长期限相当于其任职期间；非专职主席、副主席或者委员自任职之日起，其尚未履行的劳动合同期限短于任期的，劳动合同期限自动延长至任期期满。但是，任职期间个人严重过失或者达到法定退休年龄的除外。

四、限制随意调动

《工会法》第十七条第一款规定：工会主席、副主席任期未满时，不得随意调动其工作。因工作需要调动时，应当征得本级工会委员会和上一级工会的同意。

五、职务罢免规定

《工会法》第十七条第二款规定：罢免工会主席、副主席必须召开会员大会或者会员代表大会讨论，非经会员大会全体会员或者会员代表大会全体代表过半数通过，不得罢免。

六、违法责任追究

《工会法》第五十一条规定：违反本法规定，对依法履行职责的工会工作人员无正当理由调动工作岗位，进行打击报复的，由劳动行政部门责令改正、恢复原工作；造成损失的，给予赔偿。对依法履行职责的工会工作人员进行侮辱、诽谤或者进行人身伤害，构成犯罪的，依法追究刑事责任；尚未构成犯罪的，由公安机关依照《治安管理处罚法》的规定处罚。

第六节　工会会员的权利和义务

一、工会会员的权利

《中国工会章程》规定了工会会员的权利有：

1. 选举权、被选举权和表决权。

2. 对工会工作进行监督，提出意见和建议，要求撤换或罢免不称职的工会工作人员。

3. 对国家和社会生活问题提出批评与建议，要求工会组织向有关方面如实反映。

4. 在合法权益受到侵犯时，要求工会给予保护。

5. 工会举办的文化、教育、体育、旅游、疗休养事业、生活求助、法律服务、就业服务等优惠待遇；工会给予的各种奖励。

6. 在工会会议和工会媒体上，参加关于工会工作和职工关心问题的讨论。

二、工会会员的义务

《中国工会章程》规定的工会会员的义务有：

1. 学习政治、经济、文化、法律、科学、技术和工会基本知识。

2. 积极参加民主管理，努力完成生产和工作任务。

3. 遵守宪法和法律，践行社会主义核心价值观，维护社会公德和职业道德，遵守劳动纪律。

4. 正确处理国家、集体、个人三者利益关系，同危害国家、社会利益的行为作斗争。

5. 维护中国工人阶级和工会组织的团结统一，发扬阶级友爱，搞好互助互济。

6. 遵守工会章程，执行工会决议，参加工会活动，按月交纳会费。

第七节　工会会员的会籍管理

工会会员会籍管理是工会组织建设的一项基础性工作，是夯实工会基层基础的重要基石。当前，工会会员已有 3.02 亿，其中农民工会员 1.39 亿。加强会员管理，有利于增强工会组织意识和会员意识，促进工会组织规范、有序、健康地发展。

一、会员会籍的含义

会员的会籍，是对职工参加工会的会员身份和组织关系的确认。主要包括工会组织办理职工入会手续、管理会员档案、转接会员关系、办理会员保留会籍和开除会员会籍等工作。

二、会员会籍管理的主要内容

按照 2017 年全国总工会制定的《工会会员会籍管理办法》的规定，会员会籍管理包括以下几个方面的内容。

1. 会籍取得和管理。

（1）入会条件。根据《中国工会章程》第一条的规定，劳动者加入工会成为会员必须符合两个条件：一是以工资收入为主要生活来源或者与用人单位建立劳动关系；二是承认《中国工会章程》。

（2）入会程序。首先，由本人自愿申请，向所在单位工会或工会小组提出书面（口头）申请，填写《中华全国总工会入会申请书》和《工会会员登记表》，报基层工会委员会。其次，基层工会接到职工入会申请后，应当及时召开会议，研究审查接纳职工入会事项。凡符合条件和入会手续的应当批准，批准后发给其《中华全国总工会工会会员证》，并通知申请人从何时起缴纳会费。

当前，一些地方工会大力推行"互联网＋"工会普惠制服务模式，职工一是通过工会网站在线填写表格便可以申请加入工会；二是免费下载工会组织开发的手机 APP 软件，通过"我要入会"相关栏目，输入相关信息，表达入会愿望；三是通过微信公众号申请；四是通过其他网络方式，如电子邮件、QQ 等多种途径申请入会。

（3）企业外入会。尚未建立工会的用人单位职工，按照属地和行业就近原则，可以向上级工会提出申请，在上级工会的帮助下加入工会。

（4）农民工入会。农民工是工人阶级的新鲜血液和重要组成部分，只要与用人单位建立劳动关系或事实劳动关系，符合《中国工会章程》规定的，都可以加入工会，任何单位不得以户籍或工作时间长短为由限制其加入工会。

（5）劳务派遣工入会。劳务派遣工可以在劳务派遣单位加入工会，也可以在用工单位加入工会。劳务派遣单位没有建立工会的，劳务派遣工在用工单位加入工会。

（6）会籍管理。会籍由职工劳动（工作）关系所在的用人单位工会进行管理。非全日制灵活就业的职工会籍，可以由申请加入所在地的乡镇（街道）、开发区（工业园区）、村（社区）工会和区域（行业）工会联合会管理。加入劳务派遣单位工会的会员的会籍由劳务派遣单位工会管理，加入用工单位工会的会员会籍由用工单位管理。

（7）会籍关系接转。会员关系接转要坚持会员劳动（工作）关系在哪里、会员组织关系就在哪里、会员组织关系随劳动（工作）关系流动的原则，建立健全会员会籍流动接转服务制度。

会员关系接转的程序是：会员劳动（工作）关系发生变化后，由调出单位工会填写会员证"工会组织关系接转"栏目有关内容。会员的《工会会员登记表》随个人档案一并移交。会员以会员证或会员卡等证明其工会会员身份，新的用人单位工会应予以接转登记。

负责办理接转关系；联合基层工会的会员接转工作由联合基层工会负责。区域（行业）工会联合会的会员会籍接转工作，由会员所在基层工会负责。

接转中要注意以下问题：一是农民工会员变更用人单位时，应及时办理会员会籍接转手续，不需要重复入会；二是原来没有建立工会的用人单位的职工在上级工会的帮助下加入工会，所在单位后来建立了工会，此时应及时办理会员会籍接转手续；三是已经与用人单位解除劳动（工作）关系并实现再就业的会员，其会员会籍应转入新的用人单位工会。如果新的用人单位尚未建立工会，其会员会籍原则上应保留在会员居住地工会组织，待所在单位建立工会后，再办理会员接转手续；四是临时借调到外单位工作的会员，其会籍一般不作变动。如果借调时间在六个月以上，借调单位已经建立工会的，可以将会员关系转到借入单位工会管理。借调期满后，会员关系转回所在单位。会员离开工作岗位进行脱产学习的，如与单位仍有劳动（工作）关系，其会员会籍不作变动。

（8）基层工会可以通过举行入会仪式、集体发放会员证或会员卡等形式，增强会员意识。

2. 会员档案管理。

职工经批准加入工会的入会申请书和会员登记表作为会员档案材料，由会员所在基层工会组织负责保存管理。基层工会对所管理的会员情况进行统计、登记、建立名册，并按照上级工会的要求，及时掌握会员的流动情况，按时将会员情况统计上报。

3. 保留和恢复会员会籍。

（1）保留会籍的几种情况：一是会员退休后，在原单位工会办理保留会籍手续。退休后再返聘参加工作的会员，保留会籍不作变动；二是内部退养的会员，其会籍暂不作变动，待其按国家有关规定办理正式退休手续后，办理保留会籍手续；三是会员失业的，由原用人单位保留会籍手续。原用人单位关闭或破产的，可将其会员关系转至其居住地的乡镇（街道）或村（社区）工会保管。重新就业后，由其本人及时与新用人单位接转会员会籍；四是已经加入工会的职工，服兵役期间保留会籍。服兵役期满后，复员或转业到用人单位并建立劳动关系的，应及时办理会员会籍接转手续。会员在保留会籍期间免交会费，不再享有选举权、被选举权和表决权。

（2）退会和开除会籍。会员有退会自由。对于要求退会的会员，工会组织应做好思想工作。对经过做思想工作仍要退会的，由会员所在的基层工会讨论后，宣布其退会并回收其会员证或会员卡。会员没有正当理由连续六个月不缴纳会费的、不参加工会组织生活，经教育拒不改正，应视为自动退会。对严重违法犯罪并受到刑事处分的会员，开除会籍。开除会员会籍，须经会员所在地工会小组讨论提出意见，由工会基层委员会决定，并报上一级工会备案，同时收回其会员证或会员卡。

第五章
"职工之家"建设

工会干部培训教材
（黑龙江版）

第一节　"职工之家"建设的基本任务

"职工之家"是工会组织同职工群众保持血肉联系的一条纽带，是全面加强基层工会建设、落实工作任务的有效载体，更是职工群众检验评价基层工会工作水平的一条重要标准。加强"职工之家"建设，是党中央对工会工作的要求，是职工群众的热切期盼。工会必须把建设"职工之家"当作一项长期性建设性的任务来抓，努力打造一个职工信赖的工会品牌。

一、工会建设"职工之家"的历史发展

党的十一届三中全会以后，中国工会经过大力整顿恢复发展，各级工会组织建设有了很大加强，但还未来得及在组织体制、运行机制、工作方法、工作作风等方面进行集中整顿和建设，特别是有相当数量的基层工会，组织不够健全、工作不够活跃、作用不够明显，与面临的新形势、肩负的新任务不相适应，亟待整顿和加强。中央书记处 1983 年 3 月 14 日研究中国工会十大有关问题时指出："工会的性质和任务应当是在党的领导下，代表工人阶级利益、为工人阶级办事的组织。""今后工会工作一定要从自己是党领导下的群众组织这个特点出发，切切实实地为职工办事，办些具体的好事，把职工的积极性调动起来；一定要维护职工的具体利益，勇敢地扶植正气、压制邪气，在社会和国家生活中起积极作用；一定要面向工厂、面向工人，密切联系群众，反映职工的呼声和要求，真正成为'职工之家''工人之友'。"

为贯彻落实党中央的重要指示精神，全国总工会提出要把基层工会组织建设提到一个突出的位置，作出了《关于整顿工会基层组织，开展建设

"职工之家"活动的决定》，拉开了在全国基层工会组织普遍开展建设"职工之家"活动的序幕。迄今为止，建设"职工之家"活动已走过了三十多年不平凡的历程，经历了组织整顿、深入推进、提高水平、创新发展阶段。

2013年10月，习近平总书记在同全总新一届领导班子集体谈话时强调，工会干部特别是领导干部，要更多到职工群众中去，依靠职工群众开展工作，使工会组织真正成为广大职工群众信赖的"职工之家"，工会干部要努力把自己锤炼成听党话、跟党走、职工群众信赖的"娘家人"。习近平总书记的重要指示，是对建家工作提出的更高标准和要求。

2015年6月，中华全国总工会发出《关于在全国基层工会广泛开展"争创模范职工之家、争做职工信赖'娘家人'"活动的通知》，对建家活动提出了新目标和新要求。

二、建设"职工之家"的基本要求

全总《关于进一步加强建设职工之家工作，充分发挥基层工会作用的意见》要求，进一步加强建家工作，要坚持在继承的基础上不断创新，与时俱进地赋予新内容，努力把基层工会组织建设成为组织健全、维权到位、工作规范、作用明显、职工信赖的名副其实的职工之家。

1. 健全组织体系。

基层工会委员会、经费审查委员会、女职工委员会组织健全，按时换届选举，单独设置工会工作机构，依法独立自主开展工作；依法进行工会法人资格或工会法人代表变更登记；工会主席（副主席）的产生、配备符合有关规定，职工200人以上的单位依法配备专职工会主席；按不低于职工人数3‰的比例配备专职工会干部；加强工会积极分子队伍建设；加强会员会籍管理，职工（含农民工、劳务派遣工）入会率达到85%以上。

2. 促进科学发展。

围绕加快经济发展方式转变，深入开展多种形式的争先创优建功立业活动，持续形成劳动竞赛热潮；深入开展以增强自主创新能力为重点、以合理化建议和"五小"活动为内容的职工技术创新活动和"我为节能减排作贡献"活动，推动经济又好又快发展；加强劳动模范（先进工作者）的培养、评选、表彰、宣传和管理，激励职工立足岗位、勇创佳绩。

3. 履行维权职责。

建立和完善以职工（教工）代表大会为基本形式的民主管理制度，推行厂务（院务、校务）公开，公司制企业依照有关规定选举职工代表进入董事会和监事会，参与企业管理；建立平等协商和签订集体合同制度，协商解决涉及职工切身利益的重大问题；指导和帮助职工签订劳动合同，依法妥善处理劳动争议纠纷，提供法律援助，构建和谐劳动关系；协助和督促企业落实国家各项涉及职工权益的法律法规，遵守劳动安全卫生等规定，做到安全生产无事故；维护女职工、未成年工的特殊权益。

4. 提高职工素质。

落实《全国职工素质建设工程五年规划》，发挥工会"大学校"作用，深入开展"共筑理想信念、共促科学发展"主题教育活动，弘扬中国工人阶级伟大品格，用社会主义核心价值体系引领职工群众；开展"创建学习型组织，争做知识型职工"活动，培育"四有"职工队伍；开展群众性精神文明创建和文化体育活动，满足职工群众精神文化需求，推动职工文化和企业文化建设。

5. 服务职工群众。

以职工最关心、最直接、最现实的利益为重点，认真倾听职工呼声，积极反映职工意愿，提出政策建议和主张；关心职工生产生活问题，指导帮助职工就业，进一步叫响做实"职工有困难找工会"，努力为职工办实事、做好事、解难事；开展"送温暖""金秋助学"等活动，履行帮扶困难职工"第一知情人""第一报告人""第一协调人""第一监督人"的职责。

6. 加强自身建设。

坚持民主集中制，密切联系群众，做到廉洁自律；健全各项组织制度、民主制度、工作制度，基础资料齐全；坚持会员（代表）大会制度，完善会员代表常任制，实行会务公开，接受会员群众民主评议和监督，保障会员民主权利；开展"创建学习型工会，争做知识型工会干部"活动，加强思想、作风、能力建设，提高工会自身建设科学化水平，建设学习型、服务型、创新型工会；建立单独工会财务账户，独立使用工会经费，收好管好用好工会经费，保护好工会资产；工会工作有创新、有特色。

第二节 "职工小家"建设

进入中国特色社会主义新时代，要巩固和发展建家成果，要深入持久地建家，必须抓班组、抓会员，从工会最基层组织抓起，开创基层工会工作新局面、新领域。工会小组是工会的前沿阵地，是落实工会工作的重要载体，工会的作用最终要通过工会小组来体现。工会小组是工会组织的细胞，只有所有的细胞都具备活力，整个工会组织才能充满生机。只有建好"职工小家"，才能履行好工会职责，真正形成上下互动的全面建家格局，才能增强工会组织的吸引力。

在新时代，建家标准更高，难度更大。为适应时代发展的要求，把"职工小家"建设好，应从以下几个方面努力探索建"职工小家"的途径和方法。

一、突出维权重点，全面履行工会职责

维护职工合法权益是工会的基本职责，是工会工作永恒的主题，也是工会赖以生存的基础。在新时代建"职工小家"，要更加注重突出维护职工合法权益这个核心，在完善"职工小家"功能上做文章。

1. 要在围绕中心工作、维护职工长远利益上下功夫，建设"效益小家"。

坚持建家就是建企业，就是发展企业的指导思想，努力营造让职工能够尽显个性、施展才华、体现人生价值的企业环境，使个人价值与企业价值相统一，开展竞赛立功、岗位练兵、技术攻关等活动，形成节能、降耗、增效的良好氛围，实现创效增收，促使企业与职工双赢，从根本上维护职工长远利益。

2. 要在加强劳动保护监督，维护职工切身利益上下功夫，建设"安全小家"。

安全是和谐的基础，是家庭幸福的保障。在"职工小家"建设中，树立安全建"职工小家"、安全保效益、安全促发展的意识，以人为本，增强职工劳动保护意识；强化培训，提高职工的劳动保护技能；技术创新，加大职

工防范风险的能力;狠抓落实,建立群防群治的劳动保护网络。坚持"安全第一、预防为主、综合治理"的方针,定期开展"安康杯"竞赛活动,定期开展劳动保护监督活动,对危险源点进行经常性检查,从根本上维护职工生命安全。

3. 要在完善民主管理制度,维护职工民主权利上下功夫,建设"民主之家"。

在"职工小家"建设中,要做到哪里有权力,哪里就有民主管理;哪里有利益关系,哪里就有公开。全面推行厂务公开,实行民主管理制度化、科学化、规范化、经常化,凡涉及职工切身利益的重大问题,不经职工讨论通过不能实施,实现"事后纠正向事前预防转移,被动监督向源头参与转移",从而达到超前维护的目的,增强工会维护的实效性,从源头上维护职工利益。

4. 要在提高职工队伍素质,维护职工根本利益上下功夫,建设"学习小家"。

要围绕提高职工素质,增强企业核心竞争力,深入开展读书活动,培育创建学习型工会小组、知识型职工队伍、创新型工会小组长,开展爱国、爱岗教育活动,提高职工的政治素质、业务能力、技能水平,增强企业竞争力,从根本上维护职工利益。

5. 要在尽力排忧解难,维护职工直接利益上下功夫,建设"和谐小家"。

按照以人为本的方针,努力做到尊重人、关心人、理解人、帮助人、团结人,在建"职工小家"竞赛活动中,建立职工联系代表制度,及时准确地掌握职工思想脉搏,理顺职工情绪,有效化解矛盾,使职工保持良好的精神状态。以解决职工最关心、最直接、最现实的利益问题为重点,注意从家庭生活等方面给予足够的关心,使职工对"职工小家"真正有可依可靠的归宿感,人人都把"职工小家"看作家庭之外的又一温馨和谐的家园,做到"人人献出一份爱",让小家充满温暖,让职工充满幸福感。

二、党政工形成共识与合力,优化班组建家活动条件

1. 统一认识,列入企业目标管理。

班组开展建"职工小家"活动是企业的一项整体工程,涉及面广,工作

量大，仅靠工会一家是不够的，必须取得党政领导的支持，才能保证建设"职工小家"活动的顺利开展，形成党委领导、行政支持、工会实施、职工参与的格局。同时，要把"职工小家"建设的目标管理作为精神文明建设的考核内容，分解到有关车间和科室，作为思想政治工作和企业管理工作的考核内容之一。还要把"职工小家"建设活动与创建先进班组活动结合起来，并把建设"职工小家"的达标要求列入企业工会工作的责任制中，从而为班组建设"职工小家"活动的顺利开展奠定基础。

2. 认真选配工会小组长，确保建家有称职的带头人。

建小家，工会小组长是主角。班组建家的成功与否，在很大程度上取决于工会小组长的自身素质。因此，在选配工会小组长时应坚持两个原则：一是注意选配政治素质好、业务能力和组织能力强，热心于群众工作的职工；二是必须经全组会员民主选举。企业工会还要加强对工会小组长的业务知识培训，帮助他们提高组织活动能力。同时，建立和完善对工会小组长的考核制度，落实工会小组长的权利，增强工会小组长的责任感，努力使建家有一个称职的带头人。

3. 确定建设"职工小家"的宗旨，扎实抓好基础工作。

建设"职工小家"起步伊始的第一项工作，就是要确定建家宗旨，以此来指导整个建设"职工小家"活动的方向。要结合企业实际情况，抓好建家基础工作：一要抓好试点。以点带面，先从点上取得经验，再推动全面。围绕建家宗旨，由工会小组长直接抓，车间分工会主席重点抓，公司工会专职干部分点配合抓，三管齐下。各试点小组都要拿出自己的成果来。二要给工会小组长放六权。即：按规定使用下拨经费的支配权；对本组工作计划的制订实施权；文体活动的组织开展权；对本组职工申请生活困难补助和病、伤职工营养补助的预审权；开展劳动竞赛、技术比武的组织权；发展新会员的推荐权。权力的下放，既增添了班组建家的活力，又调动了他们的积极性、主动性和创造性。

4. 抓好"职工小家"活动室的建设。

班组建设"职工小家"在注重实质内容的同时，还要根据各自单位的实际情况，因地制宜，创造条件，实实在在为班组职工建好活动室，使班组职工在工作之余能有一个自我教育的阵地。

三、引入激励机制，增强"职工小家"活力

没有竞争就没有动力，引入激励机制，努力营造"争先创优"的氛围。要调动各分工会建"职工小家"的积极性，就应对"职工小家"建设实行按层次管理、动态运作的竞赛活动方式进行。

1. 开展"小家"竞赛活动，建立激励约束机制。

把工会工作内容纳入建"职工小家"竞赛活动中，在工会小组开展三级（合格、先进、模范）台阶竞赛，激励分会重视"职工小家"建设。

2. 完善考评机制，保证"职工小家"建设质量。

抓制度建设，制定完善《建"职工小家"竞赛活动实施办法》，通过建立和完善自检自查，考核验收制度，引导基层工会抓住小家建设的重点，保证小家建设的质量。

3. 引入奖励机制，激发"职工小家"活力。

要把考核验收命名为先进、模范的职工小家，按荣誉称号的层次，给予一次奖励和增拨活动经费，增强小家能动力。

四、努力创造条件，保证建"职工小家"健康发展

新时代建"职工小家"，要在创新、务实、搞活上下功夫，注重加大正面引导，激发工会小组建小家的内在动力。

1. 加强分类指导，创新"职工小家"建设方式方法。

一方面，要多层次、宽领域、全方位去思考和安排建"职工小家"工作，坚持实事求是的方法，把握"协调、服务、指导"的原则，实现建家目标；另一方面，要不断充实新内容、创造新方式，适应新形势发展的需要。在借鉴过去经验的基础上，根据工会小组实际，抓住特色工作，大胆创新，推广新鲜经验，发挥典型示范作用。工会通过丰富职工文化生活、生日送祝福等活动，使职工感到建家的好处，增强建小家的吸引力，激发小家活力。

2. 引导职工岗位成才，提高职工队伍素质。

建家就是建队伍，打造能打硬仗的职工队伍。工会要结合"建队育人提素质，争创一流促发展"主题教育活动，组织职工学政治、学法律、学技术、学管理，引导职工从"干什么、学什么、缺什么、补什么"过渡到灵活

自如、得心应手的快乐学习中。要求每一名职工学一门新技术，掌握一门新工艺，提高业务技能和整体素质。

要建成党政靠得住、企业离不开、职工信得过的"职工小家"，还需要下功夫认真审视建家工作的重要性、长期性、全局性，实事求是，与时俱进，形成建家的活力，常抓不懈，常建常新。

当前，许多地方的工会在开展建设"职工小家"的活动中，创造了很多新颖的经验方法。例如，有的单位开展了以"五有"（即有场地、有设施、有活动、有效益、有人心），"七上墙"（即工会工作任务上墙、工作职责上墙、组织网络上墙、工会活动上墙、年度计划总结上墙、工会文件上墙、先进人物上墙），"四个规范"（即组织建设规范、工会制度规范、经费管理规范、档案管理规范）为基础，全面推进"五个机制"（即职工维权机制、职工民主管理机制、和谐劳动关系机制、职工教育机制、职工和企业"双赢"机制）建设为内容的创建"职工小家"活动，不但增强了基层工会的活力，还融洽了职工和企业的关系，调动了职工的积极性。

第三节　会员评家制度

一、会员评家的基本内容

《中华全国总工会关于开展会员评议职工之家活动的意见》（总工发〔2009〕28号）明确规定了会员评家的基本内容。

1. 健全组织体系。

基层工会委员会、经费审查委员会、女职工委员会等组织健全，单独设置工会工作机构，依法独立自主开展工作；工会主席（副主席）的产生符合有关规定，工会委员会按期换届选举；依法进行工会法人资格或工会法人代表变更登记；有单独工会财务账户，独立管理和使用工会经费；加强专兼职工会干部、积极分子队伍建设；加强会员会籍管理，职工入会率达到85%以上。

2. 促进科学发展。

以创建"工人先锋号"为主要载体，深入开展"当好主力军、建功

'十三五'、和谐奔小康""同舟共济保增长、建功立业促发展""我为节能减排做贡献"等劳动竞赛，推动企事业单位发展；广泛开展合理化建议、技术革新、技术协作和发明创造等群众性经济技术创新活动，激发干部职工的创新活力；加强劳动模范（先进工作者）的培养、评选、表彰、宣传和管理，激励职工立足岗位、建功立业。

3. 履行维权职责。

建立平等协商和签订集体合同制度，开展集体协商要约行动，协商解决涉及职工切身利益的重大问题；指导和帮助职工签订劳动合同，依法妥善处理劳动争议纠纷，提供法律援助，构建和谐劳动关系；坚持和完善以职工代表大会为基本形式的民主管理制度，推行厂务公开，落实职工代表大会各项职权；公司制企业依照有关规定选举职工代表参加董事会和监事会，参与企业管理；协助和督促行政落实国家各项涉及职工权益的法律法规。

4. 实施素质工程。

发挥工会"大学校"作用，积极开展"共筑理想信念、共促科学发展"主题教育活动，以社会主义核心价值体系引领职工；深入开展"创建学习型组织，争做知识型职工"活动，加强职工教育培训，提高职工整体素质；开展群众性精神文明创建和文化体育活动，推动职工文化和企业文化建设。

5. 服务职工群众。

关心职工疾苦，倾听职工呼声，积极反映职工的意愿和要求；热心服务职工群众，努力为职工做好事、办实事、解难事；开展送温暖活动，履行帮扶特困职工"第一知情人""第一报告人""第一协调人"的职责。

6. 加强自身建设。

工会领导成员坚持民主集中制，密切联系群众，做到廉洁自律，管好用好工会经费和资产；健全各项组织制度、工作制度，基础资料齐全；坚持会员（代表）大会制度，完善会员代表常任制，实行会务公开，接受会员群众民主评议和监督；深入开展职工之家、"双爱双评"活动，按照会员群众意愿开展活动，提升工会工作水平。

二、会员评家的方式方法

1. 在同级党组织领导和上级工会指导下，会员评家通过召开会员（代表）大会进行，每年至少评议一次。

2. 会员评家主要评议基层工会开展工作、建设职工之家情况，评议工会主席（副主席）履行职责的情况。

3. 会员评家前应将评议内容、评议标准告知会员，做好组织发动和准备工作，并向上级工会报告。

4. 工会主席（副主席）在会员（代表）大会上报告工会工作及建设职工之家情况，并就个人履行职责情况进行述职。会员（代表）对工会工作、建设职工之家情况和工会主席（副主席）在进行民主评议的基础上，以无记名投票方式进行测评。测评可分为满意、基本满意和不满意三个等次，当场公开民主测评结果。

5. 会员评家的结果应报同级党组织和上一级工会，并作为考核基层工会工作和工会主席（副主席）的重要依据。对会员群众民主评议、民主测评反映的突出问题，该基层工会应向会员（代表）群众反馈整改措施。

第四节　开展"双争"活动，争创"模范职工之家"

为进一步加强基层工会建设，激发基层工会活力，发挥基层工会作用，2015 年 6 月，中华全国总工会印发了《关于在全国基层工会广泛开展"争创模范职工之家、争做职工信赖'娘家人'"活动的通知》，决定在全国基层工会广泛开展"争创模范职工之家、争做职工信赖'娘家人'"活动（以下简称"双争"活动）。

一、开展"双争"活动的主要内容

在"双争"活动中，要立足基层工会职能，围绕七个方面加强和推进基层工会工作。

1. 做依法规范建会的模范。

各类企事业特别是非公有制经济组织、社会组织要依法规范建立工会组织，小微企业通过基层工会联合会或联合基层工会实现覆盖。要以"六有"工会建设为基础，提高基层工会规范化建设水平，不断增强基层工会组织的代表性。

2. 做组织服务农民工的模范。

积极开展"农民工入会集中行动"，把农民工吸引到工会中来，吸引到工会活动中来。加强对农民工特别是青年农民工的人文关怀，帮助农民工融入城市。深入了解农民工的现实诉求，在对农民工的思想引领、技能提升、权益维护和困难帮扶等方面，让广大农民工实实在在地感受到工会组织的关心和帮助。

3. 做教育引导职工群众的模范。

在广大职工群众中培育和践行社会主义核心价值观，开展以职业道德为重点的"四德"教育，深化"中国梦·劳动美"主题教育，大力弘扬劳模精神、劳动精神和工人阶级伟大品格，团结动员广大职工通过辛勤劳动、诚实劳动、创造性劳动托起中国梦。加强社会主义精神文明建设，创新思想政治工作方式方法，加强人文关怀和心理疏导，丰富职工精神文化生活，形成健康文明、昂扬向上的职工文化。

4. 做团结动员职工群众建功立业的模范。

组织开展具有行业特色的劳动竞赛和经济技术创新活动，通过技术革新、技术协作、小发明小创造等活动，引导职工为企业科学发展贡献力量，投身大众创业、万众创新。引导职工树立终身学习理念，立足岗位成长成才，不断学习新知识、掌握新技术、增长新本领，努力成为知识型、技术型、创新型职工。

5. 做维护职工合法权益的模范。

大力构建和发展和谐劳动关系，坚持"促进企业发展、维护职工权益"的企业工会工作原则，认真落实劳动合同、集体合同和职工代表大会制度，依法保障职工基本权益。以一线职工、农民工、困难职工等为重点群体，突出维护职工的劳动报酬、休息休假、劳动安全卫生、社会保险、职业技能培训等劳动经济权益。深入开展和谐劳动关系创建活动，最大限度增加和谐因素，最大限度减少不和谐因素，促进社会和谐稳定。

6. 做服务职工群众的模范。

坚持把群众路线作为工会工作的生命线和根本工作路线，把工作重心放在最广大普通职工身上，全心全意为职工群众服务。按照"会、站、家"一体化工作思路，以职工需求为导向，构建覆盖广泛、快捷有效的服务职工工作体系，提供更多普惠性服务，让职工群众更多更公平地分享改革发展的成果，有更多获得感，把党和政府的关怀送到职工群众的心坎上，赢得职工群众的信赖和支持。

7. 做"忠诚党的事业、服务职工群众"的模范。

以"忠诚党的事业、服务职工群众"作为工会干部的价值追求，坚定不移走中国特色社会主义工会发展道路，模范履行工会组织的政治责任，带领职工群众坚定不移跟党走。把"三严三实"作为修身做人用权律己的基本遵循，干事创业的行为准则，自觉规范言行，崇尚实干，求真务实。加强学习研究，增强工作本领，提高履职能力，增强责任担当，始终走在职工群众前列，真正成为职工群众信赖的"娘家人"。

二、开展"双争"活动的方法措施

"双争"活动在各类企业和机关事业单位工会、区域（行业）基层工会联合会、乡镇（街道）工会、村（社区）工会、开发区（工业园区、自贸区）工会和专兼职工会干部中开展。

1. 坚持问题导向。

在基层工会和广大工会干部中开展以"如何建设职工之家""如何成为职工信赖的'娘家人'"为主题的学习研讨活动，坚持以问题为导向，以职工群众需求为导向，找准基层工会发挥作用和工会干部履行职责中存在的突出问题，分析原因，提出对策，使"双争"活动更有针对性和指导性。

2. 丰富活动载体。

借鉴近年来加强基层工会建设的有益经验，坚持会员（代表）大会制度，充分运用普遍开展会员评家、会务公开、会员代表大会代表常任制等经验做法，推动"双争"活动深入开展。从实际出发，突出不同领域不同行业基层工会的特点和工作特色，自觉运用改革精神，创造基层工会能落实、工会干部能做到、职工群众能认可的工作抓手和活动载体，打造工会工作品牌。

3. 注重典型示范。

积极培育选树"双争"活动先进典型，通过现场会、观摩会、经验交流会等方式，及时总结推广"双争"活动的经验做法。运用各种媒体宣传活动开展情况，宣传先进基层工会组织和优秀工会干部。探索建立"双争"活动微信公众平台和QQ群，及时发布和推送活动信息，扩大"双争"活动的参与面和影响力。

4. 强化激励约束。

"双争"活动要与评选表彰各层级模范职工之家、优秀工会工作者紧密结合，并贯穿评选表彰全过程。要把会员满意度作为衡量"双争"活动成效的重要标尺，认真组织开展会员评议职工之家、会员评议工会干部工作，把评议结果作为评选模范职工之家和优秀工会工作者的重要依据。

三、开展"双争"活动的组织领导

要切实加强组织领导，注重统筹谋划，务求"双争"活动取得实效。

1. 高度重视、加强领导。

"双争"活动是加强基层工会建设的重要抓手和工作载体。各级工会要把这项工作摆上重要工作日程，切实加强领导，精心组织实施。要自觉接受党组织的领导，争取政府等各方面的支持，将"双争"活动纳入党的基层组织建设的总体安排。要结合实际制订实施方案，做到目标明确、措施有力、方法科学。

2. 突出重点、分类指导。

要抓好基层工会工作的统筹协调，以"双争"活动促进基层工会建设。认真研究分析基层工会状况，对不同工作基础的基层工会要统筹领导、分类施策，特别是对工作基础薄弱的基层工会，要加大工作指导和督查力度，使开展"双争"活动的过程成为发挥基层工会作用的过程。

3. 改进作风、务求实效。

认真践行"三严三实"要求，以求真务实的工作作风开展"双争"活动。要把开展"双争"活动落实到竭诚服务职工群众的过程中，转化为职工群众对工会组织有更强的认同感和归属感。要通过这项活动，进一步增强各级工会干部的政治责任感和工作紧迫感，克服机关化，破除衙门作风，防止脱离群众，努力提高工会工作群众化、民主化、科学化、法治化水平。

第六章
工会劳动和技能竞赛工作

工会干部培训教材
　　（黑龙江版）

劳动与技能竞赛是工会经济技术工作的核心内容，是实施群众性经济技术创新工程和开展创建"工人先锋号"活动的主要载体。在全面深化改革、夺取全面建成小康社会伟大胜利的新时代下，创新劳动和技能竞赛的方式方法，对推动企业发展和社会生产力进步，推动产业工人队伍素质提升，加快中国制造业的发展，具有重大意义。

第一节　劳动竞赛的产生和发展

一、劳动竞赛的产生

最早的劳动竞赛产生于苏联。1919 年 5 月 10 日，俄国十月社会主义革命胜利后，莫斯科—喀山铁路工人组织了星期六共产主义义务劳动，第一次开展了社会主义劳动竞赛。星期六共产主义义务劳动，有力地支援了苏联的国内革命战争，为巩固新生的苏维埃政权做出了重要贡献。对此，列宁在同年 6 月《伟大的创举》一文中给予了高度的评价，指出星期六共产主义义务劳动是比推翻资产阶级更困难、更重大、更彻底、更有决定意义的变革的开端，是"伟大的创举"。星期六共产主义义务劳动是劳动竞赛的早期形式。

二、我国劳动竞赛的产生与发展

我国的劳动竞赛开始于 20 世纪 30 年代党领导的中央苏区。在中央苏区的公营工业企业内部，工人们自发地开展了"生产模范队""经济核算队"等活动。40 年代，在陕甘宁边区开展了"大生产运动"，后来这一运动在其他解放区又有了新的发展。如在晋绥解放区开展了学习模范工人张秋凤的运动；在冀鲁豫革命根据地开展了学习模范工人甄荣典的运动；在东北根据地开展了"新纪录运动"等。这一时期的劳动竞赛，有力地支援了人民革命战争，为新中国的成立做出了贡献，也为日后广泛开展的劳动竞赛提供了有益经验。

新中国成立后，我国的劳动竞赛在社会主义建设和发展的各个不同的历史时期，也有其不同的形式和特点。

1. 新中国成立初期至 20 世纪 50 年代末期的劳动竞赛。

新中国成立后，为了医治战争创伤，尽快恢复国民经济，在党和政府的号召下，广大职工开展了以清查仓库、献纳器材、修复机器、恢复生产为内容的"爱国主义生产竞赛"。

从 1953 年起，我国开始实施第一个发展国民经济的五年计划。在这一时期，工会在全国职工中，组织开展了技术革新、社会主义竞赛、先进生产者运动，掀起了"比、学、赶、帮、超"的热潮。仅 1954 年一年，全国提出合理化建议的职工人数就有 58 万多人，提出合理化建议 848 万多件；1956 年，在毛泽东主席的倡议下，一个波澜壮阔的先进生产者运动在全国范围内蓬勃兴起，促进了第一个五年计划的提前完成；1958 年，工人群众提出了"比先进、学先进、赶先进"的竞赛口号；1959 年 10 月，中共中央召开全国工交、基建、财贸战线社会主义建设者先进集体和先进生产者代表大会，决定把"比先进、学先进、赶先进、帮后进"作为劳动竞赛口号，有力地促进了国民经济的调整和社会主义建设的发展。

这一时期劳动竞赛的主要特征是：把劳动竞赛与技术革新结合起来，即从偏重体力的竞赛开始向注重改进生产技术的方向发展，使工会经济工作有了新的进展。不仅有力地推动了国家经济建设，而且也培养和造就了一大批先进生产者和先进集体。

2. 20 世纪 60 年代初期的劳动竞赛。

这一时期，面对国民经济出现的暂时困难，广大职工发扬主人翁精神，主动为国分忧，为企解难，一大批能工巧匠和优秀技术工人积极推广先进技术和先进操作方法，开展厂际间的技术交流、技术协作和技术攻关。职工技协活动就是在这一时期兴起的。职工技协活动在攻克生产技术难关、制造国家急需设备、生产"争气"产品和抢建半截子工程等方面发挥了重要作用，为克服国民经济的暂时困难做出了贡献。这是劳动竞赛的新发展，它进一步丰富了工会经济技术工作的内容。

3. 20 世纪 70 年代末至 80 年代初期的劳动竞赛。

党的十一届三中全会以后，随着党和国家的工作重点转移到经济建设上来，工会经济工作也翻开了新的一页。1979 年以来，随着国家进入社会主义建设新的历史时期，在"文革"中遭到批判停滞的劳动竞赛得到了恢复和发展。在力争到 20 世纪末使国民生产总值翻两番，把中国建设成为具有现代化工业、农业、国防、科学技术，具有高度文明、高度民主的社会主义国家的宏伟目标和总任务的鼓舞下，广大职工开展了以高产、优质、安全、多品种、低消耗为主要内容的"双增双节""挖潜增效""为'四化'立功竞赛"等劳动竞赛活动。自 20 世纪 70 年代末到 80 年代初期，全国各个系统和行业都广泛开展了劳动竞赛活动。据统计，到 1983 年，全国有 90% 以上的国营企业和城镇集体企业开展了劳动竞赛。到 1987 年我国已经基本上实现国民生产总值比 1980 年翻一番的任务，使国民经济走上持续稳定增长的轨道。

这一时期的劳动竞赛的主要特征是：劳动竞赛无论广度和深度都超过了以往任何时期。从广度上看，参加竞赛的单位和人员之多，是历史上从没有过的；从深度上看，竞赛已从生产领域扩展到管理领域和服务领域，并且紧紧围绕提高经济效益、推动技术进步展开；竞赛活动的组织进一步科学化、系统化，特别是提出了精神奖励和物质奖励相结合的竞赛原则，极大地调动了广大职工的参赛积极性，使劳动竞赛呈现出蓬勃发展的态势。

4. 20 世纪 80 年代以后的劳动竞赛。

发展社会主义市场经济以来，我国的社会经济成分、组织形式、就业方式、利益关系和分配方式日益多样化，劳动竞赛遇到了许多新情况、新问题。在各级工会的积极探索、大胆创新、勇于实践下，劳动竞赛在新的历史时期又有了新的发展。特别是进入 21 世纪以来，面对世界科技的迅猛发展和日益激烈的国际竞争，科技创新已经成为经济和社会发展的主导性力量。为了适应这一形势的发展要求，全国总工会提出了在全体职工中实施以推动技术进步为主题、以技术创新为重点，以开展争当"创新工程示范岗""创新能手"活动为载体的职工经济技术创新工程和广泛开展"当好主力军，建功'十一五'，和谐奔小康"的劳动竞赛活动；2007 年 8 月 30 日，全国总工会决定把竞赛中职工群众和工会组织创造的创建"工人先锋号"活动推向深入、推向全国，并使"工人先锋号"成为劳动竞赛工作的响亮品牌。事实证明，开展创建"工人先锋号"活动为新世纪新阶段的劳动竞赛和创优争先活动注入了强大的动力和活力，使之不断呈现出蓬勃发展的趋势，展现出新的勃勃生机。

这一时期劳动竞赛的主要特征是：竞赛活动的领域从公有制企业向非公有制企业发展，从传统产业向新兴产业延伸；活动内容紧紧围绕创新技术和增强企业生产竞争能力，注重提升职工技能水平，增强职工创新意识和团队意识，注重提高职工的创新能力；活动机制特别是激励机制进一步完善，把组织引导职工在经济建设中建功立业与维护职工合法权益有机地结合起来，从而使劳动竞赛在市场经济条件下呈现出生机和活力。

第二节 劳动竞赛

一、劳动竞赛的概念

竞赛即比赛。劳动竞赛是指在生产过程中，人与人、集体与集体之间的群众性比赛活动。社会主义劳动竞赛是指在社会主义条件下，企业或者劳动者为企业的生存发展乃至国家社会的经济进步而自觉进行的一种有目的、有组织的互帮互学、争优创新的实践活动。有效地组织和开展劳动竞赛，是工会工作的一项重要内容。

劳动竞赛是在生产劳动中经常采用的一种激励措施，是发掘人潜能的一种实践活动，是现代企业生产经营活动中的一种最常见的劳动组织形式。它是以集体主义为核心的比、学、赶、帮、超活动，是调动发挥企业经营者和职工群众积极性、创造性，以提高职工素质，推进企业科技进步，提高企业经济效益和服务质量为主要内容的建设社会主义的重要方法，是政治思想工作和经济工作相结合的形式，是解决先进与落后的矛盾，不断推进企业发展前进的动力。

正确认识和理解社会主义劳动竞赛概念应该把握以下要点：

1. 劳动竞赛是社会主义制度的产物。

2. 劳动竞赛必须具备三个要素：一是要有劳动者自觉参加；二是要有具体的竞赛目标；三是要有劳动成果的比较和交流。

3. 劳动竞赛是提高经济效益，加强管理、增强竞争力的有效方法。

4. 劳动竞赛是社会主义、共产主义价值观念和原则在生产实践活动中的具体运用。

5. 劳动竞赛有广义和狭义之分。狭义的劳动竞赛特指生产竞赛。广义的劳动竞赛是职工经济技术活动的统称，包括生产技术、合理化建议、技术革新、技术攻关、发明创造、岗位练兵、技术技能比赛等活动。

二、劳动竞赛的分类

1. 从内容上看，劳动竞赛可分为：生产型竞赛、智能型竞赛、技能型竞赛三类。开展不同类型的劳动竞赛有不同的要求。生产型竞赛（即生产竞赛）是指调动职工积极性，促进某一生产任务完成而开展的竞赛活动。智能型竞赛是指在开发职工智能，促进技术进步和加强经营管理而开展的竞赛活动，包括合理化建议、技术攻关、技术革新和发明创造等。技能型竞赛是指在帮助职工掌握操作技法，促进职工技能水平普遍提高而开展的劳动竞赛活动，包括岗位练兵、技能比赛等活动。

2. 从时间上看：有长周期竞赛，也有短周期竞赛。

3. 从范围上看：有较大规模的全国性、地区性或多行业的竞赛，也有企业内部不同车间、班组、工序之间的竞赛。

4. 从特征上看：有体力劳动竞赛和脑力劳动竞赛。

5. 从对象上看：有性质相同的同行业、同工种、同机台之间的竞赛，也有条件不相同的单位、个人之间的竞赛。

6. 从参赛人员上看：有集体赛和个人赛。

7. 从项目内容上看：有单项竞赛和综合竞赛。

三、劳动竞赛的主要特点

1. 群众性。群众性是劳动竞赛的首要特点。劳动竞赛能够最大限度地动员职工参与，没有职工参与就没有社会主义劳动竞赛。

2. 广泛性。广泛性是劳动竞赛的基本特点。劳动竞赛的广泛性主要表现为竞赛参加者、竞赛内容、竞赛范围和竞赛影响的广泛性。科学组织劳动竞赛必须注意这一重要特点。

3. 创造性。劳动竞赛能够挖掘职工潜在的劳动能力，使其多为企业和国家作贡献，从而使新技术、新纪录、新工艺、新产品不断出现。

4. 先进性。先进指标、先进技术、先进成果和评选先进集体、先进个人，是解决先进与落后矛盾的好形式，开展劳动竞赛可促进企业发展上台阶。

5. 针对性。劳动竞赛一定要紧扣企业生产经营活动中最重要、最关键的环节，凡是针对性强的竞赛项目，职工兴趣较浓，只要组织得当，一般都能收到好的竞赛效果。

四、劳动竞赛的功能和意义

1. 劳动竞赛的功能。

功能是指由事物本身性质所决定的、事物内在的、特有的潜能。劳动竞赛的功能是指由劳动竞赛本身性质所决定的、劳动竞赛内在的、特有的潜能。

劳动竞赛的主要功能如下：

（1）激励功能。劳动竞赛通过比、学、赶、帮、超，激励职工的主人翁责任感，把蕴藏在职工群众中的积极性、智慧和创造力激发出来，使其转化为对工作的渴求、热情和进取心，并把这种渴求、热情和进取心变成行动，达到竞赛的目的。

（2）教育功能。劳动竞赛是最好的敬业爱岗、奉献爱企的培养集体主义思想和振奋团队精神的课堂。这是一种特殊的教育方式，它可以改变人们对劳动的看法，培养劳动是光荣的、劳动是美丽的理念，这也是一个引导职工自我教育、自我提高的过程。

（3）协调功能。通过开展劳动竞赛，一方面进一步协调了企业的劳动关系，有利于利益共同体的形成；另一方面协调了工会与政府、企业的关系，进而达到相互支持、相互依存的目的。

以上是在市场经济条件下劳动竞赛所能发挥的主要功能，除此之外，劳动竞赛还有创造功能、管理功能、效益功能、维护功能、提升功能、润滑功能、助推功能、催化功能等。所有这些功能的发挥，都需要工会组织和工会干部树立对劳动竞赛的信心，发挥自己的主观能动性，研究市场经济条件下生产经营管理的特点，根据企业的具体情况，学习和借鉴其他企业开展劳动竞赛的成功经验，创造性地运用老办法，开发新形式，让劳动竞赛在今天的发展中显示魅力，再现辉煌。

2. 开展劳动竞赛的现实意义。

（1）劳动竞赛有助于促进企业生产的发展。成功地组织一场劳动竞赛，广大职工群众踊跃参加，真正投身到竞赛中来，企业原有的纪录被打破，劳动生产率一定会得到很大的提高。

（2）劳动竞赛有助于提高企业职工的技术水平。我们成功地组织一次劳动竞赛，除了能够促进生产发展之外，还有一个明显的价值，就是能够普遍提高职工的技术水平。

（3）劳动竞赛有助于职工树立团队精神和奉献精神、形成敬业爱岗和敬业爱企的劳动态度。在生产中，劳动者的精神状态和劳动态度，对生产力发展起着关键作用。劳动竞赛为职工营造了一个强化团队精神和奉献精神的集体主义的环境，同时也培养和强化了职工敬业爱岗、敬业爱企的意识和态度。

（4）劳动竞赛有助于企业经营者强化以人为本的理念。劳动竞赛的客观规律表明，决定劳动竞赛的质量、水平和效果的关键，在于参赛者的热情、兴趣和积极性。这就要求企业经营者以人为本，在注重抓生产经营的同时，牢固树立全心全意依靠职工办企业的意识和观念，关心、爱护、尊重职工，调动和保护职工群众的劳动积极性和创造性。

（5）劳动竞赛有助于促进职工群众的积极性、主动性和创造性的充分发挥，即体现了职工群众的主人翁地位，使其自觉为企业、为社会、为国家创造更大的精神文明和物质文明。

五、开展劳动竞赛要遵循的原则

1. 坚持互相学习、互相帮助、取长补短、共同提高的原则。

这一原则是 20 世纪 50 年代提出的劳动竞赛的基本原则，它反映了劳动竞赛的基本规律，体现了劳动者之间的互助合作关系。通过学先进、比先进、赶先进、超先进、帮后进活动，把少数人和少数单位的先进水平变成了全社会的水平，从而不断推动企业两个文明建设水平的提高、不断推动企业职工的专业素质和综合素质的提高，也不断推动社会生产力向前发展。

2. 坚持为经济建设和企业生产经营管理服务、为党和政府工作大局服务的原则。

劳动竞赛的一个重要目的是促进经济建设和企业发展。劳动竞赛应围绕企业生产建设任务展开。这就要求在考虑全局的基础上，把企业生产经营活动中的薄弱环节作为工作的重点，以求最大限度地发挥劳动竞赛的潜在力量，真正把企业迫切需要解决的实际问题选出来，作为劳动竞赛的目标，并在活动中加以解决。

3. 坚持实事求是、立足基层、讲求实效、创新发展的原则。

注意避免和克服劳动竞赛工作中存在的形式主义、走过场等不良倾向，要根据中国特色社会主义进入新时代所呈现的特点和任务，不断研究、探索劳动竞赛的新路子，认真解决工作中存在的实际问题，使劳动竞赛既轰轰烈烈又扎扎实实地向前发展。

4. 坚持劳动成果与社会荣誉和物质利益相统一的原则。

劳动竞赛要坚持"精神奖励与物质奖励并重"的原则，按照价值规律的要求，建立符合市场经济要求的激励机制，既满足参赛者的精神需求，又满足参赛者的物质需求。在物质奖励上，对在竞赛中做出突出贡献的职工，要按照多劳多得的原则，予以重奖；在精神奖励上，要对在竞赛中涌现出的先进集体和个人通过多种形式予以表彰和宣传，以激发职工参加竞赛的积极性和主动性。

5. 坚持吸引、诱导、有利于职工群众参与和自我教育的原则。

劳动竞赛的一个本质特征，是它具有广泛的群众性和自我教育性。历史事实和经验证明，劳动竞赛是一项群众性很强的活动，只有把职工群众最大限度地吸引到竞赛中来，才能推动竞赛活动的不断发展。所以，这一原则要求在制定竞赛目标的时候，要广泛听取群众意见，在选择竞赛形式的时候，要从实际出发，采取灵活多样的形式，使活动富有吸引力，为职工所欢迎。

只有在职工自愿参加的基础上开展的劳动竞赛，才能使竞赛活动真正变成职工群众的自觉行动。

六、劳动竞赛的主要内容和形式

1. 劳动竞赛的内容。

劳动竞赛的内容是劳动竞赛的核心，一般包括竞赛目标、竞赛项目、竞赛标准、竞赛条件等。其确定既要体现现阶段党和国家总目标、总任务的要求，又要体现企业中心任务的要求。

企业开展劳动竞赛的基本内容是：以提高经济效益为中心，以调整产业结构、产品开发、改善经营管理、推进技术创新和管理创新为重点，以增产开发适销对路产品，提高产品质量，降低物资消耗，提高劳动生产率和资金利用率，加强工商结合、工贸结合和搞好安全生产为主要内容，把着眼点放在挖掘企业内部潜力上，同时，大力提高职工素质，坚持物质文明、政治文明、精神文明相统一。这是劳动竞赛的一般内容。具体到每个行业、单位、个人，则要根据自身的生产特点和实际情况，确定竞赛的具体内容和不同重点。要通过开展群众性的合理化建议、技术创新、技术协作、技术攻关等活动，促进企业以尽量少的劳动消耗和物质消耗，生产出更多的符合社会需要的物美价廉并具有高科技含量的产品。除此之外，安全生产、文明生产、劳动纪律、团结协作等也属于劳动竞赛内容。总之，劳动竞赛的内容要具体、有针对性，不能搞一个模式，才能使之切实可行，取得明显效益。

劳动竞赛的内容、目标不是一成不变的，随着经济建设的发展和企业生产的发展，它本身也在不断深化。目前，我国劳动竞赛在内容上，更突出创造性劳动、突出经济效益、突出技术进步、突出改善经营管理、突出提高职工素质、突出和谐劳动关系建设、突出和谐企业建设。这些新变化、新特点，使劳动竞赛体现出鲜明的时代特色。

2. 劳动竞赛的形式。

劳动竞赛的形式是实现竞赛目标和竞赛内容的重要条件之一。选择合适的劳动竞赛形式应遵循的原则是：因地制宜、灵活多样、讲求实效。要做到长赛与短赛、大赛与小赛、内赛和外赛、条条赛与块块赛相结合。无论采用什么形式，都要从本地区、本行业、本部门、本企业的实际情况出发，既富有时代特点，又要使职工群众喜闻乐见，并对参赛职工具有吸引力和感召力，切忌"一刀切"和摆花架子。

在长期的劳动竞赛实践中，广大职工创造和总结了许多行之有效的劳动竞赛的形式，对有效地实现竞赛目标发挥了积极的作用。下面选择一部分内容介绍如下：

（1）常见的劳动竞赛形式。

小指标百分赛：是指根据生产经营的需要，设计竞赛项目比较少，目标比较明确，以100分为满分的劳动竞赛。多使用于班组劳动竞赛。

单项指标竞赛：是指以完成某项工作为目标开展的竞赛。多用于节能减排和技术攻关活动。

流动红旗竞赛：以班组为单位，每周设立一些生产经营竞赛项目进行量化打分，对优胜者发放流动红旗，到竞赛结束后对获得最多流动红旗的班组进行奖励。

同工种、同产品的对手赛：围绕相同的工种或者产品的生产需求开展的"一对一"的竞赛活动，针对性强。

同行业厂（店）际赛：是指在同行业中将一些条件大致相当并具有可比性的厂、矿、店组织起来，开展竞赛，使其相互学习，交流经验，达到促进生产的目的。

岗位练兵技术比赛：立足岗位，开展以学技术、练绝活、闯关达标为目的的竞赛。

技术攻关赛：针对生产经验中出现的问题，组织技术力量进行重点突破的竞赛。

达标夺杯赛：设立冠名奖杯如"攻关杯""表率杯"等，对竞赛优胜者给予表彰。

重点工程赛：即围绕经济建设和社会发展的重点项目开展劳动竞赛。

扭亏增赢赛：以"扭亏增盈我当先"为竞赛主题，解决一批急难险重的瓶颈问题，挖掘智慧潜力，增加企业效益。

安全生产赛：以安全生产、减少事故发生为竞赛内容，活动内容比较丰富多彩。

"五创（创优、创先、创新、创汇、创佳）"竞赛。

专业技术人员赛：主要由专业技术人员参与，内容涉及技术攻关、技术创新、合理化建议等。

优秀厂长经理赛：在优秀厂长经理中举行的、主要以管理为内容的竞赛。

（2）值得借鉴的劳动竞赛形式。

台阶式竞赛：是指把创本单位的历史最高水平、同行业最高水平、国际水平等作为几个台阶，或者把劳动竞赛目标分为几个档次，荣誉称号分为几个等级，激励参赛职工不断进取的劳动竞赛。

争先式竞赛：是指由一定层次人员参加，在一段时间内，按照相关内容组织的多种短距离、快节奏的短、平、快的争先式的劳动竞赛活动。

夺魁式竞赛：是指借鉴体育比赛的形式，开展职工喜闻乐见、具有吸引力的技术比武、创优质、选最佳、夺奖杯、争当状元等竞赛活动。

自选定额升档式竞赛：这种竞赛形式把竞赛目标分成几个档次，由低到高排列，奖励也相应升档体现，一般由职工自选自报参加，这种形式较好地体现了按劳分配原则，体现了竞赛成果与物质利益的紧密结合，可以充分发挥竞赛的激励作用，鼓励职工不断向更高目标发展。

横向联合式竞赛：这种竞赛是指不同工种、岗位之间，为了完成同一项工作而开展联合协作竞赛。这种竞赛的总目标相同，但因各自承担的具体任务不同，因而要求不一，通过各自的竞赛，共同促进目标的完成。

立项承包式竞赛：这种竞赛形式引进了经济责任制的制约机制，采用合同契约书的方式。它是由职工提合理化建议，经过立项课题论证后，组织职工自愿承包课题并实施，按预先制定的考核标准和奖励标准进行考评。它充分体现了责、权、利的结合，以契约形式提供了发挥自己特长、技能的机会和舞台，有利于调动职工的积极性，增强劳动竞赛的感召力和吸引力。

创先立功式竞赛：是指企业制定出不同水平的等级，分别定为一等、二等、三等和特等功档次，根据职工所达到的不同档次进行表彰的劳动竞赛的形式。它把先进和立功结合起来，在创先基础上立功，在立功基础上创先，把物质利益和政治荣誉结合起来，使劳动竞赛充满了吸引力。

（3）创建"工人先锋号"活动。

创建"工人先锋号"活动，是指以达到"工人先锋号"规定的条件为目标，有领导、有组织、有企业中的车间、工段、班组职工广泛参加的群众性创优、争先的竞赛行为。该活动是在新的历史条件下，对以往结合开展劳动竞赛进行的争创先进车间、工段、班组活动的继承和创新，是工会组织努力打造的全国统一、长期坚持、职工认可、影响广泛的劳动竞赛活动品牌。

七、如何组织劳动竞赛

1. 劳动竞赛的工作流程。

一是制订竞赛方案；二是宣传发动群众；三是通过实施方案并签订劳动竞赛协议书；四是宣传竞赛的形式、内容、标准和奖励等情况；五是组织实施竞赛；六是竞赛的总结、评比、表彰、奖励、推广。

2. 组织劳动竞赛的基本环节。

（1）成立组织领导机构。各省、地、市、县和行业成立劳动竞赛委员会。劳动竞赛的日常办事机构办公室一般设在同级工会（经济部）。基层企（事）业单位应当建立劳动竞赛委员会（或领导小组），党政工负责人及有关部门负责人参加，由党政领导者任主任或组长，工会主席任副主任或副组长。

（2）选择劳动竞赛的赛题。劳动竞赛的选题，是指竞赛围绕什么问题展开，解决什么问题。巧妙科学选题，是劳动竞赛的首要工作，也是关键的一步。选题正确，再加上以后的步骤正确，劳动竞赛就可以取得成效，达到预期的目的。要把握以下要点：首先，要开展好调查研究工作，因为巧妙科学选题的基础和前提是调查研究；其次，要抓住重点；再次，要找准结合点；最后，要体现在突出特点上。除此之外，策划劳动竞赛选题还应考虑劳动竞赛是一次性的还是连续性的，劳动竞赛参赛者的智力、体力能否承受，以及劳动竞赛与全面工作的关系等。只有把这些影响劳动竞赛的因素都考虑得周到细致，处理得当，才能保证做到劳动竞赛的正确选题。

（3）确定劳动竞赛的目标。劳动竞赛目标是指劳动竞赛所要达到的境地或标准。它是劳动竞赛的精神动力和行为导向，直接关系到劳动竞赛的持续时间与生命力，也关系到劳动竞赛的发展方向和最终结果。劳动竞赛目标有以下类型：外在目标与内在目标；自愿目标与非自愿目标；长期目标与短期目标；现实目标与非现实目标。

科学确定劳动竞赛目标要考虑以下因素：目标要有时代特点；竞赛目标既要符合企业的利益，又要反映广大职工群众的根本利益；要把企业规定的外在目标与广大职工群众自己确立和选择的内在目标统一起来，尽量变非自愿目标为自愿目标；要兼顾长远利益与近期利益、长远任务与近期任务，使短期目标成为长期目标的一部分或一个阶段；要由模糊向量化努力；要寻找新的增长点；要能够凝炼成有影响力的口号。

（4）制订劳动竞赛的方案。劳动竞赛方案分为总体计划方案和具体实施方案。劳动竞赛的总体计划具体是指围绕劳动竞赛的目标和重点设置具体竞赛的内容、规模、次数和时间的劳动竞赛计划。在充分调查研究的情况下，制订出有针对性的总体计划，是开展劳动竞赛的前提。所谓制订劳动竞赛的总体计划，指的是制订实质性、有针对性的计划。要做到这一点必须具备两个条件：①必须了解企业生产经营的情况，尤其是要了解企业生产经营的主要薄弱环节；②必须了解企业职工劳动积极性状况，了解工会在职工中的威信和号召力，从而正确估计本企业劳动竞赛对职工劳动积极性的调动程度或劳动竞赛的实际作用程度。只有当劳动竞赛是依据这样的计划进行时，才有可能成功，才有可能切实推动生产的发展。在制订总体计划后，下一步就是依次制订每一项竞赛的具体方案，最主要的环节就是选择恰当的劳动竞赛的形式。竞赛形式是为实现竞赛目标和取得好的竞赛效果服务的，要根据各单位的实际情况，灵活确定，做到形式多样，具有趣味性、知识性、群众性、有效性，使竞赛具有吸引力，才能取得较好的实际效果。

（5）做好劳动竞赛的总结评比奖励。评比、表彰和奖励在某种意义上讲是劳动竞赛组织过程的核心环节。首先，评比、表彰、奖励是竞赛组织者使用劳动竞赛激励杠杆的时刻，是使参赛者的荣誉感、好胜心得到满足或受到更大的激发；其次，它不仅是上一轮劳动竞赛的总结，更是下一轮劳动竞赛的动员。因此，做好这一环节的工作就显得非常重要了。评比考核要求准确、公正、公开，在此基础上对优胜者的表彰要尽可能地隆重热烈，要在条件允许的范围内，使优胜者最大限度地感到光荣。实行物质奖励和精神奖励相结合的奖励方式。

制订劳动竞赛实施方案，除了选择好竞赛形式之外，还应考虑以下内容，如竞赛的名称、竞赛的指导思想、竞赛的内容、要求、标准和目标、参赛范围和人员、竞赛起止时间、竞赛考评和奖励办法等。组织实施劳动竞赛。在组织劳动竞赛的过程中，要以竞赛的目标为中心，加强中途管理，做好竞赛的统计，及时公布竞赛的情况和成绩，激励参赛者学先进赶先进的热情，保证竞赛目标的实现。从事劳动竞赛组织、管理工作人员应当熟悉和掌握本专业的理论和专业知识，还要学习掌握与劳动竞赛有关的经济管理、企业管理等专业知识，扩大知识面。注意在实际工作中增长才干，不断提高自己的工作能力和业务素质，为劳动竞赛的顺利开展提供素质保证。

（6）先进典型的选树与推广。选树的典型要有时代感并具有真实性、多层次性。在不同的时代有不同的榜样，体现不同的时代精神。典型人物必须为群众所接受、所信服。典型要多层次，做到三百六十行，行行出状元，行行有榜样。

选树和推广先进典型时，应注意处理好以下三个关系：立足先进性，正确处理全面典型和单项典型的关系；突出时代特征，正确处理新典型和老典型的关系；把握大局，正确处理全国典型和地方典型的关系。

八、劳动竞赛的发展趋势

1. 努力提高劳动竞赛的科学性和有效性。

（1）转变传统的思想观念，树立正确的市场意识和竞争意识。把劳动竞赛的根本目的从片面注重产值、产量上转移到重质量、抓效益的基础上，杜绝盲目竞赛。把劳动竞赛实现目标的方式从劳力型向技术型和综合型转变，在创先、创优、创新、创效上狠下功夫，使劳动竞赛真正起到促进生产力发展的作用。

（2）在开展劳动竞赛中，将物质奖励和精神鼓励结合起来。避免出现吝啬心理，只是一味地给予精神鼓励，如只发奖状、证书和奖章等，而应把物质奖励和精神鼓励相应地结合起来，即将职工日常生活中涉及的切身利益与精神鼓励相挂钩，如与分房、晋升、提升等结合起来，使职工认识到，只要积极参与，努力竞争，给企业创造了最佳效益的同时，也为自己争取到了利益。

（3）深化劳动竞赛的组织体系，提高组织者的业务素质。各级工会干部都要努力学习理论，钻研业务知识，不断研究解决劳动竞赛中存在的问题和情况，并有计划地对广大职工群众和干部进行集中培训和学习，将好的管理方法、先进的操作技艺、科学的生产工艺等进行推广学习，以提高整体工作能力和水平，从而促进劳动竞赛水准的不断提高。

（4）注重劳动竞赛的科学性、合理性和实效性。在考核评比过程中，要以数据为证，在确定、落实、分析、对照、认可等每个环节都要用数据说话。只有资料翔实、数据精确，才能体现考评的科学性。应坚持公开、公正、公平的评比原则，实事求是地评出优胜、突出优胜、奖励优胜、弘扬优胜。此外，在评比中，更要注意劳动竞赛的实效性，不能以应付的态度，走过场，摆形式，只求表面轰动效应而不顾其实效性。既要严谨认真，又要寓赛于乐，丰富多彩。

（5）依法开展劳动竞赛。即按照《劳动法》《劳动合同法》等有关法律法规的要求，依法开展劳动竞赛。

2. 把握劳动竞赛的新趋势。

社会主义劳动竞赛是工会的一项品牌工作，它具有广泛的群众基础，很受企业领导者和广大职工群众的欢迎。当前我国进入全面深化改革、决胜全面建成小康社会的新时代，劳动竞赛活动只有不断改革、创新、发展、完善，并注入活力，才有顽强的生命力。

（1）劳动竞赛要向勇于创新方向发展。要以职工为本，全心全意依靠工人阶级，充分发挥工人阶级主力军作用，积极探索新时代劳动竞赛的新特点，着眼于科技进步和提高职工队伍整体技术素质，解放思想、大胆创新、转变观念、面向市场、增强效益、以高、新、优产品赢得市场，切实夯实劳动竞赛工作，使劳动竞赛工作向适应新时代需要的方向发展。

（2）劳动竞赛工作要立足于向科学管理型方向发展。随着社会的发展，劳动竞赛在内容、形式上发生了变化，与此同时，竞赛的组织方法也要有相应的创新和调整。劳动竞赛要推进企业管理现代化，因而要改革传统的方法，要在继承传统方法和成功经验的基础上进行改革、创新、发展，把现代科学管理方法和手段有效地运用到竞赛中去，逐步实现劳动竞赛管理的科学化、现代化。

（3）劳动竞赛要重视向开发智力型方向发展。科学技术是第一生产力，是推动经济和社会发展的强大力量。科学技术转化为生产力，最终要靠广大职工的劳动实践和创造。高科技必须有高素质的劳动者相匹配，否则，只能停留在理论和潜在生产力阶段。以往开展劳动竞赛，基本上是靠劳动者的热情、赛产值、赛产量、比数量、比速度、拼体力、搞体力延伸式竞赛，这在当时条件下是必要的，但它难以大幅度提高生产率，也难以使参赛者从繁重的体力劳动中解脱出来。现在看来，虽然依然有存在的必要，但不能适应新时代社会经济发展的需求。因此，劳动竞赛应努力向开发智力型方向发展。

（4）劳动竞赛要向新的领域拓展。即：从公有制企业向各种所有制企业发展（如私企、外企、乡企等）；从企业向事业单位发展（如学校、医院、科研机构等）；从生产一线到企业管理层，方方面面、各个环节全面竞赛、全员参加；向重点工程竞赛延伸，重点工程建设对于促进和拉动经济发展作用十分明显。

（5）劳动竞赛要注重实效，向多种多样型方向发展。在新时代，劳动竞赛以提高企业经济效益和发展生产力为主要内容，要从生产领域扩大到科学研究、技术进步、经营管理等领域。

（6）劳动竞赛要向加强班组管理方向发展。班组是企业的细胞，开展班组竞赛，提高管理水平，是企业从事生产活动和管理工作的基础。班组管理的好坏关系企业的生存和发展。班组竞赛人少、面小、易组织，容易出效益。班组竞赛从组织领导、思想发动到工作实施，都要建立起一套严密、协调、高效的保证体系，明确各级工会组织在班组竞赛中的职责和工作内容、考核标准、奋斗目标，只有这样才能保证班组竞赛的顺利进行。

（7）劳动竞赛的评比工作要向改革方向发展。工会要动员广大职工建功新时代，应加强对劳动竞赛评比的改革，不能沿用以前的旧模式，应有创新的思路，要解放思想，大胆改革。评比先进时，不能按比例，而应按照评比先进条件，够一评一，够十评十。只有这样，才能真正发挥评比先进的作用，真正调动职工的积极性。

第三节　职工创新工作室

一、职工创新工作室的含义

职工创新工作室是以在技术研发、专业技能等方面具有一定理论水平、工作经验和创新能力的知名劳模、高技能人才、技术技能领军人物为负责人，以本企业、本行业技能人才和优秀职工为主要成员，以提高自主创新能力和职工素质为目的，围绕生产经营、技能人才培养和企业重点、难点问题等开展技术创新、管理创新活动的职工团队。

职工创新工作室是大力推进职工素质建设工程的具体措施。通过职工创新工作室这一平台，充分发挥劳动模范和高技能人才的示范引领作用，使其带领团队开展技术革新、技术攻关、名师带徒和技术交流等活动，及时解决企业经营和生产一线的技术难题，引导职工立足岗位进行创新。

二、职工创新工作室的创建标准

职工创新工作室是围绕本单位生产经营活动和工作重点、难点问题，实现产学研相结合，开展技术创新、管理创新、科技创新、服务创新、经营创新和业务创新活动的职工组织，必须强调参加者的技术先进性、创新的积极性和学习的主动性。创建的标准要从本地区、本企业的实际需要出发，注意把握以下几点：

1. 标志明显。职工创新工作室牌匾、组织机构、人员组成、工作职责、目标任务等标志显著，位置醒目。

2. 场所规范。职工创新工作室有适当面积的固定办公活动场所，可供办公学习、研究和成果、荣誉展示。

3. 设施齐全。配备必要的专业资料、器材工具、信息网络、办公设备、实验仪器等设施。

4. 制度完善。活动开展、学习研究、技术攻关、成果转化、奖励激励、内部管理等制度完善、规范。

5. 经费保障。职工创新工作室所在单位设有专项经费用于开展技术攻关和创新活动。

6. 台账翔实。创新活动有准确、翔实的资料。职工创新工作室有成员档案，有能全面反映工作室工作流程和工作状况的资料，有工作计划、工作目标、近期创新项目、创新成果、活动记录等相关资料。

7. 成效明显。围绕本单位生产实践开展技术攻关等取得明显的经济和社会效益，做好职工创新工作室创新成果的推广应用工作。

职工创新工作室创建活动主要在企事业单位开展，凡拥有一定专业技术水平的市级以上劳模、省级以上五一劳动奖章获得者、高级及以上职业技能资格等级的高技能人才的企事业单位，都要积极建立职工创新工作室。各级工会要建立、完善职工创新工作室活动开展和创新成果宣传推广的工作机制，精心打造职工创新工作室的品牌，推动职工创新工作室创建活动的深化发展，不断取得丰硕成果。

三、职工创新工作室的申报

职工创新工作室由各基层工会每年向上级工会申报。申请需上报的材料通常包括以下方面：

1. 职工创新工作室申报表一式三份。

2. 所在单位的推荐材料。内容包括该工作室近年来的工作内容、研究项目和取得的成绩、设立工作室后的工作计划和工作请示等。

3. 工作室的工作制度、管理办法和组织机构。

4. 反映该工作室近年来的工作内容和成绩的照片，有条件的可提供相关视频。

5. 其他必要的材料。

上级工会对照创建主体的有关规定和创建要求进行审核，并实地考察。对经审核、考察具备创建条件的职工创新工作室，由上级工会签署意见，正式命名。对经批准成立的职工创新工作室，由上级工会为其授牌。

四、职工创新工作室的工作任务与作用

1. 发挥示范带动作用。负责职工创新工作室成员的培养指导，带头深

化"创建学习型组织，争做知识型职工"活动，积极开展技能竞赛、"五小"和名师带徒等活动，发挥职工创新工作室在职工技术创新工作中的示范带动作用。

2. 做好创新基础工作。负责建立健全创新工作室各项规章制度，做好日常管理工作。根据本单位实际需要，开展技术创新、管理创新、服务创新和技术培训、技术交流、成果推广转化等活动。

3. 完善创新项目流程。负责职工创新工作室年度创新项目的立项申报，承接自主立项及本单位、上级下达或横向协作的创新项目，组织工作室成员开展课题研究和攻关，配合工会和创新项目专业管理部门做好项目评估、验收、总结、成果启用及管理服务等工作。

4. 提升创新创造能力。把职工创新工作室打造成为推动全员创新、持续创新，提升企业核心竞争力和可持续发展水平的重要阵地。围绕企业产品质量、安全生产、经营管理、优质服务等方面的重点难点问题积极开展技术攻关、发明创造、管理创新。

五、加强职工创新工作室创建活动的组织管理

职工创新工作室创建活动是促进经济社会发展、培养创新型人才和高技能人才的重要实践活动，各级工会要认真做好协调和组织工作，联合人力资源和社会保障、科技等相关部门成立创建活动领导小组，加强工作指导，创造工作条件，努力形成党委领导、行政支持、工会组织、高技能人才和劳模先进人物挂帅、广大职工踊跃参与的创建工作新格局。各级工会要关心职工创新工作室成员的成长进步，保护创新工作室成员的创新热情，在总结推广创新成果、推荐申报创新先进人物、五一劳动奖章、评选劳动模范和组织疗休养、考察交流、培训学习和进修深造等方面给予优先考虑。各级工会要善于发现和宣传典型，对在创建活动中涌现出来的先进单位，要及时总结先进经验，加大宣传力度，全面推进创建工作。要广泛宣传创新工作室的工作业绩，营造浓厚的创建氛围，引导广大职工以典型为榜样，扎实工作，积极投身创新活动，并将创建活动深入持久地开展下去。各级工会职工技协组织要积极帮助创新工作室转化创新成果，将创新成果及时应用到生产经营活动之中。创新工作室完成的科研和技术革新成果、知识产权等归属问题

按照有关法律法规执行。创新工作室实行分级管理，由各级工会职工技术协作办公室负责管理。上级工会定期或不定期地对创新工作室进行检查或组织互查，对组织健全、活动正常、制度完善、创新成果显著的创新工作室给予表彰奖励，对活动开展不力、流于形式的创新工作室予以通报，直至摘牌。

第七章
职工民主管理

工会干部培训教材

（黑龙江版）

第一节 职工代表大会制度

一、职工代表大会的性质及特征

1. 职工代表大会制度的性质。

2012 年 2 月 13 日由中共中央纪委、中共中央组织部、国务院国有资产监督管理委员会、监察部、中华全国总工会、中华全国工商业联合会以总工发〔2012〕12 号印发的《企业民主管理规定》规定："职工代表大会是企业实行民主管理的基本形式，是职工行使民主管理权力的机构。"

2. 职工代表大会的特征。

（1）职工代表大会有法定的权威性。职工代表大会的民主管理权力是法律赋予的，具有一定强制力和约束力，从而保证了广大职工在企事业单位中的主人翁地位。

（2）职工代表大会制度具有普遍适用性。职代会的组织形式、我国实行这一制度的历史延续以及职代会的权力等方面都充分说明职代会制度的普遍适用性。

二、职工代表大会的组织机构和工作机构

1. 大会主席团。

职工代表大会一般由企、事业单位工会主持。规模较大、职工人数较多的企业，或实行区域性联合职代会、行业性职代会的地区，可由职工代表大会选举主席团主持会议，主席团成员应包括工人、技术人员、管理人员、工会和党组织负责人。其中工人、技术人员、管理人员应超过半数。职代会主席团不实行常任制。

大会主席团产生程序：一是工会根据企、事业内部组织结构和人员分布状况，提出主席团成员的构成比例方案；二是经党政工协商确定后，由职工代表团（组）长会议研究提出主席团的候选人名单，并由职代会预备会议选举产生，经职工代表半数以上通过后当选；三是大会主席团由全体代表以无记名投票方式选举产生，也可举手表决通过；主席团成员选举一般为等额选举。

大会主席团的主要职责：一是主持职代会会议召开，负责职代会期间的组织领导工作；二是听取和综合各代表团（组）对各项议题审议的结果；三是研究会议议题中需要通过和决定的事项，草拟会议决议；四是主持会议表决和选举；五是处理大会期间发生的问题。会议期间，职代会主席团成员可轮流担任执行主席，主持会议。会议可设秘书长、副秘书长若干人。

2. 代表团（组）。

根据企业规模大小，职代会下面可成立若干个代表团或代表组，统一组织职工代表的活动。被推选出来的职工代表按分厂、车间、工段、科室等组成代表团（组），推选团（组）长。代表团（组）长一般由所在的工会负责人担任。

代表团（组）的主要任务：一是做好本团（组）职工代表的日常联系和组织工作；二是根据会议下发材料要求，征集所在单位（部门）职工意见；三是按要求布置征集会议议题、提案或合理化建议，统一上报会议组织部门；四是认真审议会议报告和有关决议草案，注意收集情况、反馈信息；五是组织职工代表如期出席职代会，协助行政安排好职工代表与会期间的生产和工作；六是选派代表参加会议的文件起草、监票、计票等有关工作及在大会上发表意见；七是会后组织好职工代表参与日常民主管理、贯彻会议精神、参加学习培训、开展专题调研。

3. 专门小组。

专门小组是为职代会行使各项职权服务的专门工作机构。应根据企、事业单位实际情况，分别设置民主管理、劳动法律法规、规章制度、评议监督等临时或者经常性的专门小组（或专门委员会），完成职工代表大会交办的有关事项。

专门小组的工作任务：一是专门小组对职代会负责，完成职代会交办的有关事项；二是审议提交职代会的有关议案；三是职代会闭会期间，根据职工代表大会授权，审定属于本专门小组分工范围内需要临时决定的问题，并向职代会报告予以确认；四是检查、督促有关部门贯彻执行职代会决议和职工提案的处理；五是办理职代会交办的其他事项。

4. 工作机构。

企、事业单位都应依法建立工会组织。企、事业单位工会是职工代表大会的工作机构，是职工代表大会和其他民主管理活动的组织者。

工作职责：组织职工选举职工代表；提出职工代表大会议题的建议，负责职工代表大会的筹备和组织工作；督促行政和发动职工落实职工代表大会决议、决定和职工代表提案；接受和处理职工代表的申诉和建议，维护职工代表的合法权益；负责职工代表的培训工作，组织职工代表学习法律、政策、业务和管理知识，不断提高职工代表素质；建立健全民主管理工作档案；定期向上级工会报告民主管理工作情况；组织开展职工民主管理的其他工作。

三、职工代表

职工代表是指由企、事业单位全体职工在民主选举的基础上产生的，代表职工行使民主管理权利的职工。

1. 职工代表任职条件。

具有一定政治觉悟和政策水平；具有一定业务知识和管理能力；做好本职工作、有较强的责任感；关心集体、遵守纪律、联系群众、办事公正；在职工群众中具有一定的威信；等等。

2. 职工代表比例。

企业根据本企业实际情况按适当比例产生职工代表。职工人数在100至200人的可按15%至25%（一般不少于30人），200至500人的可按10%—15%，500至1000人的可按7%—10%，1000至5000人的可按5%—7%，5000人以上可按3%—5%进行推选。职工人数在100人以下的企业，适合召开职工大会。

在职工代表大会届期内，企业职工人数发生明显变化的，应当按照前款规定对代表名额作出相应增减。

3. 职工代表产生。

职工代表应当以班组或者工段为单位，采取无记名投票方式，由职工直接选举产生。职工代表中应当有工人、技术人员、管理人员和其他方面的职工。

4. 职工代表的权利。

（1）在职工代表大会上，有选举权、被选举权和表决权；

（2）参加职工代表大会及其工作机构对企业执行职工代表大会决议和提案落实情况的检查；

（3）参加职工代表大会及其组织的各项活动而占用生产或者工作时间，按照正常出勤享受应得待遇。职工代表行使民主权利，任何组织和个人不得压制、阻挠和打击报复。

5. 职工代表的义务。

（1）努力学习法律、法规，不断提高政治素养、技术业务水平和参加管理的能力；

（2）密切联系群众，代表职工合法利益，如实反映职工群众的意见和要求，认真执行职工代表大会的决议，做好职工代表大会交给的各项工作；

（3）模范遵守国家的法律、法规和企业的规章制度、劳动纪律，保守企业商业秘密，做好本职工作。

6. 职工代表资格。

经过规定的民主程序选举出来的职工代表大会代表，其代表资格有效。职工代表离开原选区时，代表资格自然取消，由原选区按原代表类别重新补选。职工代表退休或调出原选区时，代表资格自然取消。因辞职、自动离职或者主动与企业解除劳动合同，其代表资格自动终止。因触犯刑律依法剥夺政治权利或被强制劳动教养，职工代表大会应立即宣布撤销其代表资格。

职工代表对选举单位的职工负责。选举单位的职工有权监督、撤换或者替补本单位的职工代表。

7. 特邀代表设置。

职工代表大会为广泛听取各方面的意见和建议，经工会和联席会议批准，可适当邀请退休职工、劳务工派遣工为特邀代表参加会议。特邀代表有参加讨论发言的权利，但无表决权、选举权和被选举权。

8. 列席代表安排。

根据每次职工代表大会的需要，未被选为职代会代表的部分党政领导干部、技术人员、管理人员，经工会和联席会议批准，可邀请作为列席代表参加会议。

四、职工代表大会职权

职工代表大会的职权：

1. 听取企业关于发展规划、年度生产经营管理、劳动合同和集体合同签订履行、企业安全生产、企业缴纳社会保险费和住房公积金等报告，提出意见和建议；

2. 审议有关劳动报酬、工作时间、休息休假、劳动安全卫生、保险福利、职工培训、劳动纪律以及劳动定额管理等直接涉及职工切身利益的规章制度或者企业改革等重大事项方案，提出意见和建议；

3. 审议通过集体合同草案和专项集体合同草案；

4. 选举或者罢免公司制企业中的职工董事、职工监事，选举依法进入破产程序企业的债权人委员会中的职工代表；

5. 审查监督企业执行劳动、社会保险法律法规，履行集体合同和劳动合同，劳动争议处理，实行企业事务公开，执行职工代表大会决议和办理职工代表大会提案情况；

6. 法律法规规定的其他职权。

五、职工代表大会的议案与提案

1. 议案。

议案是指列入职工代表大会议程，提交职工代表大会讨论审议的问题。

议案应根据企业生产发展和经营管理活动以及职工生活福利等方面的重大问题来确定中心议题，内容应包括所要审议的问题的要点、依据和实施议题的方法和步骤。

提出议案的程序：一是工会在会前广泛征求职工代表和职工群众各方意见，了解当前企业生产经营中存在的主要问题和职工群众迫切要求解决的重大问题；二是工会与经营者进行协商，并提请党组织讨论，形成议题初步意见；三是召开职工代表团（组）长和联席会议进行讨论，征求意见；四是工会将议题提前一周上报上一级工会预审，上级工会在两个工作日内予以答复，提出明确的预审意见；五是由工会向职代会预备会提出议案预审建议，并由预备会审议通过。企业遇到重大事项时，经行政主要领导、工会或三分之一以上职工代表提议，可就此作为议题召开临时会议。

2. 提案。

提案是指提请职工代表大会讨论、决定、处理的方案和建议。提案由职工代表或职工群众提出，经职代会提案审查小组审查立案后，方能确定为职工代表大会的提案。

提案的内容主要涉及企业生产管理、企业改革、内部分配、规章制度、劳动保护和生活福利等方面需要职工代表大会立案处理的问题。提案内容应包括提案的理由、依据、具体要求和解决办法，并由提案人和附议人署名。

提出提案的程序：（1）召开职工代表大会前，由工会或提案审查小组发出征集提案通知，发放提案征集表；（2）职工代表在听取和收集职工意见的基础上填写提案表；（3）各代表团（组）收集提案并送交工会或提案审查小组；（4）工会或提案审查小组对提案进行审查，对不够条件立案的要退回提案人并作说明；（5）工会或提案审查小组对提案进行分类登记，分送行政主要领导或有关部门进行处理和实施，重大问题的提案应提交职代会讨论，因条件不具备而不能落实的提案，要向提案人说明情况；（6）工会或提案审查小组对提案的落实情况进行检查和督促，并在下次职代会上报告提案的处理及落实情况。

六、职工代表大会的主要程序

1. 会前准备阶段。

职工代表大会是企、事业单位职工行使民主管理权力的主要载体和基本形式，基层工会在召开职工代表大会和换届时，必须充分做好大会的各项准备工作，确保大会顺利举行。

（1）建立筹备机构。

①组织领导：召开职代会（或工会换届）前要成立筹备领导小组，在同级党组织领导下，具体负责筹备工作，重大问题经工会和联席会议集体讨论

决定，并报同级党组织审批。

②成立工作小组：根据工作需要，领导小组可下设若干工作小组，如代表资格审查组、组织秘书组、宣传会务组等，负责大会事务筹备工作。

（2）制订工作方案。

①明确大会筹备工作的主要领导成员、大会设立的专门工作机构及其组成人员和工作职能。

②确定大会的主要任务，如大会指导思想、上届大会以来的工作总结、今后工作的思路与目标、需大会审议的文件和提案、选举产生专门工作委员会、工会委员会换届改选有关事项等。

③确定大会的代表的任职条件、构成及产生程序。

④确定领导机构的配置和推选、选举办法。

⑤拟定大会召开日期及会期日程安排。

⑥预算大会经费。

（3）呈报会议安排。

①向同级党委和上级工会呈报关于本次职代会安排的请示。主要包括：大会代表的产生和比例、大会的时间安排、组织机构、职代会专门工作小组的设置、选举方法；各级工会委员会和经费审查委员会的设置、"两委"候选人名单等工会换届改选有关事项；会议时间及费用。

②同级党组织和上级工会对呈报大会安排请示的批复。主要包括：对会议时间安排、代表名额构成原则及比例、"两委"换届改选等意见。

③根据批复精神作出本次大会的安排意见。主要包括：职工代表大会的组织领导、代表的比例构成、大会的主要议题、大会时间安排及其他具体要求；对本单位和分厂、车间（科室）两级工会换届改选的时间安排，具体操作安排和要求。

（4）营造大会氛围。

可编写、张贴和悬挂一些相关标语口号，在职工中营造职工代表大会召开的良好氛围；也可及时编写一些以大会安排意见为基准的宣传提纲，在职工群众中广泛进行宣传教育。

（5）大会材料准备。

①大会文件材料：职工代表大会各项准备工作就绪后，工会应发出会议

通知文件，内容主要包括：大会召开的时间、地点和会期通知；大会中心议题；大会议程安排；大会要求；等等。

②大会相关材料：主要有行政工作报告、集体合同草案或集体合同执行情况报告；工资协议草案；提案审议落实情况报告；党组织领导讲话、工会工作报告；民主评议管理人员情况报告；关于表彰优秀员工的通报；选举办法、选票等；大会决议、决定等。

③工会委员会换届相关材料：关于工会委员会换届改选的请示报告（报同级党组织和上一级工会审批）；本届工会委员会委员和经费审查委员会委员候选人花名册和简历情况；上届工会委员会工作报告；上届工会财务工作报告；上届工会经费审查委员会工作报告；选举办法、选票等。

（6）组织相关会议。

①工会委员会会议：实行职工代表大会和工会会员代表大会两会合一，在工会换届改选时，在正式会议前应召开工会委员会会议。

主要内容有：审议工会委员会和经费审查委员会提交大会的工作报告；确定工会委员会委员和经费审查委员会候选人名单及各工作委员组成人员名单；审议通过选举办法；推荐总监票人、监票人等。

②联席会议：召开工会委员会及代表团（组）长和专门工作小组（委员会）负责人联席会议。

主要内容有：审议大会议程和日程安排；审议大会主席团和秘书长名单；审议职代会各专门工作小组（委员会）名单；审议参加董事会、监事会职工代表名单。

③平等协商会议：按法定程序产生的职工和企业的集体协商代表，对集体合同中有关问题进行平等协商。

主要内容有：审议集体合同执行情况报告；协商解决工会劳动法律监督检查中发现的问题；协商处理职工关心的热点、难点问题等。

④民主推荐候选人：按照民主集中制的原则发动和组织各分厂、车间（科室）工会、工会小组和广大会员通过自下而上地进行反复讨论，提出初步酝酿"两委"候选人。

（7）准备会务工作。

①划分代表团（组）：一般以车间、工段、科室工会为一个团，每团根

据各自人数还可再划分若干小组，总的原则是便于讨论和利于活动。

②产生代表团（组）长：代表团团长由车间、工段、科室工会主席担任，各代表小组组长可由所在小组成员推荐产生。

③会议证件制作：为适应大会组织工作的需要，可制作分别示明主席团成员、职工代表、列席代表、特邀代表、工作人员等与会人员身份的证卡或佩条。

（8）召开预备会议。

预备会议内容：通过代表资格审查报告、通过大会主席团名单和秘书长名单、通过大会议程以及其他需要确认的事项。

预备会议程序：职代会的组织领导机构是大会主席团。由于召开预备会议时大会主席团尚未产生，因此，预备会由工会主持。主持人通常是工会主席或拟担任大会秘书长的同志。预备会一般应有以下议程：一是清点到会人数。主持人向大会报告应参加大会和实际参加大会的人数。确认到会人数符合法定人数后，即可开会；二是报告职工代表大会筹备情况；三是审议通过代表资格审查报告；四是通过职工代表大会主席团名单和大会秘书长名单；五是通过职工代表大会议程和日程安排。

预备会在通过上述议程后可暂时休会，召开职工代表大会主席团第一次全体会议；通过各次全体会议执行主席名单；通过副秘书长名单。主席团第一次全体会议结束后，预备会复会，宣布主席团第一次全体会议通过的有关事项。

（9）大会组织领导。

①大会主席团：职工代表大会主席团是负责职工代表大会期间的组织领导工作机构，在职代会预备会议上由全体职工代表选举产生。

②大会秘书长：秘书长是大会期间日常工作的组织者。其主要职责有：主持召开第一次主席团全体会议；处理主席团日常事务；在主席团领导下，负责处理大会期间的事务性工作；领导大会秘书处，签发会议各种文件。

秘书长由工会和联席会议在代表中提名，经代表讨论后，在大会预备会上表决通过。一般由工会副主席担任。根据工作需要，可设副秘书长1—2名，协助秘书长工作。

2. 召开正式会议。

（1）开幕式。

①清点到会代表人数，并作出说明（应到多少，实到多少，是否符合法定人数，能否开会等）。

②宣布职工代表大会开幕，全体起立唱《中华人民共和国国歌》。

③宣读党组织和上级工会的有关批复（换届时收到的各方贺电、贺信）。

④致开幕词：简要介绍本次大会的目的、意义、中心议题和主要任务。

（2）大会程序。

①企、事业单位主要负责人作工作报告：主要内容应包括企业生产经营管理情况、存在问题及改进措施；企、事业单位有关发展规划、重大决策、经营状况和年度生产经营计划完成情况；职工养老保险金和失业保险金缴纳情况。

②集体合同和提案处理专题报告：由工会主席及职代会专门小组负责人对上年度集体合同履行情况的检查，本年度集体协商和集体合同有关条款修订的情况，上次职代会职工代表提案落实和处理的情况等向大会作报告。

③行政有关负责人作专门议案报告：凡应提交职代会审查和审议的议题（如财务预决算报告、社会保障费用缴纳情况报告），均应由行政有关负责人向大会报告，说明制定的依据、目的和具体实施办法；也可针对职工代表对议案的意见作出说明。

④联席会议情况说明：工会主席就上一次职代会闭幕期间，职工代表团（组）长和专门小组负责人联席会议所决定的职代会职权范围内的问题，向大会作出说明，提请大会确认。

⑤工会工作报告：工会主席代表工会委员会就上一年（届）的工会工作向会员（职工）代表作工作报告；工会经费审查委员会就上一年（届）的工会经审工作向会员（职工）代表作工作报告。

工会换届时还应向会员（职工）代表作上届工会财务工作报告。

⑥代表团（组）讨论：各职工代表团（组）就以上报告、说明、议案等分组进行讨论；对大会的各项决议草案、需经大会选举的候选人进行酝酿；大会主席团成员分别参加本代表团（组）的讨论；职工代表的讨论发言，经整理归纳后，将讨论意见向大会主席团汇报。

⑦大会发言：由各代表团（组）长推荐代表，在大会陈述本团（组）讨论审议的意见和建议，也可让职工代表进行书面发言。

（3）大会选举。根据大会规定议程，进行有关人员的选举（撤换）。

①应由职代会选举产生的人员：职工董事、职工监事；集体协商、集体合同和工资集体协商的协商代表；职工代表大会专门小组人选；其他需要经职代会选举的人员。

②应由工会换届改选产生的人员：工会委员会委员和工会经费审查委员会委员。

工会委员会的增补、替补和工会各专门工作委员会委员的调整，可同时进行。

③选举要求：在选举中应严格按程序进行，选举投票结束，代表不能离开会场，应等待计票人员统计完后，由大会宣布选举结果后才能离开；若第一次选举无效，应用预备选票重新选举，直至选举有效，并宣布结果后散会；选举应采取无记名投票并实行差额选举。

④工会换届"两委"领导人员选举程序：大会选举只是选举产生新一届工会委员会委员和经费审查委员会委员，关于工会委员会主席、副主席和经审会主任、副主任则应分别由两个委员会选举产生。因此，当大会选举结束，两个选举产生的委员会应立即分别召开第一次全体委员会会议，选举产生工会主席、副主席和经审会主任、副主任。其会议程序是：讨论通过工会主席、副主席和经审会主任、副主任选举办法（草案）；讨论通过监票人、计票人名单（草案）；酝酿本届工会主席、副主席和经审会主任候选人名单。

⑤选举。选举程序与大会选举相同，因此项选举人数少，范围小，好计票，时间不会很长就可以结束。

按照《中国工会章程》的规定，工会基层委员会的主席、副主席也可由会员大会或会员代表大会直接选举产生。

（4）讨论通过大会决议。

召开主席团、代表团（组）长会议，听取各代表团（组）讨论情况，审议有关决议，研究起草大会总结。

（5）闭幕式。

职工代表大会的主要议程完成之后，要举行最后一次全体会议，即闭幕式。主要议程如下：

①报告参加会议的代表人数。到会代表应超过应到会人数的三分之二，可以举行会议。

②宣布大会议程。

③工会换届会议：宣布新当选的工会主席、副主席、经审会主任名单。

年度职代会：宣布新当选的职工董事、职工监事；集体协商、集体合同和工资集体协商的协商代表；职工代表大会专门小组人选。其他经职代会选举的人员。

④逐项表决需通过的有关决议和决定。

⑤表彰及奖励。

⑥领导讲话。

⑦致闭幕词。

职工代表大会工作程序规范

⑧全体起立：召开职工代表大会时唱《中华人民共和国国歌》；召开工会换届会议时奏《国际歌》。

⑨大会执行主席宣布大会闭幕。

⑩工会换届大会结束后，全体代表合影留念。

3. 临时会议。

遇有重大事项，经企业领导人、企业工会或三分之一以上职工代表的提议，可召开临时会议。

第二节　厂务公开

一、厂务公开的性质

1. 厂务公开的实质。

厂务公开的实质是民主管理和民主监督。厂务公开就是企事业单位依照有关法律法规规定，将与本单位发展和广大职工切身利益密切相关的问题，通过适当形式向广大职工公开，吸收广大职工参与决策、管理和监督的民主管理制度。

2. 厂务公开的内涵。

（1）"厂"，泛指包括工业、交通、建筑、金融、财贸等各行各业各种类型和形式的公司、工厂在内的企业和事业单位。具体到企事业单位，可以称企务公开、司务公开、局务公开、院务公开、所务公开、校务公开等。

（2）所谓公开，不仅仅是让广大职工知情，必须根据不同情况，分别采取适当的形式，认真听取他们的意见和建议，接受他们的监督，并依照有关规定形成提案提交职工代表大会审议通过或决定。

二、厂务公开的内容

1. 企业重大决策问题。

主要包括企业中长期发展规划，投资和生产经营重大决策方案，企业改革、改制方案，兼并、破产方案，重大技术改造方案，职工裁员、分流、安置方案等重大事项。

2. 企业生产经营管理方面的重要问题。

主要包括年度生产经营目标及完成情况，财务预决算、企业担保、大额资金使用、工程建设项目的招投标、大宗物资采购供应、产品销售和盈亏情况，承包租赁合同执行情况，企业内部经济责任制落实情况，重要规章制度的制定等。

3. 涉及职工切身利益方面的问题。

主要包括劳动法律法规的执行情况，集体合同、劳动合同的签订和履行，职工提薪晋级、工资奖金分配、奖罚与福利，职工养老、医疗、工伤、失业、生育等社会保障基金缴纳情况，职工招聘，专业技术职称的评聘，评优选先的条件、数量和结果，职工购房、售房的政策和住房公积金管理以及企业公积金和公益金的使用方案，安全生产和劳动保护措施，职工培训计划等。

4. 与领导班子建设和党风廉政建设密切相关的问题。

主要包括民主评议企业领导人员情况，企业中层领导人员、重要岗位人员的选聘和任用情况，干部廉洁自律规定执行情况，企业业务招待费使用情况，企业领导人员工资（年薪）、奖金、兼职、补贴、住房、用车、通信工具使用情况，以及出国出境费用支出情况等。

三、厂务公开的形式

1. 厂务公开的基本形式。

职工代表大会是企事业单位厂务公开的一种法定的和有效的形式。

2. 厂务公开的日常形式。

包括厂务公开栏、厂情发布会、党政工联席会和企业内部信息网络、广播、电视、厂报、墙报等，并可根据实际情况不断创新。同时，在公开后应注意通过意见箱、接待日、职工座谈会、举报电话等形式，了解职工的反映，不断改进工作。

3. 其他实现形式。

其他民主管理制度以及厂务公开的其他日常形式同时也是厂务公开的实现形式。

四、厂务公开的程序

按照《企事业民主管理操作规程》的规定，企事业单位厂务公开按以下程序实施：（1）由相关部门就拟公开事项准备资料。（2）企事业单位厂务公开工作领导小组办公室对拟公开事项进行初审，提出意见交领导小组审定。（3）经领导小组审查确定的公开事项，通过最恰当形式予以公开。

第三节　职工董事、职工监事制度

一、职工董事、职工监事

1. 职工董事、职工监事的含义。

职工董事、职工监事制度是职工董事、职工监事依法参与公司决策、行使监督权利的一系列法律、政策、规定的总称。职工董事、职工监事是指依照法律规定，通过职工代表大会（或职工大会及其他形式，下同）民主选举产生，进入公司董事会、监事会，代表职工行使决策和监督权利的职工代表。

2. 职工董事、职工监事候选人的条件。

（1）坚持党的基本理论、路线、方针和政策，熟悉并能够贯彻执行国家有关法律、行政法规和规章制度，具有一定政策水平和决策能力。

（2）积极开展工会工作，有强烈的事业心和工作责任感。

（3）具有现代企业专业知识，了解、熟悉企业生产经营管理、业务技术和相关的法律法规，有较强的参政议政和参与决策、实施监督的能力。

（4）密切联系群众，能够代表和维护职工的合法权益，善于表达职工意愿，受到职工群众的信赖和拥护。

（5）坚持原则，廉洁自律，忠于职守，为人正派，办事公道。

二、职工董事、职工监事的提名、选举、任期、罢免

1. 提名。

依据《公司法》和《国有企业监事会暂行条例》的规定，职工董事、职工监事应当从公司同级工会负责人或者本公司其他职工代表中产生。职工董事、职工监事候选人的产生，应当在广泛听取职工群众意见的基础上，由公司工会提名，公司党委（党组）审核，并报有关部门备案。

2. 选举。

职工董事、职工监事依照法律程序，由公司职代会选举产生。从实践来看，一般可参照下列程序进行：

（1）由公司工会根据职工董事、职工监事的规定比例和任职条件制定出选举、产生方案。

（2）在广泛征求职工意见的基础上，由公司工会委员会或职代会代表团（组）长联席会研究提出候选人名单，并报告公司党委（党组）。

（3）召开职代会，介绍候选人简历，采取无记名投票的方式进行选举。

（4）候选人必须获得全体会议代表过半数选票方可当选。

（5）职工董事、职工监事经选举产生后，应报上级工会、有关部门和机构备案，并与其他内部董事、监事一同履行有关手续。

3. 任期。

（1）职工董事、职工监事的任期，与其他董事、监事相同。任期届满，

可连选连任。

（2）自职工董事、职工监事任职之日起，其劳动合同自动延长至任期结束。职工董事、职工监事任职期间，公司不得因履行职务的原因解除其劳动合同。

（3）任期届满不再担任职工董事、职工监事的职工代表，公司单方面解除劳动合同时，应当事先将理由通知工会。工会认为公司存在有违反法律、法规和有关合同等方面问题而要求重新处理时，公司应当研究工会提出的意见，并将处理结果书面通知工会。未征求工会的意见，公司不得解除其劳动合同。法律和行政法规另有规定的除外。

（4）职工董事、职工监事离职的，其任职资格自行终止。职工董事、职工监事空缺应及时进行补选，空缺时间一般不超过三个月。

4. 罢免。

职代会有权罢免职工董事、职工监事。罢免职工董事、职工监事，须由三分之一以上的职工代表联名提出罢免案，同时罢免案要写明罢免理由。职工董事、职工监事有下列行为之一的，可以对其提出罢免：

（1）职代会年度考核评价结果较差的。

（2）对公司的重大违法违纪问题隐匿不报或与公司串通编造虚假检查报告的。

（3）泄露公司商业秘密，给公司造成重大经济损失或严重损害的。

（4）以权谋私，收受贿赂，或为自己及他人从事与公司经营活动有利益冲突行为的。

（5）无故、借故不出席公司董事会、监事会会议或不向职工代表大会或职工大会报告工作达一年以上的。

罢免案经职代会审议后，由职代会主席团提请职代会全体会议表决；表决结果应当及时向与会的职工代表进行通报，并报有关部门备案。罢免职工董事、职工监事，必须经全体职工代表过半数通过。

三、职工董事、职工监事的权利

1. 职工董事、职工监事与董事会、监事会中其他董事、监事享有同等的权利和待遇。

2. 在涉及职工利益问题上，如果职工董事有不同意见，有权要求董事会在充分听取职工意见或与工会充分协商后再作出决定。董事会、监事会应当充分尊重职工董事、职工监事的有关意见，凡涉及职工重大利益调整事项的决策，职工董事、职工监事有不同意见的，董事会应当暂缓表决，监事会应及时介入。

3. 职工董事、职工监事有权调阅公司有关文件和资料，参加有关会议。

4. 公司应当为职工董事、职工监事履行职责提供必要的条件。职工董事、职工监事因履行职责，调查了解情况，收集职工意见和建议等而占用工作时间时，有权按照正常出勤，享受应得的待遇。经职代会考核评定，业绩突出的职工董事、职工监事，可以建议董事会给予奖励。

5. 职工董事、职工监事因故不能出席会议，可以书面委托其他董事、监事代为出席会议，委托书中应载明授权范围。有权委托派员列席会议，反映职工的意见。

6. 《公司章程》或其他另有规定的权利。

7. 职工董事、职工监事在任职期间和离任以后，企业不得以其履行职务的原因，解除其劳动合同或作出不利其就业条件的岗位变动。

四、职工董事、职工监事的义务和责任

1. 努力学习、掌握党的有关方针政策和国家的法律法规，不断提高政治觉悟和参政议政的能力。

2. 及时了解企业管理和发展状况，树立全局思想。发表意见和进行表决时，既要符合党和国家政策规定，又要符合企业实际和职工利益，实现国家、企业、职工三方面利益的有机统一。

3. 密切联系群众，如实反映职工群众的意见和要求，代表和维护职工的合法权益，参与决策；在公司研究确定和考察公司管理人员时，要如实反映职代会民主评议公司管理人员的情况。

4. 向职代会负责，定期向职代会报告工作，接受职代会监督、质询和考核。

5. 模范执行股东会、董事会、监事会的决议和职代会的决议，维护经理的指挥管理权威，履行工作职责。

6. 履行《公司章程》规定的董事、监事的其他义务。维护公司利益，

不以权谋私。

五、职工董事、职工监事的工作程序和机制

1. 程序。

（1）职工董事、职工监事应围绕公司董事会、监事会会议议题，在参与决策前，要深入职工群众之中，充分听取广大职工和工会的意见和建议，广泛收集职工代表反映的情况，如实反映工会、职代会或代表团（组）长和专门委员会（小组）联席会等方面形成的意见。

（2）自觉履行职工董事、职工监事工作报告制度。每次董事会、监事会后，由职工董事、职工监事向工会委员会通报情况。每年职工董事、职工监事向职工代表大会进行述职报告一次，接受职工代表大会的询问。

（3）职代会每年对职工董事、职工监事就履行工作职责情况进行一次评议，并根据评议结果，对认真履行职工董事、职工监事职责的人员提出奖励意见。

（4）职工董事、职工监事的更换要按照民主程序进行，对不称职或者有严重过失的职工董事、职工监事由职代会罢免。

2. 机制。

（1）建立职工董事、职工监事了解职工意见和企业情况制度。职工董事职工监事可通过建立职工群众接待日、定期召开职工群众座谈会等形式，及时了解职工群众各方面的意见和要求。公司应按规定将有关文件、资料及时提供给职工董事、职工监事，列席公司有关会议，为职工董事、职工监事全面了解、掌握公司各类情况创造必要条件。

（2）建立职工董事参与董事会重大决策前的咨询、论证制度。职工董事在收到议题及文件后，公司工会应牵头召开职工代表团组长联席会、职工代表及其他专业技术人员咨询会，协助职工董事对重要议题进行分析论证。

（3）建立职工董事、职工监事的培训制度。职工董事、职工监事的素质，决定作用发挥的大小，职工董事、职工监事必须参加相关的业务培训，到有关的业务部门学习，不断提高他们的业务知识水平和参与决策能力。

（4）建立职工董事、职工监事的述职评议制度。职工董事、职工监事每年须向公司职代会述职，接受职工代表对其工作的评议，答复职工代表的咨询。

第四节　区域（行业）性职代会制度

一、区域（行业）性职代会的含义

区域（行业）性职代会是指依托镇（村）、街道（社区）、工业园区、商业楼宇、集贸市场工会联合会或行业工会联合会，组织其辖区内所属的企业职工选举产生职工代表，建立多个企业组成的职代会的民主管理制度。

二、区域（行业）性职代会的职权

1. 听取和审议本区域（行业）执行劳动法规的情况，提出建议和意见。

2. 选举、撤换参加本区域（行业）协商谈判的职工代表。

3. 审议、表决通过本区域（行业）集体合同、工资协商集体协议，本区域（行业）劳动保护及安全生产、社会保障、职工培训等带有共性的事项。

4. 检查、督促本区域（行业）内企业执行劳动法规、履行各类民主协商的协议和签订劳动合同。

5. 审议通过本区域（行业）职代会实施细则。

6. 法律法规规定和各企业协商授予的其他职权。

三、区域（行业）性职代会的职工代表

与企业签订一年以上劳动合同的职工、企业经营者和区域（行业）工会领导人均可当选为职工代表。职工代表由企业采取无记名投票方式选举产生。职工代表中企业经营者不得超过 25%。参加区域（行业）性职代会的每个企业都应有职工代表，职工代表总数一般不少于 30 人。

四、区域（行业）性职代会的组织制度

区域（行业）性职代会届期一般为三至五年。职代会每年至少召开一次会议；遇有特殊情况，经企业行政、区域（行业）性职代会或三分之一以上

职工代表的提议，可召开职代会临时会议。

召开区域（行业）性职代会必须有三分之二以上的职工代表出席。职代会选举或作出决议应采取无记名投票方式，经全体职工代表半数以上通过方为有效。

区域（行业）性职工代表大会在其职权范围内决定的事项，非经区域（行业）性职代会同意不得修改。

第五节　非公有制企业的职工民主管理

一、非公有制企业实行民主管理的意义

1. 迫切要求：这是由我们党和国家的性质决定的，是维护职工合法权益的迫切要求。

2. 国际潮流：从世界企业管理发展趋势看，资本主义国家特别是西方市场经济发达国家的企业中，普遍赋予了职工参与管理的权力，目前正形成一次新的国际潮流。

3. 内在要求：民主管理也是非公有制企业发展的必然之路。

改革开放以来，我省不断优化非公有制经济发展环境，大力支持非公有制经济发展，非公有制经济的总量规模得到了稳步提升，非公有制经济已经成为我省市场经济的重要组成部分，是全省经济发展的重要增长极。

加强和改进非公有制企业民主管理工作是切实保障职工主人翁地位、贯彻落实党的全心全意依靠工人阶级根本方针的具体体现，是加强基层民主政治建设、巩固党的执政基础的重要途径，是维护职工合法权益、构建中国特色和谐劳动关系的有效举措，是建立健全现代企业制度，促进企业可持续发展的内在需求，是职工群众增强民主意识，依法有序行使民主权利，全面提高自身素质和能力的必然要求。

劳动关系复杂多变和职工队伍深刻变化，对推进非公有制企业民主管理工作提出了新任务。随着经济发展形势变化，非公有制企业容易因职工劳动就业、工资收入、社会保险、劳动安全卫生等方面引发劳动争议，影响劳动

关系和谐稳定，要求我们认真分析和准确把握当前劳动关系的特点和规律，把做好非公有制企业民主管理工作作为构建和谐劳动关系的重要内容，支持帮助职工有序参与企业民主决策、民主管理和民主监督，最大限度地减少劳动关系不和谐因素，推动建立规范有序、公正合理、互利共赢、和谐稳定的新型劳动关系。

二、非公有制企业民主管理的多种形式

根据《劳动法》《工会法》《企业民主管理规定》等法律法规的规定，非公有制企业应采取与自身实际相适应的形式实行民主管理。只要符合企业实际，只要有利于维护职工合法权益，有利于促进企业发展，非公有制企业可以搞职代会，也可以采取其他多种形式实行民主管理。可以是复合形式，也可以是单一形式。

为以改革创新精神扎实推进非公企业民主管理工作，2016年中华全国总工会发布了《关于深入推进非公有制企业民主管理工作的意见》（以下简称《意见》），这是新时代工会开展非公有制企业民主管理工作的指导性文件。

《意见》要求切实把握深入推进非公有制企业民主管理工作的指导思想、工作原则和目标任务。指导思想是全面贯彻党的十八大和十八届三中、四中、五中全会精神，以邓小平理论、"三个代表"重要思想、科学发展观为指导，深入贯彻习近平总书记系列重要讲话精神，进一步加强制度建设，丰富工作内容，扎实推动非公有制企业民主管理工作创新发展，在促进企业健康发展、维护职工合法权益中发挥积极作用。工作原则是坚持融入管理，促进企业发展；坚持以人为本，维护职工权益；坚持因企制宜，实施分类指导；坚持以点带面，实现整体推进。目标任务是坚持不懈地抓基层、打基础，着力推进非公有制企业民主管理建制扩面工作，着力推进制度化、规范化建设，着力推进理论创新、制度创新和工作创新，使非公有制企业民主管理组织机构更加健全、工作内容更加丰富、工作机制更加完善、运行程序更加规范、作用发挥更加有效。

《意见》强调大力推进非公有制企业民主管理制度化、规范化建设。坚持把建制扩面作为一项长期的基础工程抓紧抓实，实现已建工会的百人以上的非公有制企业单独建立职代会制度和厂务公开制度达到并动态保持在80%

以上。大力推行区域（行业）职代会制度，实现中小微型非公有制企业民主管理制度覆盖面不断扩大。推动按照《公司法》规定设立董事会、监事会的非公有制企业，职工董事、职工监事制度建制率逐年稳步提高。鼓励非公有制企业创新民主管理实现形式。

《意见》提出不断丰富非公有制企业民主管理工作内容。引导和组织非公有制企业职工广泛开展民主管理活动，为实施创新驱动战略、实现企业转型升级献计献策；指导和督促非公有制企业将民主管理与专业管理深度融合，完善经营管理制度，提高企业管理科学化水平；指导和督促非公有制企业严格履行民主程序，为企业改革发展营造良好的稳定环境；引导和组织非公有制企业职工通过民主管理制度平台，依法、理性、有序表达利益诉求。

《意见》要求通过坚持问题导向，运用法治思维，狠抓工作落实，切实提高非公有制企业民主管理工作实效。通过加强组织领导，注重分类指导，强化舆论宣传，进一步加强非公有制企业民主管理的组织领导和工作指导。

开展非公企业民主管理工作，职工代表大会制度是首选的、基本的和有效的民主管理制度，但在非公有制企业全面推行这一制度还有一个过程。允许和提倡采取其他形式，组织职工参与民主管理和民主监督，然后逐步引导到职代会这个基本形式上来。其他的民主管理形式主要有：一是民主议事会；二是协商对话会；三是民主恳谈会，企业经营管理者与职工代表双方均有发言权、提问权和建议权；四是企业职工民主管理委员会。

有的企业虽然没能建立固定的民主管理制度，但可以通过组织职工提合理化建议、经理接待日、经理信箱、工会主席参加或列席董事会和经营办公会议等，发挥职工民主管理、民主监督的作用。

第八章
集体合同法律制度

工会干部培训教材

（黑龙江版）

第一节　集体协商与集体合同概述

一、集体协商和集体合同的含义

集体协商在我国也叫平等协商，它是指企业工会或职工代表与相应的企业代表，为签订集体合同进行商谈的行为。集体协商主要采取协商会议的形式。

集体合同，是指用人单位与本单位职工根据法律、法规的规定，就劳动报酬、工作时间、休息休假、劳动安全卫生、职业培训、保险福利等事项，通过集体协商签订的书面协议。

专项集体合同，是指用人单位与本单位职工（或者工会代表职工与企业代表组织之间）根据法律、法规、规章的规定，就平等协商的某项内容签订的专项书面协议。

行业性集体合同，是指在一定的行业内，由工会联合会与相应的企业组织或企业就劳动报酬、工作时间、休息休假、劳动安全卫生、职业培训、保险福利等事项，通过平等协商签订的书面协议。

区域性集体合同，是指在一定的区域内，由工会联合会与相应的企业组织或企业就劳动报酬、工作时间、休息休假、劳动安全卫生、职业培训、保险福利等事项，通过平等协商签订的书面协议。

二、集体合同与劳动合同的区别

1. 主体不同。

集体合同是劳动者代表或者工会与劳动力使用者或其组织之间订立的书面合同。而劳动合同则是劳动者个人与劳动力使用者之间建立劳动关系，明确双方权利义务的协议。

2. 内容不同。

集体合同所规范的内容非常广泛，包括劳动标准和劳动关系方面的规定。劳动关系方面的规定是对国家劳动关系法规的补充与细化，既包括实体性规定，也包括程序性规定。劳动合同则只涉及签约劳动者个人的劳动条件。

3. 效力不同。

集体合同适用于劳动力使用者及该企业范围内的全体劳动者。而劳动合同的效力只涉及劳动者个人与劳动力使用者之间。集体合同的效力高于劳动合同，对劳动合同的内容有规范作用。用人单位与职工个人签订的劳动合同约定的劳动条件和劳动报酬等标准，不得低于集体合同或专项集体合同的规定。

4. 目的不同。

集体合同的目的是通过工会或者劳动者代表与劳动力使用者进行谈判，平衡个别劳动者与劳动力使用者之间不平衡的力量对比，达到平等，进而维护劳动者权益，协调劳动关系。而劳动合同的目的是建立劳动关系，明确双方的权利义务。

三、进行集体协商签订集体合同的原则

依照《集体合同规定》，进行集体协商签订集体合同应当遵循以下原则：一是遵守法律、法规、规章及国家有关规定；二是相互尊重，平等协商；三是诚实守信，公平合作；四是兼顾双方合法权益；五是不得采取过激行为。

第二节　集体协商与集体合同的基本内容

一、集体协商的基本内容

订立集体合同应当进行集体协商。用人单位与职工一方均有权提出集体协商的要求，集体协商的要求应当以书面形式提出，用人单位或者职工一方

提出集体协商要求，另一方应当在收到要求之日起 20 日内以书面形式予以答复，不得拒绝或者拖延。协商双方应当自同意进行集体协商之日起 15 日内产生协商代表，并书面告知对方，协商代表依照法律规定的程序产生，代表本方利益进行集体协商。集体协商的内容包括以下几个方面：

1. 劳动报酬。包括：（1）工资分配制度、工资标准和工资支付办法；（2）年度工资总额和职工年度平均工资水平；（3）工资调整幅度及办法；（4）奖金、津贴、补贴等分配办法；（5）加班加点、病假、休假等特殊情况的工资支付；（6）实行计件工资制的计件单价的确定。

2. 劳动定额标准。

3. 工作时间和休息休假。包括：（1）执行标准工时制度、非标准工时制度的岗位及办法；（2）加班、加点办法；（3）周休息日安排；（4）实行非标准工时制职工的休息日安排；（5）带薪年休假及其他假期安排。

4. 劳动保护、劳动条件和职业危害防护。包括：（1）劳动安全卫生责任制；（2）劳动环境、劳动条件和安全卫生技术措施；（3）安全卫生教育和培训；（4）劳动保护用品发放标准；（5）职业病的防治和保障；（6）定期健康体检和职业健康检查。

5. 劳动合同管理。

6. 保险和福利。包括：（1）社会保险的种类、范围、标准；（2）补充保险的种类、范围、标准；（3）住房公积金缴纳标准；（4）福利制度和福利设施；（5）职工疗养和休养；（6）医疗期的延长及其待遇；（7）福利费的使用方案。

7. 女职工和未成年工特殊保护。包括：（1）女职工和未成年工禁忌从事的劳动；（2）女职工的经期、孕期、产期和哺乳期的劳动保护；（3）女职工、未成年工定期健康检查；（4）未成年工的使用和登记制度。

8. 职工文化生活和职业技能培训。

9. 裁减人员的条件、程序和补偿标准。

10. 特殊情形下的职工权益保护。

11. 劳动纪律和考核、奖惩制度。

12. 集体合同期限。

13. 变更或者解除集体合同的程序。

14. 履行集体合同发生争议时的协商处理办法。

15. 违反集体合同的责任。

16. 双方认为应当协商的其他内容。

二、开展工资集体协商的意义

1. 劳动者通过支付劳动换取合理的工资报酬的权利是市场经济的客观要求，也是现代法治社会的一项基本人权。劳动与报酬是一种等价交换的关系，报酬的合理性成为实现等价交换的唯一前提。工资是职工权益中最核心的内容，工资协商是工会带有全局性的维权工作。

2. 实际生活中的工资是由职工和企业之间的劳动合同决定的。职工和企业签订的工资合约决定了职工的名义工资水平，而且，双方都同意在合约期限内，工资水平是固定的，不随市场劳动供求关系的变动而变动。职工和企业都同意接受这种在一定时期内固定名义工资的做法，是因为这样做对双方都有利。

3. 改革开放以来，适应市场经济发展的要求，经济出现了多元化发展的趋势。在非公有制企业中，职工拿多少钱不再由国家说了算，而是由老板决定。在这种情形下，处于弱势地位的劳动者的利益常常受到侵害。面对这种情况，引起了劳动者的深思，劳动者的观念也开始不断地转化，对自己的劳动报酬是否"物有所值"开始思考。因此，工资集体协商制度作为一项新建立的体现市场经济要求、维护人权的新制度，在现有的国情下，对保障劳资双方特别是劳动者一方的合法权益，促进劳资关系的稳定与和谐，具有历史进步意义。

4. 推行工资协商制度并非表现为对劳动者的一切报酬要求都予以支持。有关工资的协商，所寻求的是协商双方不同利益取向之间的一种现实的调和及双方利益互相兼顾的平衡。通过协商所确定的工资，本质上是属于妥协工资，其合理性在于它的相对性。其合理的程度，在更多情形下取决于双方协商的结果。

5. 劳动者与企业之间就劳动报酬的确定，存在不同甚至根本对立的利益取向。在劳动者与企业之间劳动报酬确定的过程中，劳动者通常要求企业向自己支付尽可能多的单位劳动报酬，企业则希望尽可能地降低单位劳动报酬，以增加企业利润。但是，双方通过摆事实、讲道理的理性思维过程，最终总是能够达成一致意见的。这是基于两者之间的共同利益基础，企业不仅是老板的，也是职工的。没有企业的兴旺，就没有企业职工的富裕。而且，工资协议通常是遵循一定的规则的。比如，职工的工资增长目标的实现要与企业全年利润指标的实现挂钩，经营者年薪的基数和倍数要与职工的工资增长指标的实现挂钩。这样，不仅为职工工资增长提供了一个客观标准，也有利于调动劳动者和经营者的积极性。

三、集体协商代表

1. 集体协商代表的产生。

集体协商代表是指按照法定程序产生并有权代表本方利益进行集体协商的人员。

集体协商双方的代表人数应当对等，每方至少3人，并各确定1名首席代表。

用人单位一方的协商代表，由用人单位法定代表人指派，首席代表由单位法定代表人担任或由其书面委托的其他管理人员担任。

职工一方的协商代表由本单位工会选派。未建立工会的，由本单位职工民主推荐，并经本单位半数以上职工同意。

职工一方的首席代表由本单位工会主席担任。工会主席可以书面委托其他协商代表代理首席代表。工会主席空缺的，首席代表由工会主要负责人担任；未建立工会的，职工一方的首席代表从协商代表中民主推举产生。

集体协商双方首席代表可以书面委托本单位以外的专业人员作为本方协商代表。委托人数不得超过本方代表的三分之一。

首席代表不得由非本单位人员代理。

用人单位协商代表与职工协商代表不得相互兼任。

2. 集体协商代表的义务与职责。

集体协商代表必须维护本单位正常的生产、工作秩序，不得采取威胁、收买、欺骗等行为。必须保守在集体协商过程中知悉的用人单位的商业秘密。集体协商代表应当履行的基本职责有：（1）参加集体协商；（2）接受本方人员质询，及时向本方人员公布协商情况并征求意见；（3）提供与集体协商有关的情况和资料；（4）代表本方参加集体协商争议的处理；（5）监督集体合同或专项集体合同的履行；（6）法律、法规和规章规定的其他职责。

3. 集体协商代表的权利。

（1）企业内部的协商代表参加集体协商视为提供了正常劳动；（2）职工一方协商代表在其履行协商代表职责期间劳动合同期满的，劳动合同期限自动延长至完成履行协商代表职责之时，除出现下列情形之一的，用人单位不得与其解除劳动合同：严重违反劳动纪律或用人单位依法制定的规章制度的；严重失职、营私舞弊，对用人单位利益造成重大损害的；被依法追究刑事责任的；（3）职工一方协商代表履行协商代表职责期间，用人单位无正当理由不得调整其工作岗位。

4. 集体协商代表的更换。

（1）工会可以更换职工一方协商代表；未建立工会的，经本单位半数以上职工同意可以更换职工一方协商代表；（2）用人单位法定代表人可以更换用人单位一方协商代表；（3）协商代表因更换、辞任或遇有不可抗力等情形造成空缺的，应在空缺之日起15日内按照规定产生新的代表。

四、集体协商程序

1. 以书面形式提出集体协商要求。

集体协商任何一方均可就签订集体合同或专项集体合同以及相关事宜，以书面形式向对方提出进行集体协商的要求。一方提出进行集体协商要求的，另一方应当在收到集体协商要求之日起20日内以书面形式给予回应，无正当理由不得拒绝进行集体协商。

2. 协商代表在协商前应进行哪些准备工作。

（1）熟悉与集体协商内容有关的法律、法规、规章和制度；（2）了解与集体协商内容有关的情况和资料，收集用人单位和职工对协商意向所持的意见；（3）拟定集体协商议题，集体协商议题可由提出协商一方起草，也可由双方指派代表共同起草；（4）确定集体协商的时间、地点等事项；（5）共同确定一名非协商代表担任集体协商记录员。记录员应保持中立、公正，并为集体协商双方保密。

3. 如何进行集体协商。

（1）集体协商会议由双方首席代表轮流主持，并按下列程序进行：①宣布议程和会议纪律；②一方首席代表提出协商的具体内容和要求，另一方首席代表就对方的要求作出回应；③协商双方就商谈事项发表各自意见，开展充分讨论；④双方首席代表归纳意见。达成一致的，应当形成集体合同草案或专项集体合同草案，由双方首席代表签字。

（2）集体协商未达成一致意见或出现事先未预料的问题时，经双方协商，可以中止协商。中止期限及下次协商时间、地点、内容由双方商定。

五、集体合同的订立与报送检查

1. 集体合同必须经过职工代表大会审议通过。

（1）经双方协商代表协商一致的集体合同草案或专项集体合同草案应当提交职工代表大会或者全体职工讨论。

职工代表大会或者全体职工讨论集体合同草案或专项集体合同草案，应当有三分之二以上职工代表或者职工出席，且须经全体职工代表半数以上或者全体职工半数以上同意，集体合同草案或专项集体合同草案方获通过。

集体合同草案或专项集体合同草案经职工代表大会或者职工大会通过后，由集体协商双方首席代表签字。

（2）集体合同或专项集体合同期限一般为 1 至 3 年，期满或双方约定的终止条件出现，即行终止。集体合同或专项集体合同期满前 3 个月内，任何一方均可向对方提出重新签订或续订的要求。

（3）集体合同变更或解除。集体合同双方协商代表协商一致，可以变更或解除集体合同或专项集体合同。凡有下列情形之一的，可以变更或解除集体合同或专项集体合同：①用人单位因被兼并、解散、破产等原因，致使集体合同或专项集体合同无法履行的；②因不可抗力等原因致使集体合同或专项集体合同无法履行或部分无法履行的；③集体合同或专项集体合同约定的变更或解除条件出现的；④法律、法规、规章规定的其他情形。

2. 集体合同必须报送人力资源和社会保障部门审查。

（1）集体合同或专项集体合同签订或变更后，应当自双方首席代表签字之日起 10 日内，由用人单位一方将文本一式三份报送人力资源和社会保障部门审查。

人力资源和社会保障部门对报送的集体合同或专项集体合同应当办理登记手续。

集体合同或专项集体合同审查实行属地管辖，具体管辖范围由省级人力资源和社会保障部门规定。

人力资源和社会保障部门应当对报送的集体合同或专项集体合同的下列事项进行合法性审查：集体协商双方的主体资格是否符合法律、法规和规章规定；集体协商程序是否违反法律、法规、规章规定；集体合同或专项集体合同内容是否与国家规定相抵触。

（2）人力资源和社会保障部门对集体合同或专项集体合同有异议的，应当自收到文本之日起 15 日内将《审查意见书》送达双方协商代表。《审查意见书》应当载明以下内容：集体合同或专项集体合同当事人双方的名称、地址；劳动保障行政部门收到集体合同或专项集体合同的时间；审查意见；作出审查意见的时间。《审查意见书》应当加盖人力资源和劳动保障行政部门印章。

用人单位与本单位职工就人力资源和社会保障部门提出异议的事项经集体协商重新签订集体合同或专项集体合同的，用人单位一方应当根据《集体合同规定》第四十二条的规定将文本报送人力资源和社会保障部门审查。

人力资源和社会保障部门自收到文本之日起 15 日内未提出异议的，集体合同或专项集体合同即行生效。

（3）生效的集体合同或专项集体合同，应当自其生效之日起由协商代表及时以适当的形式向本方全体人员公布。

六、集体协商争议与集体合同争议处理

1. 人力资源和社会保障部门协调处理。

（1）集体协商过程中发生争议，双方当事人不能协商解决的，当事人一方或双方可以书面向人力资源和社会保障行政部门提出协调处理申请；未提出申请的，人力资源和社会保障行政部门认为必要时也可以进行协调处理。人力资源和社会保障行政部门应当组织同级工会和企业组织方面的人员，共同协调处理集体协商争议。

（2）协调处理时限。协调处理集体协商争议，应当自受理协调处理申请之日起 30 日内结束协调处理工作。期满未结束的，可以适当延长协调期限，但延长期限不得超过 15 日。

（3）协调处理程序。协调处理集体协商争议应当按照以下程序进行：受理协调处理申请；调查了解争议的情况；研究制订协调处理争议的方案；对争议进行协调处理；制作《协调处理协议书》。

（4）签署《协调处理协议书》。《协调处理协议书》应当载明协调处理申请、争议的事实和协调结果，双方当事人就某些协商事项不能达成一致的，应将继续协商的有关事项予以载明。《协调处理协议书》由集体协商争议协调处理人员和争议双方首席代表签字盖章后生效。争议双方均应遵守生效后的《协调处理协议书》。

2. 集体合同争议处理。

《集体合同规定》第五十五条规定："因履行集体合同发生的争议，当事人协商解决不成的，可以依法向劳动争议仲裁委员会申请仲裁。"

《劳动合同法》第五十六条规定："用人单位违反集体合同，侵犯职工劳动权益的，工会可以依法要求用人单位承担责任；因履行集体合同发生争议，经协商解决不成的，工会可以依法申请仲裁、提起诉讼。"

（1）用人单位违反集体合同、侵犯职工劳动权益的。用人单位违反集体合同、侵犯职工劳动权益的情况多种多样，只要是集体合同有规定的，用人单位没有履行就构成了对职工劳动权益的侵犯。例如，用人单位违反集体合同规定，侵犯职工休息休假或者保险福利等约定权益的；违反女职工权益专项集体合同，侵犯女职工月经期、孕期、产期和哺乳期的特殊保护等权益的，用人单位都需要承担法律责任。

（2）工会在集体合同中所承担的责任。从法理上讲，工会与用人单位是集体合同的法律主体（当事人）。集体合同对企业所有劳动者（关系人）和用人单位、工会（当事人）都具有约束力。由于集体合同签订目的和双方当事人的性质不同，订立集体合同的双方当事人都有履行合同规定义务的职责，但其所承担责任的性质不同，当事人双方的义务具有不对等性。对企业来说，集体合同规定的义务都是它必须履行的法定义务，如果不按照合同规定履行义务，企业就要承担法律责任。而对于代表全体职工签订集体合同的工会组织或职工代表来说，集体合同规定的义务不具有法定性，只具有道义性。保证全体职工履行义务靠的是职工的觉悟、舆论的力量和企业行政方面在法律允许的范围内所采取的行政手段。如果个别职工或部分职工不按照集体合同的规定履行义务，工会组织或者职工代表并不承担法律责任，而只承担道义、政治责任。另外一种情况是，工会组织及其所代表的全体职工都能够自觉履行集体合同规定的义务，在用人单位违反集体合同，侵犯职工劳动权益的时候，工会作为职工权益代表，作为与用人单位签订集体合同的法律主体，也可以依法要求用人单位承担责任；因履行集体合同发生争议，经协商解决不成的，工会还可以依法申请仲裁或者提起诉讼。

（3）工会在处理集体合同争议方面的程序。首先，劳动者、工会和用人单位协商解决。协商解决是处理履行集体合同争议的必用方式和必经程序。由工会出面代表劳动者与用人单位协商，可以避免单个劳动者处于弱势，能够与用人单位更平等、更有效地进行协商。工会依法要求用人单位履行集体合同的，用人单位应当继续履行，并对之前违反集体合同的行为承担法律责任。其次，协商解决不成的，工会可以代表全体职工，将履行集体合同的争议申请仲裁或者提起诉讼。

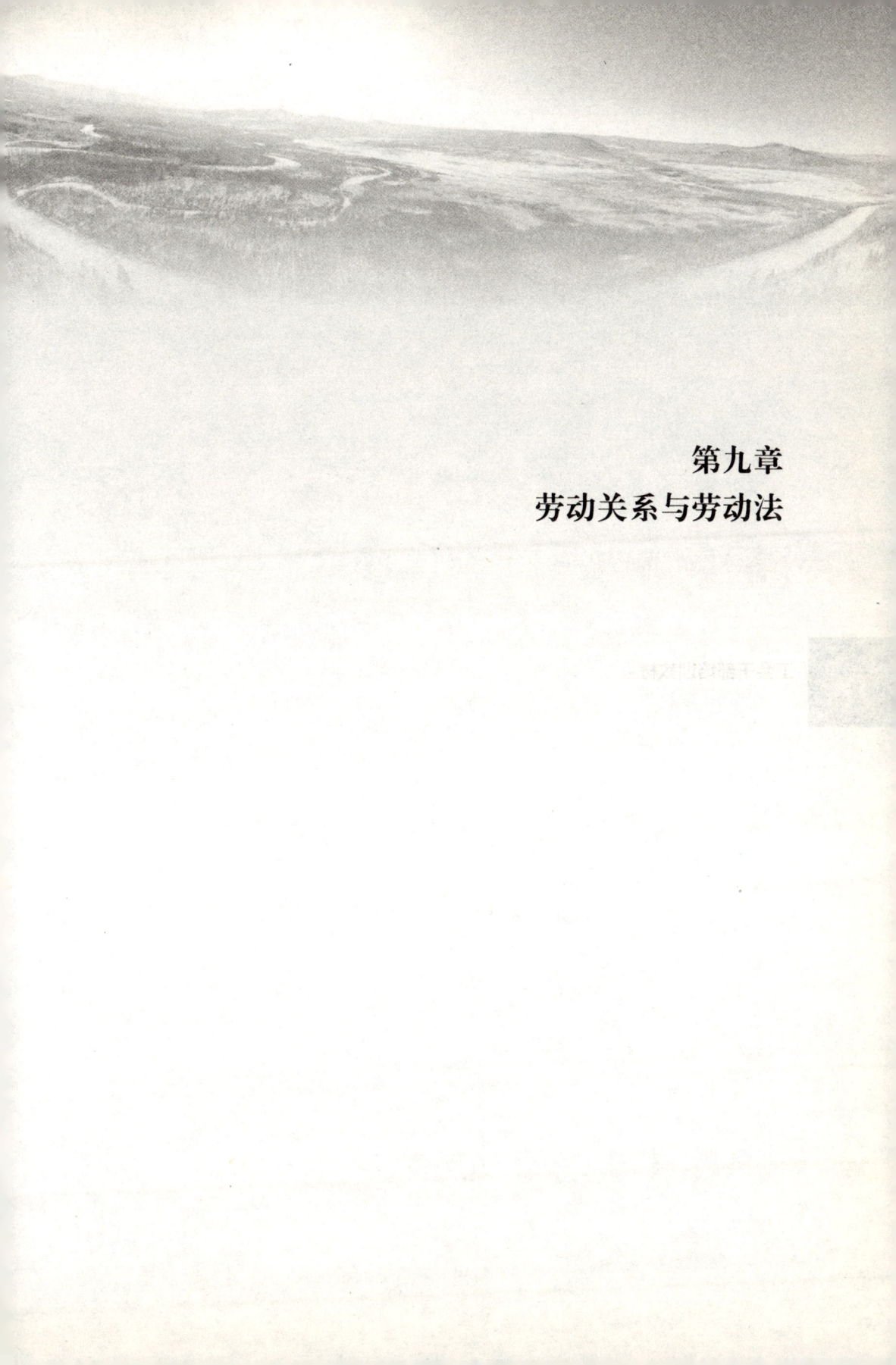

第九章
劳动关系与劳动法

工会干部培训教材
（黑龙江版）

第一节　劳动关系

一、劳动关系的含义

劳动关系是指在实现社会劳动过程中，劳动者与用人单位之间所发生的社会劳动关系。人们在生产劳动中所发生的社会关系包括两种：一种是劳动者与用人单位之间所发生的关系，另外一种是劳动者之间所发生的关系。劳动法只调整前一种劳动关系，属于狭义的社会劳动关系。劳动关系具有以下四个重要特征：

1. 劳动关系仅限于劳动者与用人单位之间的关系。所谓用人单位，是指使用他人劳动的单位或者个人。因此，那些虽然也是在劳动过程中发生的，但是不属于劳动者与用人单位之间的关系都不是劳动关系。

2. 劳动关系必须是在实现劳动过程中发生的。一些社会关系虽然与劳动有联系，但与社会劳动过程无关，则不属于劳动关系。例如，作家把自己的劳动成果交给出版社而与出版社之间发生的关系，职工将自己的工资存入银行而与银行之间发生的关系，等等。虽然这些关系都与劳动有一定关系，但由于不是在劳动过程中发生的，因此不属于劳动关系。

3. 劳动关系具有从属性，这是劳动关系的根本特征。在劳动关系中，劳动者具有从属的地位。这种从属性主要表现在三个方面：经济上的从属性；组织上的从属性；意志上的从属性。所谓经济上的从属性，是指劳动者在经济上必须从事一定的工作以赚取生活所必需的费用，劳动者在经济上对用人单位具有明显的依赖性。所谓组织上的从属性，是指劳动者往往被编入一定的生产单位之中，并且在生产过程中劳动者之间要进行不同程度的分工协作。所谓意志上的从属性，是指劳动者在生产中必须服从用人单位的指挥，按照要求完成分配的工作任务，一般不允许自主地甚至任意地从事生产活动。

4. 劳动关系的主要内容是劳动的给付。劳动者与用人单位之间的主要权利义务关系都是围绕着劳动给付而发生的。劳动关系当事人之间建立劳动关系的主要目的就是劳动者向用人单位给付劳动，与之相对的，是用人单位应向劳动者支付工资作为对价。劳动的给付在传统民法上被视为一种债的关系，但是，劳动关系中不仅包含有财产关系，而且还包含了一定的社会身份关系，因此不能简单地用民法来调整劳动关系。

劳动关系根据参加人数可以划分为集体劳动关系与个别劳动关系。集体劳动关系是指劳动者或者用人单位一方是多数人的劳动关系。这主要包括两种情况，一种情况是一对多的关系，即某一个用人单位与其多个劳动者或者劳动者组织之间的关系；另一种情况是多对多的关系，即多个用人单位或者用人单位组织与多个劳动者或者劳动者组织之间的关系。集体劳动关系涉及人数多，对社会的影响面大，因此各国一般都把集体劳动关系作为劳动法调整的重点。所谓个别劳动关系，是指个别劳动者与用人单位之间的关系，这是一种一对一的关系。个别劳动关系是构成集体劳动关系的基础，也是劳动力市场上最为常见的一种劳动关系形式。

二、劳动关系当事人

劳动关系的当事人，是指在劳动关系中享有权利和承担义务的人，即劳动者与用人单位。

1. 劳动者。

劳动者就是在劳动关系中提供从属劳动的一方当事人。因为劳动关系具有从属性，因此劳动者所从事的劳动属于从属劳动，主要表现在劳动关系建立后，劳动者一般会被用人单位分配到一定的内部组织之中，并且按照用人单位的指挥从事劳动。如果劳动者能够根据自己的意志独立地从事劳动，则其劳动不具有从属性，这样的劳动者也就不属于劳动法调整。依照我国《劳动法》的规定，劳动者包括所有与企业或者个体工商户签订劳动合同的劳动者，以及与国家机关、事业单位、社会团体订立劳动合同的劳动者。这样，国家公务员、事业单位和社会团体中参照公务员管理的人员（教师、医生等）、军人、农业劳动者、家庭保姆等都不是《劳动法》意义上的劳动者。在校学生利用业余时间勤工俭学，不视为就业，因此勤工俭学的学生也不属于劳动者。

劳动者在劳动关系中属于弱势一方当事人，因此，国家对劳动者进行了相应的保护，用法律的形式规定了最低的劳动条件，不允许用人单位制定更低的标准；同时，还允许劳动者成立工会，利用集体的力量与用人单位进行谈判，从而解决双方的力量对比严重失衡问题。

2. 用人单位。

用人单位是指在劳动关系中使用劳动者的劳动的一方当事人。在我国，用人单位主要是各类企业，不论是国有企业、集体企业、私营企业还是三资企业，也不论是有限责任公司、股份有限公司、合伙企业还是独资企业，只要经过工商登记注册成立，都可以成为合格的用人单位。除了企业以外，个体经济组织也可以成为用人单位。

三、事实劳动关系

所谓"事实劳动关系"，主要是指用人单位与劳动者之间虽然没有签订书面劳动合同，但是双方在事实上形成的劳动给付关系。根据我国《劳动法》第十六条第二款以及第十九条第一款的规定，建立劳动关系应当订立劳动合同，而且劳动合同应当采用书面形式。但是在现实中，一些用人单位为了逃避劳动行政部门的监管，或者不愿为劳动者缴纳社会保险费，故意不与劳动者签订书面劳动合同。这样，虽然劳动者为用人单位提供劳动，用人单位也按照约定支付工资，但是双方之间的劳动关系并不符合《劳动法》所规定的要件，因此只能称为"事实劳动关系"。在我国各类非公有制企业中，普遍存在着事实劳动关系。

如果不承认事实劳动关系的合法性，结果会对劳动者极其不利，因为劳动者将无法依照《劳动法》维护自己的合法权益；反过来，这样也会助长用人单位逃避劳动行政部门监管的不正之风。因此，为了保证《劳动法》《劳动合同法》的贯彻实施，就必须承认事实劳动关系仍然是劳动关系，劳动双方的权利义务关系与签订了书面劳动合同的情况并无二致。

我国《劳动法》从一开始就承认事实劳动关系。《劳动法》第九十八条规定："用人单位违反本法规定的条件解除劳动合同或者故意拖延不订立劳动合同的，由劳动行政部门责令改正；对劳动者造成损害的，应当承担赔偿责任。"可见，《劳动法》与部门规章中都明确规定，签订书面劳动合同是用人单位的责任，如果没有签订书面合同而双方互为劳动给付，则双方之间就构成了有效的劳动法律关系，而用人单位应承担没有订立书面合同的责任。如果用人单位因此给劳动者造成了损害后果，用人单位同样应当向劳动者支付赔偿。

我国司法机关也承认事实劳动关系的效力。根据最高人民法院2001年4月16日公布的《关于审理劳动争议案件适用法律若干问题的解释》（法释〔2001〕14号）第一条第二项的规定：劳动者与用人单位之间没有订立书面劳动合同，但已形成劳动关系后发生的纠纷，也属于劳动争议的范围，如果当事人不服劳动争议仲裁委员会作出的裁决，向人民法院起诉的，人民法院应当受理。这里，司法解释虽然没有使用"事实劳动关系"的用语，但却明白无误地承认事实劳动关系属于劳动关系的一种。不仅如此，该司法解释第十六条还进一步阐释了事实劳动关系的范围，对劳动合同期满终止后的事实劳动关系作了规定。劳动合同期满后，劳动者仍在原用人单位工作，原用人单位未表示异议的，双方虽然曾经订立过书面劳动合同，但是原合同已经期满终止，对双方不再具有约束力，因此双方之间这时的关系也属于事实劳动关系。由于双方没有订立新的劳动合同，因此双方之间的权利义务关系处于不明确状态。为了公平起见，司法解释推定双方同意以原条件继续履行劳动合同。这里的"原条件"仅指劳动待遇条件，不包括劳动合同期限。这时双方的劳动合同被视为不定期合同，任何一方都可以随时提出终止劳动关系。如果一方提出终止劳动关系的，人民法院应当支持。

四、双重劳动关系

所谓"双重劳动关系"，是指劳动者与两个用人单位同时存在着劳动关系。因为劳动者实际上只能向一个用人单位履行劳动给付义务，所以在双重劳动关系中，只有一个用人单位实际使用该劳动者的劳动，可称为"实际用人单位"；另外一个用人单位往往只是名义上的用人单位，可称为"名义用人单位"。双重劳动关系多见于劳动者被原用人单位派遣、借调或者输出到另一个用人单位的情况。另外，在国有企业改制过程中，一些企业的职工被放长假，或者下岗、待岗、停职留薪，等等。这时双方之间的劳动关系仍然存在，只是劳动者不必到企业上班，而且企业只发放生活费而不是工资。一些劳动者找到另一份工作后，出于社会保障方面的考虑，往往不愿意解除原来的劳动关系，这样也会产生双重劳动关系。

我国《劳动法》在原则上不承认双重劳动关系的合法性。在并存的两个劳动关系中，后成立的劳动关系不受法律保护，法律只承认先成立的劳动关系，并且保护原用人单位的合法权益。《劳动法》第九十九条规定，用人单位招用尚未解除劳动合同的劳动者，对原用人单位造成经济损失的，该用人单位应当依法承担连带赔偿责任。第九十九条虽然没有明确宣布双重劳动关系为非法，但从实际用人单位将可能承担连带法律责任这一点来看，其归责原因显然是由于该用人单位与其他用人单位的职工建立了双重劳动关系。

因为双重劳动关系不受法律保护，因此劳动者不能要求实际用人单位为之缴纳各种社会保险费。但是，如果劳动者事实上已经向实际用人单位给付了劳动，则实际用人单位仍应当按照双方约定向劳动者支付报酬。另外，实际用人单位还应当承担劳动保护方面的法定义务，如果发生工伤事故，应当按照法定标准向劳动者支付各项工伤待遇。

实践中并非所有的双重劳动关系都不合法，目前在我国至少存在着以下两种合法的双重劳动关系：第一类是从事国家政策允许的兼职工作，如技术人员的业余兼职；第二类是由于就业压力，一些劳动者无法找到全日制工作，因此只能同时从事几份工作，如小时工。各地劳动行政部门一般都承认在这种情况下建立的双重甚至多重劳动关系是合法的。

第二节　劳动关系的法律调整

一、劳动法的基本含义

劳动法是调整劳动关系以及各种附随关系的法律规范的总称。这个概念表明，劳动法的调整对象包括劳动关系与附随关系两大类。劳动法中所称的劳动关系是指在实现社会劳动过程中，劳动者与用人单位之间所发生的社会劳动关系。附随关系，是指从属于劳动关系的其他一些社会关系。附随关系与劳动关系有着密切的联系，它们或者是基于劳动关系而产生，或者是为维护劳动关系而存在，也有一些是为了促进劳动关系的建立而服务。附随关系从属于劳动关系，不能脱离劳动关系而独立存在。从根本上看，如果没有劳动关系，也就不会产生附随关系。具体而言，附随关系主要包括下列五种类型的社会关系：

1. 劳动管理关系。也可以称为"劳动行政关系"，是指政府部门依法对用人单位、职业介绍机构以及劳动者等进行管理的关系。

2. 社会保险关系。社会保险关系是指在执行社会保险法过程中，社会保险机构、用人单位及劳动者相互之间所发生的各种关系。

3. 职业介绍关系。职业介绍关系是职业介绍机构以中介的身份为用人单位和劳动者提供就业信息，以促成双方建立劳动关系而发生的关系。

4. 劳动监督检查关系。是指政府部门监督检查用人单位在执行劳动法律法规方面的情况而产生的关系。劳动监督检查的目的在于保证劳动法的贯彻执行，维护劳动关系的合法性。

5. 劳动争议处理关系。即劳动争议处理机构在处理劳动争议过程中与用人单位、劳动者之间所发生的各种关系。

二、劳动法的基本特征

1. 全面涵盖性。劳动法是调整劳动关系的基准法，具有基础性地位，贯穿于劳动立法、守法、执法、司法等全部环节，必须普遍遵循。

2. 权威性。劳动法是制定劳动法规和劳动规章的依据，具有一定的"高度和地位"，所以，劳动法必须具有高度的权威性。

3. 相当强的稳定性。劳动法具有稳定性，只要国家的政治经济制度以及劳动关系未发生根本性变化，其一经确定便不应随便发生变化，即使是社会经济体制改革时期也是如此。

三、劳动法律制度体系

劳动法律制度体系是指一个国家的全部劳动法律规范按照一定的标准分

类组合所形成的具有一定纵向结构和横向结构的体系。其纵向结构是由不同效力等级的各种劳动法表现形式，按照效力等级排列的结构，即劳动法的法律渊源问题。而横向结构是由劳动法包含的若干法律制度或者子部门法构成的。我国劳动法的法律渊源主要包括宪法、法律、行政法规、部门规章、地方性法规、地方政府规章、司法解释、国际劳动法等形式。而我国劳动法律制度体系的横向结构则包括劳动法、劳动关系协调法、劳动保障法等。

四、劳动法与其他法律部门的关系

1. 劳动法与宪法。

宪法关于劳动的规定，是劳动法的基本原则，劳动法中的任何规定都不能与之相冲突。我国《宪法》规定：劳动既是公民的权利，也是公民的义务；劳动者有休息的权利；我国实行各尽所能、按劳分配的原则；等等。《宪法》中的这些原则性规定，需要劳动法加以具体化才能得以实现。

2. 劳动法与民商法。

劳动法与民商法有着密切的联系。民商法是劳动法的重要渊源，很多国家民法典在劳动关系的法律调整方面仍起着重要作用。但是，必须看到，劳动力是一种特殊的商品，它不仅具有财产权的属性，还具有人身权的属性。因此，劳动关系就不能像一般的买卖关系那样由民法调整。特别是现代社会，国家往往大量介入劳动关系之中，造成了劳动关系离民法的"平等自愿"原则距离越来越远。比如，集体谈判、最低工资、劳动保护、社会保障，等等。劳动法是一个独立于民商法的法律部门，这已经成为包括很多民法学者在内的国内外法学界的共识。

3. 劳动法与经济法。

劳动法与经济法都是国家干预经济的产物，但是二者的调整对象不同。经济法调整的主要是经济关系，而劳动法调整的主要是社会关系。二者对经济进行干预的目的也不同。经济法中国家干预的目的是促进国民经济的协调发展，而劳动法中国家干预的任务是开发与保护劳动资源、实行社会分配公正。

4. 劳动法与社会保障法。

劳动法是社会保障法产生的基础，社会保障法中的一些制度，比如工伤保险、失业保险等，主要对象都是劳动者。但是二者又有一定的区别。社会保障法的范围不仅包括各类社会保险，而且还包括社会救济、社会福利等内容，后者与劳动法并没有直接关系。即使在社会保险方面，参加者也并不仅仅限于劳动者，在很多国家，自由职业者、独立经营者甚至国家公务员，都可以参加某些社会保险项目。因此，社会保障法中的主体也比劳动法更广泛。更重要的是，社会保障法在一定程度上是劳动法得以贯彻实施的前提。

第三节　劳务派遣关系

一、什么叫劳务派遣

劳务派遣又称"劳动力派遣""人才派遣""人事派遣"等，是近年来我国人才市场根据市场需求而引进开发的新的人才服务项目，是一种新的用人方式，可跨地区、跨行业进行。用工单位可以根据本行业的特点或自身工作和发展的需要，通过具有劳务派遣资质的劳务派遣单位，派遣所需要的各类人员；劳务派遣单位则根据用工单位的实际需求招聘员工，与员工签订劳动合同，建立劳动关系，并将员工派遣到用工单位工作，同时对员工提供人事行政、劳资福利、后勤保障等综合配套服务。实行劳务派遣后，实际用工单位与劳务派遣单位签订劳务派遣协议，劳务派遣单位与被派遣劳动者签订劳动合同，用工单位与被派遣劳动者之间只有使用关系，没有聘用合同关系。

二、劳务派遣单位的权利和义务

劳务派遣单位是《劳动合同法》所称的用人单位，应当履行用人单位对劳动者的义务。劳务派遣单位与被派遣劳动者订立的劳动合同，除应当载明《劳动合同法》第十七条规定的事项外，还应当载明被派遣劳动者的用工单位以及派遣期限、工作岗位等情况。

劳务派遣单位的权利义务主要体现在以下三个方面：

1. 劳务派遣单位要与被派遣劳动者订立书面劳动合同。这一规定再次明确了劳务派遣单位与劳动者之间形成的劳动关系，劳动合同除了要有一般劳动合同的必备条款外，还要明确约定被派遣劳动者的用工单位以及派遣期限、工作岗位等情况。

2. 劳务派遣单位应当履行用人单位对劳动者的全部义务。例如，劳务派遣单位承担依法招用劳动者、签订劳动合同以及解除劳动合同时支付经济补偿金、支付工资、参加社会保险并依法缴费等义务；用人单位应依法允许劳动者参加或组织工会等义务，并对用工单位承担的解除劳动合同时支付经济补偿金、支付工资、参加社会保险并依法缴费等义务承担连带责任。

3. 劳务派遣单位与被派遣劳动者至少要订立二年以上的固定期限的劳动合同。

三、被派遣劳动者的权利和义务

1. 被派遣劳动者的权利。

一是被派遣劳动者享有与用工单位的劳动者同工同酬的权利。用工单位无同类岗位劳动者的，参照用工单位所在地相同或者相近岗位劳动者的劳动报酬确定。

二是被派遣劳动者有权在劳务派遣单位或者用工单位依法参加或者组织工会，维护自身的合法权益。

三是被派遣劳动者可以依照《劳动合同法》第三十六条、第三十八条的规定与劳务派遣单位解除劳动合同。

2. 被派遣劳动者的义务。

一是自觉遵守用工单位各项规章制度和安全操作规程。

二是劳务派遣劳动者要服从用工单位的日常管理。

三是完成用工单位指定的各项工作任务。

四是参加用工单位的各项劳动竞赛，勇于创新，为用工单位提供优质高效的服务。

五是国家法律和劳动合同规定的其他各项义务。

四、用工单位的义务

1. 执行国家劳动标准，提供相应的劳动条件和劳动保护。劳动条件是指劳动者完成劳动任务的必要条件，如必要的劳动工具、工作场所、劳动经费、技术资料等必不可少的物质技术条件和其他工作条件。劳动保护是指用工单位为了保障劳动者在劳动过程中的身体健康与生命安全，预防伤亡事故和职业病的发生而采取的有效措施。在劳动保护方面，凡是国家有标准规定的，用工单位必须按照国家标准执行，合同约定只能高于国家标准；国家没有标准的，合同约定的标准以不使劳动者的生命安全受到威胁、身体健康受到侵害为前提条件。

2. 告知被派遣劳动者的工作要求和劳动报酬。工作要求是指用工单位安排劳动者从事的岗位对劳动者的能力和绩效要求。劳动报酬是指劳动力价值的表现形式，是劳动者履行劳动义务后享有的劳动权利，包括工资、奖金、津贴等形式。劳动报酬是满足劳动者自身及其家庭成员物质文化生活需要的主要来源，也是劳动者付出劳动后应得到的回报。被派遣劳动者对此享有知情权，尤其是劳动报酬的多少、支付方式等，因为这直接关系到被派遣劳动者合法劳动权益的保护，是关乎人民切身利益的重大问题。

3. 支付加班费、绩效奖金，提供与工作岗位相关的福利待遇。在生产经营中，用工单位应当均衡地组织生产和科学地安排工作，国家一般不鼓励加班加点，但由于在生产经营过程中，可能会出现意外事故、特殊事件或突击性的劳动任务，为保证生产经营的连续性、稳定性，不可避免地会出现加班加点现象。可见，加班加点往往是突发性的，因此其往往不能在三方已有协议中得到体现。绩效奖金是指依照劳动者劳动绩效而计算、发放的奖金。职工福利又称职业福利、集体福利，是企、事业单位和机关团体在工资、社会保险之外免费为全体职工举办的集体生活福利设施、文化福利等设施以及给予职工各项补贴制度的总称。提供与工作岗位相关的福利待遇属于职工福利范畴。

4. 对在岗被派遣劳动者进行工作岗位所必需的培训。派遣单位应当按照用工单位的要求派遣符合后者要求的劳动者。但如果用工单位在接受被派遣劳动者后认为按照本单位的岗位需要须进一步对劳动者进行培训的，则由用工单位自己负责对在岗被派遣劳动者进行工作岗位所必需的培训，该费用由用工单位承担。

5. 连续用工的，实行正常的工资调整机制。这主要是解决被派遣劳动者的工资长期过低的问题。用工单位与劳务派遣单位订立劳务派遣协议，双方应当按照该协议履行各自义务。在用工单位方面，其应当按照劳务派遣协议的约定使用被派遣劳动者，这其中包括协议中已明确的派遣岗位和人员数量、派遣期限等。此外，用工单位不得将被派遣劳动者再派遣到其他用人单位，也就是说接受以劳务派遣形式用工的单位接收被派遣劳动者必须是自用。《劳动合同法》明确规定用工单位的义务，在派遣单位和用工单位之间作了明确划分，使得出现劳动争议时有法可依，避免产生责任推诿现象，从而保护了劳动者的合法劳动权益。

第十章
工会法律制度

工会干部培训教材
（黑龙江版）

第一节　工会法概述

一、工会法的概念和调整对象

工会法是国家制定的，确立工会在国家政治、经济、社会生活中的地位，规定工会的权利义务和组织机构的法律规范的总称。简言之，工会法是调整工会活动关系的法律规范的总称。

工会法的调整对象是工会关系，即主要调整工会组织与职工（会员）、政府、用人单位之间的特定社会关系。工会关系包括工会的外部关系和内部关系。外部关系是指工会与党、政府、企事业行政和其他单位之间的关系，其中工会与用人单位之间的关系是工会法所调整的最主要的关系。内部关系是指工会与会员、职工的关系，以及工会组织上下级之间、同级之间的关系。

二、工会法的地位

工会法是国家的基本法律，是宪法关于公民结社权的具体体现。它是由全国最高立法机关制定的，具有最高权威性，其他部门和地方有关工会的法律规定不得与其相抵触。

工会法是国家劳动法律体系中的一个重要组成部分，与劳动法的关系十分密切。两者均为保护劳动者权益、协调劳动关系的基本法，但两者的侧重点是不同的。劳动法更多的是保护劳动者个人权利的法律，工会法是保护劳动者集体权利的法律，两者相辅相成、缺一不可。

三、工会法的作用

1. 工会法是职工群众结社自由的重要法律保障。

2. 工会法对工会性质、地位和职能等的规定，使工会活动纳入法制轨道。

3. 工会法通过对工会权利义务的规定，明确了工会与政府和用人单位的相互关系，为工会独立自主地开展活动提供了法律保障。

4. 工会法明确了违反工会法应承担的法律责任，使工会法的实施具有刚性作用，为工会依法开展活动提供了多层次、全方位的法律保障。

《工会法》于 1992 年 4 月 3 日第七届全国人民代表大会第五次会议通过，根据 2001 年 10 月 27 日第九届全国人民代表大会常务委员会第二十四次会议《关于修改〈中华人民共和国工会法〉的决定》第一次修正，根据 2009 年 8 月 27 日第十一届全国人民代表大会常务委员会第十次会议《关于修改部分法律的决定》第二次修正。

四、工会法的主要内容

工会法的内容是制定和实施工会法的关键，是实现工会法规范功能的实质所在。工会法的主要内容包括以下几个方面：（1）工会法的立法宗旨、适用范围；（2）工会的性质、地位、职能、任务和活动准则；（3）工会组织；（4）工会的权利和义务；（5）基层工会组织；（6）工会的经费和财产；（7）违反工会法的法律责任等。

第二节　工会的权利和义务

一、工会的权利

1. 代表权。即工会有代表职工合法权益的权利。

2. 维护权。即工会有依法维护职工合法权益的权利。

3. 参与权。即工会有代表职工参与国家和社会事务的管理以及企事业单位管理的权利。

4. 协商谈判权。即工会有代表职工与企业一方就劳动报酬、工作时间、休息休假、劳动安全卫生和社会保险福利等事项进行协商谈判，签订集体合同的权利。

5. 监督权。即工会对国家行政机关和用人单位行政在执行劳动法律、法规及相关政策有监督的权利。

二、工会的义务

1. 维护国家政权，支持和协助行政工作。
2. 动员和组织职工参加社会主义经济建设。
3. 教育职工，提高职工素质。

三、工会权利与义务的辩证关系

工会的权利与义务是统一的关系。工会在享有权利的同时，必须履行对国家对职工的义务。

第三节 工会组织

一、工会的组织原则

工会的组织原则是民主集中制。这一原则具体体现为：

1. 各级工会委员会由会员大会或者会员代表大会民主选举产生。
2. 各级工会委员会向同级会员大会或者会员代表大会负责并报告工作，接受其监督。
3. 会员大会或者会员代表大会有权撤换或者罢免其所选举的代表或者工会委员会组成人员。
4. 上级工会组织领导下级工会组织。

二、工会的法人资格

工会属于社会团体法人。《工会法》对工会的法人资格问题分两种情况作了规定：

1. 中华全国总工会、地方总工会、产业工会自成立之日起，就具有社会团体法人资格。

2. 基层工会组织具备《民法总则》规定的法人条件的，依法取得法人资格。我国《民法总则》规定，法人必须具备以下条件：一是应当依法成立；二是应当有自己的名称、组织机构、住所或者财产；三是能够以其全部财产独立承担民事责任。

三、工会组织的建立和撤销

1. 工会组织的建立。

基层工会委员会设立的条件：企业、事业单位、机关有会员 25 人以上的，应当建立基层工会委员会；不足 25 人的，可以单独建立基层工会委员会，也可以由两个以上单位的会员联合建立基层工会委员会，也可以选举组织员一人，组织会员开展活动。企业职工较多的乡镇、城市街道，可以建立基层工会的联合会。

地方各级总工会、产业工会、全国总工会设置的原则：县级以上地方建立地方各级总工会。同一行业或者性质相近的几个行业，可以根据需要建立全国的或者地方的产业工会。全国建立统一的中华全国总工会。

基层工会、地方各级总工会、全国或者地方产业工会组织的建立，必须报上一级工会批准。

2. 工会组织的撤销。

《工会法》明确规定：任何组织和个人不得随意撤销、合并工会组织。《工会法》还规定："基层工会所在的企业终止或者所在的事业单位、机关被撤销，该工会组织相应撤销，并报告上一级工会。""依前款规定被撤销的工会，其会员的会籍可以继续保留，具体管理办法由中华全国总工会制定。"

四、工会干部的配备及其法律保障

1. 工会干部的配备。

《工会法》第十三条规定："职工二百人以上的企业、事业单位的工会，可以设专职工会主席。工会专职工作人员的人数由工会与企业、事业单位协商确定。"

2. 工会干部的法律保障。

（1）工会干部职务上的保护："工会主席任期未满时，不得随意调动其工作。因工作需要调动时，应当征得本级工会委员会和上一级工会的同意。"
同时，根据法律的规定，罢免工会主席或者副主席，必须由会员大会或者会
员代表大会讨论决定，非经会员大会全体会员或者会员代表大会全体代表过
半数通过，不得罢免。

（2）工会干部劳动合同的保护："基层工会专职主席、副主席或者委员
自任职之日起，其劳动合同期限自动延长，延长期限相当于其任职期间；非
专职主席、副主席或者委员自任职之日起，其尚未履行的劳动合同期限短于
任期的，劳动合同期限自动延长至任期期满。但是，任职期间个人严重过失
或者达到法定退休年龄的除外。"

（3）工会干部待遇上的保护："工会主席按企业党政同级副职级条件配
备，是党员的应进入同级党组织领导班子。专职工会副主席按不低于企业中
层正职配备。"

（4）工会干部培训上的保护："新任企业工会主席、副主席，应在一年
内参加上级工会举办的上岗资格或业务培训。"

第四节　工会经费、财产的法律保护

一、工会的经费来源

1. 工会会员缴纳的会费；

2. 建立工会组织的企业、事业单位、机关按每月全部职工工资总额的百
分之二向工会拨缴的经费；

3. 工会所属的企业、事业单位上缴的收入；

4. 人民政府的补助；

5. 其他收入。

前款第二项规定的企业、事业单位拨缴的经费在税前列支。

二、工会财产的来源

1. 由政府和企事业行政直接拨给；

2. 工会经费购置。

《工会法》第四十五条还规定：各级人民政府和企业、事业单位、机关应当为工会办公和开展活动，提供必要的设施和活动场所等物质条件。这一规定要求人民政府和企业、事业单位、机关支持工会，为工会工作的开展提供相应物质保障。

三、工会经费和财产的法律保护

《工会法》第四十三条规定："企业、事业单位无正当理由拖延或者拒不拨缴工会经费，基层工会或者上级工会可以向当地人民法院申请支付令；拒不执行支付令的，工会可以依法申请人民法院强制执行。"这一规定通过《民事诉讼法》的有关督促程序，为工会经费的收缴提供了强有力的司法保护。

关于工会财产法律保护的原则，《工会法》第四条第三款规定："国家保护工会的合法权益不受侵犯。"《工会法》第四十六条规定："工会的财产、经费和国家拨给工会使用的不动产，任何组织和个人不得侵占、挪用和任意调拨。"此外，《工会法》第五十四条规定：侵占工会经费和财产拒不返还的，工会可以向人民法院提起诉讼，要求返还，并赔偿损失。

第五节　违反工会法的法律责任

一、违反工会法的法律责任的概念

违反工会法的法律责任，是指违反工会法律规范依法应当承担的法律后果。

《工会法》有关法律责任规定的主要内容如下：

1. 对工会合法权益受侵犯的，《工会法》第四十九条规定："工会对违反本法规定侵犯其合法权益的，有权提请人民政府或者有关部门予以处理，或者向人民法院提起诉讼。"

2. 对阻挠工会或者职工依法组建或者参加工会，《工会法》第五十条规定："阻挠职工依法参加和组织工会或者阻挠上级工会帮助、指导职工筹建工会的，由劳动行政部门责令其改正；拒不改正的，由劳动行政部门提请县级以上人民政府处理；以暴力、威胁等手段阻挠造成严重后果，构成犯罪的，依法追究刑事责任。"

3. 对依法行使职权的工会干部打击报复的行为，《工会法》第五十一条规定："违反本法规定，对依法履行职责的工会工作人员无正当理由调动工作岗位，进行打击报复的，由劳动行政部门责令改正、恢复原工作；造成损失的，给予赔偿。对依法履行职责的工会工作人员进行侮辱、诽谤或者进行人身伤害，构成犯罪的，依法追究刑事责任；尚未构成犯罪的，由公安机关依照治安管理处罚条例的规定处罚。"

4. 对职工因参加工会活动被解除劳动合同以及妨碍工会依法行使职权，《工会法》第五十二条规定：由劳动行政部门责令恢复其工作，并补发被解除劳动合同期间应得的报酬，或者责令给予本人年收入二倍的赔偿。

5. 对工会工作人员违反法律规定，损害职工或者工会权益的违法行为，《工会法》第五十五条规定："工会工作人员违反本法规定，损害职工或者工会权益的，由同级工会或者上级工会责令改正，或者予以处分；情节严重的，依照《中国工会章程》予以罢免；造成损失的，应当承担赔偿责任；构成犯罪的，依法追究刑事责任。"

二、违反工会法的法律责任的种类

违反工会法的法律责任形式，根据其性质不同，分为行政责任、民事责任、刑事责任。

1. 行政责任。是指违法行为人应当承担的行政法上的法律后果。分为行政处罚和行政处分两类，具体措施为责令改正、警告、罚款、降职、撤职等。

2. 民事责任。指违法行为人给他人造成损害时应承担的赔偿责任。如返还财产、赔礼道歉、赔偿损失等。违反工会法的民事责任，主要是针对侵犯工会财产权或工会其他权益的违法行为在追究违法者行政责任和刑事责任的同时，涉及所造成的损失应追究的赔偿责任。

3. 刑事责任。指违法行为人的行为构成犯罪时应承担的刑罚。其中包括对犯罪者人身的制裁和财产的制裁。这种制裁也就是我国刑法中规定的刑事处罚，包括罚金、剥夺政治权利、没收财产、管制、拘役、有期徒刑、无期徒刑、死刑等。

第十一章
劳动标准法律制度

工会干部培训教材
（黑龙江版）

第一节　工资标准

一、工资的组成

工资，广义是指劳动关系中劳动者因履行劳动义务而获得的，由用人单位以法定方式支付的各种形式的物质补偿。工资总额由下列六个部分组成：（1）计时工资；（2）计件工资；（3）奖金；（4）津贴和补贴；（5）加班加点工资；（6）特殊情况下支付的工资。狭义指职工劳动报酬中的基本工资（或称标准工资），而不包括奖金、津贴等。

二、最低工资标准

最低工资，是指国家规定的，劳动者在法定工作时间内提供了正常劳动的条件下，用人单位在最低限度内应当支付的足以维持劳动者及其平均供养人口基本生活需要的工资，即工资的法定最低限额。只要劳动者按法定工作时间履行劳动给付义务或者被合法免予劳动给付义务，用人单位向劳动者支付的工资就不得少于法定最低工资额。最低工资额的形式，一般有小时最低工资额、日最低工资额、周最低工资额和月最低工资额。

最低工资由法律所允许的若干种劳动报酬项目所组成。一般说来，只要是劳动者在法定工作时间内提供了正常劳动的情况下所获得各种劳动报酬项目，都应作为最低工资的组成部分。换言之，劳动报酬之外的收入、法定工作时间之外的劳动报酬以及法定工作时间内超正常劳动部分的劳动报酬，都不应纳入最低工资的范围。因此，法律明确规定，加班加点工资和中班、夜班、高温、低温、井下、有毒有害等特殊工作环境（条件）下的津贴，以及劳动者保险、福利待遇，不作为最低工资的组成部分。

最低工资标准，又称最低工资率，是指国家依法规定的单位劳动时间的最低工资数额。它由省、自治区、直辖市人民政府规定，报国务院备案。省级人民政府应当组织同级工会和用人单位方面的代表，参与最低工资标准的制定过程。

确定和调整最低工资标准综合参考的因素包括：（1）劳动者本人及其所平均赡养人口的最低生活费用；（2）社会平均工资水平；（3）劳动生产率；（4）就业状况；（5）地区之间经济发展水平的差异。

三、工资支付保障

工资支付保障，是指对职工获得全部应得工资及其所得工资支配权的保障。《劳动法》《工资支付暂行规定》和其他有关法规中就对工资支付保障作了规定。归纳起来，主要有以下几个方面的内容。

1. 工资支付一般规则。

用人单位支付工资的行为必须遵循下述规则：①货币支付。工资应当以法定货币支付，不得以实物和有价证券替代货币支付。②直接支付。用人单位应当将工资支付给职工本人，如果职工本人因故不能领取工资时可由其亲属或委托他人代领，用人单位可委托银行代发工资。③全额支付。法定和约定应当支付给职工的工资项目和工资额，必须全部支付，不得克扣。④定期支付。工资必须在用人单位与职工约定的日期支付。如遇节假日或休息日，应提前在最近的工作日支付；工资至少每月支付一次。⑤定地支付。用人单位除特别约定或依报酬性质、习惯等其他情形另行确定外，必须以营业场所为工资支付地。⑥优先支付。企业破产或依法清算时，职工应得工资必须作为优先受偿的债权。⑦紧急支付。在职工因遇有紧急情况以致不能维持生活时，用人单位必须向该职工预支其可得工资的相当部分。

2. 特殊情况下工资支付。

特殊情况下工资支付，是指在非正常情况下，按照国家规定应当按计时工资标准或其一定比例支付工资。我国法定的应当支付工资的特殊情况，主要有：①职工在法定工作时间内依法参加社会活动期间，用人单位应视同其提供了正常劳动而支付工资。②职工法定休息日和年休假、探亲假、婚假、丧假期间，用人单位应按规定标准支付工资。③非职工原因造成的停工、停产在一个工资支付周期内的，用人单位应按劳动合同规定的标准支付工资；超过一个工资支付周期的，若职工提供了正常劳动，则支付的劳动报酬不得低于当地最低工资标准；若职工未提供正常劳动，应按国家有关规定办理。④职工在调动工作期间、脱产学习期间、被错误羁押期间、错判服刑期间，用人单位应当按国家规定或劳动合同规定的标准支付工资。⑤职工被公派在国（境）外工作、学习期间，其国内工资按国家规定的标准支付。⑥职工加班加点，应当依法定标准支付加班加点工资。

3. 禁止非法扣除工资。

只有在法定允许扣除工资的情况下，才可以扣除工资；在法定禁止扣除工资的情况下，不得作允许扣除工资的约定；即使在法定允许扣除工资的情况下，每次扣除工资额也不得超出法定限度。我国现行立法规定，用人单位可以从职工的工资中代扣的情况仅限于：应由职工缴纳的个人所得税；应由职工负担的各项社会保险费用；法院判决、裁定中要求代扣的抚养费、扶养费、赡养费；法定可以从工资中扣除的其他费用。此外，职工违纪违章给用人单位造成经济损失而应予赔偿的，可从职工本人工资中扣除，但每月扣除的部分不得超过其当月工资的20%，并且扣除后的剩余工资部分不得低于当地月最低工资标准。

第二节　工作时间和休息休假标准

一、工作时间和休息时间的界定

工作时间，是指劳动者为履行劳动义务，在法定限度内应当从事劳动或工作的时间。其表现形式有工作小时、工作周和工作日三种，其中工作日指在一昼夜内的工作时间，是工作时间的基本形式。休息时间，是指法定的劳动者得免于履行劳动给付义务而自行支配的时间。

工作时间的范围，不仅包括作业时间，还包括准备工作时间、结束工作时间以及法定非劳动消耗时间（如劳动者自然需要中断时间、工艺需要中断时间、停工待活时间、女职工哺乳婴儿时间等）；不仅包括在岗位上工作的时间，还包括依据法规或单位行政安排离岗从事其他活动的时间。休息时间的范围，包括日常休息时间和休假。日常休息时间即工作日内不计入工作时间的间歇时间（如用膳时间、午休时间）和计入工作时间的间歇时间（即法定非劳动消耗时间），以及相邻两个工作日之间的休息时间和相邻两个工作周之间的休息时间（即周休日）。

休假即劳动者依法享受的各种假日。

二、最高工时标准

最高工时标准，又称法定最长工时，是指法律规定的在一定自然时间（一日或一周）内工作时间的最长限度。它有法定日最长工时和周最长工时两种形式。根据我国现行法律规定，日最长工时为 8 小时，即劳动者每日工作时间不得超过 8 小时；周最长工时为 40 小时，即劳动者平均每周工作时间不得超过 40 小时。

最高工时标准的法律效力主要表现在：（1）在全国范围内应当普遍执行最高工时标准，除具备法定特殊情形外，用人单位不得突破法定最长工时的限制；（2）对实行计件工资的劳动者，用人单位应当根据日或周最长工时，合理确定其劳动定额和劳动报酬；（3）企业因生产特点不能按照法定日和周最长工时的要求实行作息办法而采用其他工时形式的，必须符合法定条件，并且履行法定审批程序；（4）实行综合计算工时工作制的，其平均日（周）工时应当与法定日（周）最长工时基本相同；（5）用人单位不遵守最高工时标准、违法延长工时的，应当追究其法律责任。

三、延长工作时间

延长工作时间，是指工作时间超出法定正常界限在休息时间范围内延伸，即职工在正常工作时间以外应当休息的时间内进行工作。它表现为两种形式：（1）加班，指职工在法定节假日或周休日进行工作；（2）加点，指职工在标准工作日以外又延长时间进行工作，即提前上班或推迟下班。

我国立法对延长工作时间的限制性规定有：（1）人员范围限制。禁止安排未成年工、怀孕 7 个月以上的女职工和哺乳未满周岁婴儿的女职工加班加点。（2）程序和长度的限制。用人单位由于生产经营需要而安排延长工时的，应当事先与工会和劳动者协商；一般每日不得超过 1 小时；因特殊原因需要并在保障劳动者身体健康的条件下每日不超过 3 小时，但每周不得超过 36 小时。（3）程序和长度限制的例外。延长工时不受上述程序和长度限制的特殊情形仅限于：发生自然灾害、事故或者因其他原因，使人民的安全健康和国家资财遭到严重威胁，需要紧急处理的；生产设备、交通运输线路、公共设施发生故障，影响生产和公众利益，必须及时抢修的；必须利用法定节日或公休日的停产期间进行设备检修、保养的；国家机关、事业单位为完成国家紧急任务或完成上级安排的其他紧急任务，以及商业、供销企业在旺季完成收购、运输、加工农副产品紧急任务的；为完成国防紧急任务，或者完成上级在国家计划外安排的其他紧急生产任务的；法律、行政法规规定的其他特殊情形。

国家机关、社会团体、事业单位的职工，企业中适用事假照发工资制度的职工，加班加点后只安排补休而不发放加班加点工资。企业中不适用事假照发工资制度的职工，在法定节假日加班的，在法定节假日以外休息时间加班加点后不能安排补休的，都应发给加班加点工资。劳动者在完成劳动定额或规定工作任务后参加用人单位安排的加班加点，才发给加班加点工资。企业由于生产任务不足或者未按计划完成生产任务，为了突击完成任务或者突击完成临时承揽的生产任务而加班加点的，不得发放加班加点工资。

用人单位应当向职工支付高于正常工作时间工作的加班加点工资，其标准分别为：（1）加点不低于正常工时工资的150%；（2）周休日加班不低于正常工时工资的200%；（3）法定节假日加班不低于正常工时工资的300%。实行计件工资的劳动者在完成计件定额任务后的加班加点，分别按照不低于其本人法定工时计件单价的150%、200%、300%支付加班加点工资。

第三节　劳动保护标准

一、劳动保护的任务和方针

劳动安全和劳动卫生，统称劳动保护，是指用人单位对劳动者在劳动过程中安全和健康的保护。

劳动保护的任务是同职业伤害相联系的。所谓职业伤害，是指职业危害因素对劳动者人身造成的有害后果，它既可能表现为急性伤害，即劳动者伤亡事故；也可能表现为慢性伤害，即劳动者患职业病或身体早衰。劳动保护的任务在于，通过多种手段控制潜在职业危害因素向职业伤害转化的条件，使职业伤害不致发生。也就是说，在职业伤害发生之前积极采取组织管理措施和工程技术措施，尽可能地消除职业伤害所赖以发生的条件，从而有效地保护劳动者的安全和健康。

为了实现劳动保护的任务，我国立法要求劳动保护工作必须坚持"安全第一、预防为主、综合治理"的方针。"安全第一"，这是处理生产与安全的关系所应遵循的原则。当生产与安全发生矛盾时，应当优先满足安全的需要，即安全重于生产，而不允许以生产压安全。"预防为主"，即防重于治，这是处理职业伤害的预防与治理关系所应遵循的原则。"综合治理"，即运用经济手段、法律手段和必要的行政手段，从发展规划、行业管理、安全投入、科技进步、经济政策、教育培训、安全立法、激励约束、企业管理、监管体制、社会监督以及追究事故责任、查处违法违纪等方面着手，解决影响制约安全生产的历史性、深层次问题，建立安全生产长效机制。

二、劳动保护法律体系

劳动保护法律体系的结构，应包括相互联系的横向结构、纵向结构两个方面：

1. 横向结构。

即按照相关劳动法律调整的对象（或规定的事项）进行分类而形成的劳动保护法律体系结构。除《宪法》和《劳动法》中关于劳动保护的规定以及可能制定的《劳动保护法》外，对其他劳动保护法规可大致分为劳动安全技术法规、劳动卫生技术法规、劳动保护管理法规、特殊主体劳动保护法规和劳动保护监察法规五大类，各大类又都可以进一步划分为若干小类。这种结构与劳动保护工作所应包括的各个部门内容相对应，它昭示，为建立完备的劳动保护法律体系，应制定哪些方面的法规。

2. 纵向结构。

即按照劳动保护法律各种形式的效力层次进行分类而形成的劳动保护法律体系结构。《宪法》关于劳动保护的规定，居于最高层次；《劳动法》等关于劳动保护的专章规定，居于第二层次。

三、劳动保护法律的内容

1. 劳动安全技术规程。

劳动安全技术规程，是指以防止和消除劳动过程中伤亡事故的技术规则为基本内容，旨在保护劳动者安全的法律规范。它具体规定安全技术措施和相应的安全组织管理措施。由于各行各业的生产特点、工艺过程不同，需要解决的安全技术问题不同，规定的安全技术规程也有所不同。按产业性质分，有煤矿、冶金、化工、建筑、机器制造等安全技术规程；按机器设备性质分，有电器、起重、锅炉和压力容器、压力管道、焊接、机床等安全技术规程。我国各行各业需要共同遵守的劳动安全技术规程主要有几个部分：（1）工厂安全技术规程；（2）建筑安装工程安全技术规程；（3）矿山安全技术规程。

2. 劳动卫生技术规程。

劳动卫生技术规程，是指以防止和消除职业病急性中毒等慢性职业伤害的技术规则为基本内容，旨在保护劳动者健康的法规。它包括各种工业生产卫生、医疗预防、职工健康检查等技术措施和组织管理措施的规定。关于劳动卫生技术教程，概括起来主要有以下几个方面：（1）防止有毒物质危害；（2）防止粉尘危害；（3）防止噪声和强光危害；（4）防止电磁辐射危害；（5）防暑降温、防冻取暖和防潮湿；（6）通风和照明；（7）卫生保健。

3. 女职工特殊劳动保护。

女职工特殊劳动保护，是针对女职工的生理特点和抚育后代的需要，对女职工在劳动过程中的安全和健康依法加以特殊保护。其主要内容包括几个方面：（1）禁止安排女职工从事有害妇女健康的劳动；（2）对女职工经期、孕期、产期、哺乳期的保护；（3）女职工劳动保护的其他措施，例如，女职工比较多的单位应当按国家有关规定，逐步建立女职工卫生室、孕妇休息室、哺乳室、托儿所、幼儿园等设施，并妥善解决女职工在生理卫生、哺乳、照料婴儿等方面的困难。

4. 未成年工特殊劳动保护。

所谓未成年工，是指年满 16 周岁未满 18 周岁的劳动者。未成年工特殊劳动保护是指针对未成年工处于生长发育期的特点，以及接受义务教育的需要，依法采取的特殊劳动保护措施。其主要内容包括：（1）禁止安排未成年工从事有害未成年人健康成长的劳动；（2）禁止安排未成年工延长工作时间和进行夜班作业；（3）对未成年工定期进行健康检查；（4）实行未成年工使用和特殊保护登记。

四、工会劳动保护工作

工会劳动保护工作是维护职工在生产劳动过程中的生命安全和职业健康的合法权益，履行维护职能。工会依据《安全生产法》《职业病防治法》等法律、法规和劳动保护规范赋予工会的权利，代表职工对用人单位的安全生产进行监督。

1. 工会劳动保护工作的主要内容。

一是宏观参与和微观参与。工会宏观参与是从源头上对劳动保护法律、法规、标准和企业劳动安全卫生规章制度的制定和执行情况进行监督。工会微观参与是通过基层工会的具体工作，如通过职代会审查包括劳动保护在内的生产经营重大决策、参与企业劳动保护措施计划的制订来实现的。

二是开展对事故隐患和职业危害的监督检查。包括组织企业职工开展各种监督检查活动，对检查出来的事故隐患有针对性地进行整改；对于重大事故隐患及时通报企业；开展技术革新和合理化建议活动，帮助企业改善劳动保护设施等。

三是参与生产事故和职业危害事故调查。监督用人单位是否有瞒报、漏报事故的情况；参与调查分析事故原因和监督处理事故责任；帮助职工依法获得工伤保险待遇和用人单位民事责任赔偿等。

四是保障职工休息休假权。工会通过向用人单位宣传国家有关政策与法律法规，监督用人单位切实执行；工会向职工宣传国家关于休息休假的规定，使职工了解自己休息休假的权利；代表职工签订集体合同，集体合同应该明确工作时间和休息休假的内容等。

五是对女职工和未成年工的特殊保护。

2. 工会劳动保护工作机制。

一是建立健全工会劳动保护组织。按照《工会法》《工会劳动保护监督检查员工作条例》《基层工会劳动保护监督检查委员会工作条例》《工会小组劳动保护检查员工作条例》的要求，建立健全工会劳动保护监督三级网络，加强对劳动保护监督检查人员的培训，筑牢劳动安全卫生制度的基础。

二是订立劳动保护专项集体合同。工会通过与企业行政开展平等协商，可共同就涉及安全生产、职业卫生和劳动保护等重大问题签订集体合同。

三是开展劳动安全卫生群众监督。通过将安全生产和职工劳动保护的问题列入职代会审议的重要内容，并作为职代会监督检查的重点；工会与职工代表实行劳动安全卫生巡视制度，预防为主，发现问题及时向企业报告。

第十二章
劳动合同法律制度

工会干部培训教材
（黑龙江版）

第一节　劳动合同制度

一、什么是劳动合同

1. 劳动合同的特征。

劳动合同是劳动者与用人单位确立劳动关系、明确双方权利和义务的协议。随着社会主义市场经济体制的建立和完善，劳动合同作为调整劳动关系的法律文件，在劳动管理中的作用越来越重要。

劳动合同的特征是：（1）劳动合同的双方必须是劳动者本人和用人单位。（2）劳动合同双方当事人法律地位平等。但从组织管理上看，用人单位与劳动者之间存在隶属关系。（3）劳动合同有约定的试用期。一般为3个月至6个月。（4）劳动合同在一定条件下，往往还涉及第三人的利益。（5）劳动合同必须依法定程序订立。

2. 我国劳动合同制度的变迁。

我国的劳动合同制度是从20世纪80年代中期开始的。1983年2月，劳动人事部发布了《关于积极试行劳动合同制的通知》，开始在国营企业进行劳动合同制度的改革和试点工作，目的是改掉"终身制""铁饭碗""大锅饭"的严重弊病。1986年7月，国务院发布《国营企业实行劳动合同制暂行规定》，国营企业全面统一施行劳动合同制度。1994年7月，《中华人民共和国劳动法》（以下简称《劳动法》）颁布，其中第三章为劳动合同和集体合同制度，对劳动合同的订立、履行、变更、解除、终止以及法律责任等作了原则性规定，我国开始全面实行劳动合同制度。之后，劳动部相继出台了《企业经济性裁减人员规定》《违反和解除劳动合同的经济补偿办法》《违反〈劳动法〉有关劳动合同规定的赔偿办法》《关于贯彻执行〈中华人民共和国劳动法〉若干问题的意见》《关于实行劳动合同制度若干问题的通知》等配套规章。由此，我国的劳动合同制度正式建立起来。

二、劳动合同立法

1994 年 7 月《劳动法》颁布后，随着改革的不断深入，我国的用工制度发生了很大的变化。由于《劳动法》制定和颁布时间较早，《劳动法》关于劳动合同的不少规定与现实的劳动用工情况已明显不相适应。为解决在劳动合同实践中发生的无法可依的问题，2007 年 6 月 29 日，第十届全国人大常委会第二十八次会议历经 4 次审议，与劳动者切身利益息息相关的《劳动合同法》终获通过。该法自 2008 年 1 月 1 日起施行。《劳动合同法》第一条开宗明义规定："为了完善劳动合同制度，明确劳动合同双方当事人的权利和义务，保护劳动者的合法权益，构建和发展和谐稳定的劳动关系，制定本法。"鲜明地提出了作为调整劳动关系基本法律的《劳动合同法》的立法宗旨，即保护劳动者合法权益，发展和谐劳动关系。此后 2012 年 12 月，针对劳动力市场中存在劳务派遣不规范的问题，《劳动合同法》进行了第一次修订，主要目的在于使劳务派遣回归到劳动用工补充形式的位置上，把派遣用工数量控制在合理范围内。除此之外，与《劳动合同法》相配套的行政法规、地方性法规也逐步完善。

三、《劳动法》与《劳动合同法》的关系

《劳动法》是调整劳动关系以及与劳动关系密切联系的社会关系的法律规范总称，《劳动合同法》是调整中华人民共和国境内的企业、个体经济组织、民办非企业单位等组织与劳动者建立劳动关系，订立、履行、变更、解除或者终止劳动合同的法律规范的总称。从这两个概念可见，《劳动法》是劳动立法体系中的基准法，是《劳动合同法》的立法根据，可以说是《劳动合同法》的母法。

由于《劳动法》制定得比较早，且一直未修改过，因此在实践中就存在《劳动法》与《劳动合同法》在某些规定上不相同的问题。按照新法优于旧法的原则，当法律规定不同时，以新法规定为依据。

第二节　劳动合同的主体

劳动合同的主体，是指在实现社会劳动过程中依照劳动法律规范享有权利和承担义务的当事人。劳动关系的主体具有特定性，即它的主体双方是固定的，一方是劳动者，另一方是用人单位。

一、劳动者

《劳动合同法》中的劳动者，是指达到法定年龄，具有劳动能力，能够依法签订劳动合同，独立给付劳动并获取劳动报酬的一方当事人。它包括：

1. 与中国境内的各类企业、个体经济组织形成劳动关系的劳动者。需要注意的是，形成劳动关系并不一定要求有书面劳动合同的存在，只要有事实上的劳动关系，即劳动者事实上已成为企业、个体经济组织的成员，为其提供有偿劳动，即应受劳动法律、法规的保护。

2. 国家机关、事业单位、社会团体中的工勤人员。工勤人员是指在国家机关、事业单位、社会团体中工作，但本人是工人身份的劳动者，以及实行劳动合同制的工勤人员。

3. 实行企业化管理的事业单位的人员。事业单位只要实行企业化管理，无论是工勤人员，还是非工勤人员，都应与用人单位签订劳动合同，其劳动关系受《劳动法》调整。

4. 其他通过劳动合同与国家机关、事业单位、社会团体建立劳动关系的人员。

5. 根据《最高人民法院关于人民法院审理事业单位人事争议案件若干问题的规定》，事业单位与其工作人员之间因辞职、辞退及履行聘用合同所发生的争议，适用《劳动法》的规定处理。因此，事业单位的非工勤人员，在因辞职、辞退及履行聘用合同所发生的人事争议，也属于《劳动法》调整的范围。

二、用人单位

用人单位是指具有用人权利能力和用人行为能力，使用劳动力组织生产劳动，且向劳动者支付工资等劳动报酬的单位。它包括：

（1）企业单位。指以盈利为目的，从事商品生产、经营和服务，并在工商行政管理部门登记的独立核算单位，包括具备法人资格和不具备法人资格的企业，如个人独资企业和合伙企业等。

（2）事业单位。指从事为生产和生活服务以及为提高人民科学文化水平和素质服务的独立核算单位。

（3）机关单位。指具有代表国家权力和行使国家行政、检察、审判职能，组织协调社会、政治、经济、科技等活动的独立核算单位。具体包括国家机关、政党机关、社会团体、经济组织机关等。

第三节　劳动合同的内容

劳动合同的内容，是指劳动关系主体所享有的劳动权利和承担的劳动义务，即劳动者与用人单位之间的相互权利义务关系。根据劳动关系内容产生的依据不同，可以将其分为两类：一是法定的劳动权利义务，是指依据劳动法律、法规，在劳动者和用人单位之间产生的权利和义务；二是约定的劳动权利和义务，是指依据劳动关系主体在劳动合同中的约定，在劳动者和用人单位之间产生的劳动权利和义务。《劳动法》第三条规定了劳动者有八项权利和四项义务。

一、劳动者的基本权利

1. 平等就业和选择职业的权利。

劳动者就业，不因民族、种族、性别、宗教信仰不同而受到歧视，妇女享有同男子平等就业的权利。实行平等就业原则，劳动者可以根据自己的体力和技术水平、生产经验，自主地选择用人单位，实现人尽其才、才尽其用，体现了民主、自由、平等原则。

2. 获得劳动报酬的权利。

劳动者付出劳动，依照劳动合同及国家有关法律取得劳动报酬，是劳动者的权利，而及时足额地向劳动者支付工资是用人单位的义务。用人单位违反义务，劳动者可以依法要求有关部门追究其责任。获取劳动报酬是劳动者持续地行使劳动权必不可少的物质保证。

3. 休息休假的权利。

休息休假权指劳动者在参加一定时间的劳动、工作之后所获得的休息休假权利。包括劳动者每天休息的时数、每周休息的天数、节假日、年休假、探亲假等。

4. 获得劳动安全卫生保护的权利。

用人单位必须建立、健全劳动安全卫生制度，严格执行国家安全卫生规程和标准，为劳动者提供符合国家规定的劳动安全制度，严格执行国家安全卫生规程和标准，为劳动者提供符合国家规定的劳动安全卫生条件和必要的劳动防护用品，对从事特种作业的人员进行专门培训，防止劳动过程中的事故，减少职业危害。

5. 接受职业技能培训的权利。

公民有受教育的权利和义务。所谓受教育既包括受普通教育，也包括受职业教育。公民要实现自己的劳动权，必须拥有一定的职业技能，而要获得这些职业技能，就越来越依赖于专门的职业培训。因此，劳动者若没有职业培训权利，那么劳动就业权利也就成为一句空话。

6. 获得社会保障的权利。

劳动者的社会保障权利是人权的重要组成部分。我国的社会保障体系包括社会保险、社会福利、优抚安置、社会救助和住房保障等。社会保险是社会保障体系的核心部分，包括养老保险、医疗保险、失业保险、工伤保险和生育保险等。

7. 提请处理劳动争议的权利。

当劳动者和所在用人单位出现劳动争议时，可以向有关部门反映，提请处理；或者按照处理劳动争议的法定程序，申请调解、仲裁或提起诉讼，以化解矛盾，维护双方当事人的合法权益。

8. 法律规定的其他权利。

包括依法参加和组织工会的权利，依法享有参与民主管理的权利、依法对违反劳动法的行为进行监督的权利等。

二、劳动者的义务

1. 完成劳动任务的义务。

劳动者一旦与用人单位建立劳动关系，就必须履行其应尽的义务，其中最主要的义务就是完成劳动生产任务。这是劳动关系范围内的法定义务，同时也是强制性义务。劳动者不能完成劳动义务，就意味着劳动者违反劳动合同的约定，用人单位可以解除劳动合同。

2. 提高职业技能的义务。

提高劳动者的职业技能是现代化社会劳动生产的要求，也是劳动者提高自身竞争力的需要。加强职业技能培训、提高职业技能既是劳动者的权利，也是劳动者的义务。

3. 执行劳动安全卫生规程的义务。

劳动者在劳动安全卫生法律制度方面的基本义务，就是严格遵守安全操作规程，执行企业内部规章制度和岗位责任制。同时，不断提高专业技术水平，防止因主观因素导致事故的发生。

4. 遵守劳动纪律和职业道德的义务。

遵守劳动纪律和职业道德，是保证生产正常进行和提高劳动生产率的需要。现代社会化的大生产，客观上要求每个劳动者严格遵守劳动纪律，以保证集体劳动的协调一致，从而提高劳动生产率，保证产品质量。劳动者在维护企业和自身利益的同时，还要就自己提供的产品和服务向社会负责，这是现代社会法律要求劳动者必须履行的义务。

三、劳动者权利与义务的关系

在社会主义制度下，每一个劳动者都是国家的主人，劳动者的主人翁地位是由劳动者享有的基本权利和劳动者履行的基本义务构成的，是通过劳动者的权利和义务体现出来的。劳动者的权利和义务是相互依存，不可分离的，任何权利的实现总是以义务的履行为条件，没有权利就无所谓义务，没有义务就没有权利，劳动者在享有法律规定的权利的同时，还必须履行法律规定的义务。只有坚持权利和义务的统一，才能充分体现劳动者的主人翁地位。

第四节　劳动合同的订立和履行

一、劳动合同订立的原则

1. 合法原则。

具体包括三个方面：一是主体合法。订立劳动合同的当事人必须具备合法的资格。二是内容合法。即劳动合同的各项条款须符合国家有关法律法规的规定。三是订立合同的程序和形式要符合法律的要求。

2. 平等自愿、协商一致的原则。

平等是指当事人在签订合同时法律地位的平等；自愿是指订立合同的当事人订立合同是出于自己的意愿，在协商的基础上，就劳动合同的条款达成一致意见，任何一方不得将自己的意志强加给对方。劳动合同订立前，劳动者有权了解用人单位的规章制度、劳动条件、劳动报酬等情况，用人单位应当如实说明并提供相关资料。对可能产生职业病及其他危害的岗位，用人单位应当向劳动者履行如实告知的义务。应用人单位要求，劳动者应当如实说明居民身份、健康状况、知识技能、工作经历等情况并提供相关资料。用人单位不得强制劳动者集资、入股，不得向劳动者收取财物作担保，不得扣押劳动者的证件，不得收取培训费、工装费等其他费用。

二、劳动合同订立的形式

《劳动法》第十六条第二款规定："建立劳动关系应当订立劳动合同。"劳动合同的形式在实践中表现为以下几种：

1. 书面劳动合同。

订立书面的劳动合同是劳动关系产生的基本形式。通过签订书面劳动合同，能够把劳动关系双方的权利义务关系通过书面形式固定下来，避免以后产生纠纷，即使产生纠纷也能为妥善解决和处理纠纷奠定基础，有利于保护劳动者和用人单位的合法权益。

2. 口头劳动合同和事实劳动关系受劳动法律的保护。

目前，有不少劳动关系是建立在口头协议的基础上，有的甚至存在连口头协议也没有的事实劳动关系。口头的劳动协议和事实劳动关系亦同样受劳动法律、法规保护，但在实践中由于难以证明劳动关系的存在以及劳动者的劳动条件和劳动标准的不明确，会给保护劳动者的合法权益带来困难。

从劳动法的发展来看，目前对用人单位和劳动者签订书面劳动合同的责任越来越严格。不少地方立法已经规定，如用人单位不和劳动者签订书面劳动合同就应当承担一定的法律责任和后果。

三、劳动合同的基本条款

劳动合同的基本条款，即劳动合同的基本内容，它是劳动者与用人单位合意的结果，是双方当事人关于劳动权利和劳动义务的具体化。劳动合同的条款可以分为法定条款和商定条款。

1. 法定条款。

法定条款是指法律规定应当具备的条款，如果缺少了法定条款，合同内容便是不完备的。我国《劳动合同法》第十七条第一款规定："劳动合同应当具备以下条款：（一）用人单位的名称、住所和法定代表人或者主要负责人；（二）劳动者的姓名、住所和居民身份证或者其他有效身份证件号码；（三）劳动合同的期限；（四）工作内容和工作地点；（五）工作时间和休息休假；（六）劳动报酬；（七）社会保险；（八）劳动保护、劳动条件和职业危害防护；（九）法律、法规规定应当纳入劳动合同的其他事项。"

2. 商定条款。

商定条款是指除上述必备条款外，由劳动合同双方当事人自由商定的条款，一般包括试用期、培训、保守秘密、补充保险和福利待遇等其他事项。

四、劳动合同签订要注意的问题

1. 用人单位自用工之日起即与劳动者建立劳动关系。用人单位应当建立职工名册备查。

2. 建立劳动关系，应当订立书面劳动合同。已建立劳动关系，未同时订立书面劳动合同的，应当自用工之日起一个月内订立书面劳动合同。用人单位与劳动者在用工前订立劳动合同的，劳动关系自用工之日起建立。

3. 自用工之日起一个月内，经用人单位书面通知后，劳动者不与用人单位订立书面劳动合同的，用人单位应当书面通知劳动者终止劳动关系，无须向劳动者支付经济补偿，但是应当依法向劳动者支付其实际工作时间的劳动报酬。

4. 用人单位自用工之日起超过一个月不满一年未与劳动者订立书面劳动合同的，应当依照《劳动合同法》第八十二条的规定向劳动者每月支付两倍的工资，并与劳动者补订书面劳动合同；劳动者不与用人单位订立书面劳动合同的，用人单位应当书面通知劳动者终止劳动关系，并依照《劳动合同法》第四十七条的规定支付经济补偿。用人单位向劳动者每月支付两倍工资的起算时间为用工之日起满一个月的次日，截止时间为补订书面劳动合同的前一日。

5. 用人单位自用工之日起满一年未与劳动者订立书面劳动合同的，自用工之日起满一个月的次日至满一年的前一日应当依照《劳动合同法》第八十二条的规定向劳动者每月支付两倍的工资，并视为自用工之日起满一年的当日已经与劳动者订立无固定期限劳动合同，应当立即与劳动者补订书面劳动合同。

五、劳动合同的期限

目前我国的劳动合同按照期限的不同可以分成三类：固定期限的劳动合同、无固定期限的劳动合同和以完成一定工作为期限的劳动合同。

1. 固定期限的劳动合同。

固定期限的劳动合同，是指有开始和结束日期的劳动合同。目前大多数的劳动合同是有固定期限，在合同期限内劳动关系相对稳定，在劳动合同期满后，劳动者可以自由流动，有利于我国劳动力资源的合理配置。根据国家有关劳动法规和政策的规定，从事矿山、井下以及其他有害健康的工种、岗位工作的农民工，实行定期轮换制度，合同期限最长不超过 8 年。

2. 无固定期限劳动合同。

无固定期限的劳动合同，是指只有开始日期而无终止日期的劳动合同。

建立在无固定期限的劳动合同之上的劳动关系具有较强的稳定性，非因劳动者有重大的过错或用人单位的生产经营状况发生严重的困难，劳动关系是不能够因用人单位的单方面决定而解除连续订立二次固定期劳动合同，且劳动者没有《劳动合同法》第三十九条和第四十条第（一）项、第（二）项规定的情形，续订劳动合同的。

根据《劳动合同法》规定，用人单位对符合下列条件之一的劳动者，如果其提出订立无固定期限的劳动合同，应当与其订立无固定期限的劳动合同：（1）劳动者在该用人单位连续工作满十年的；（2）用人单位初次实行劳动合同制度或者国有企业改制重新订立劳动合同时，劳动者在该用人单位连续工作满一年且距法定退休年龄不足十年的。

要注意的是，用人单位自用工之日起满一年不与劳动者订立书面劳动合同的，应视为用人单位与劳动者已订立无固定期限劳动合同。

3. 以完成一定工作为期限的劳动合同。

这种合同没有具体的终止时间，在约定的工作完成后，合同即行终止。从严格意义上说，以完成一定工作为期限的劳动合同应当属于有固定期限的劳动合同，只不过这种期限是以某项工作完成为标志的。

这里需要特别提出的是，在实践中通常有"临时工"的叫法，在实行全员劳动合同制后，已经不存在计划经济下相对于固定工意义上的"临时工"，劳动合同只有期限的长短之分，而无"正式"和临时之分。对于从事短期或临时性劳动的劳动者，用人单位也应当和他们签订劳动合同，只不过合同的期限较短而已。

六、劳动合同的试用期

劳动合同的试用期是指用人单位对新招收的劳动者进行思想品德、劳动态度、实际工作能力、身体情况等进行进一步考察的时间期限。在劳动合同中约定试用期，一方面可以维护用人单位的利益，为每个工作岗位找到合适的劳动者，避免用人单位遭受不必要的损失；另一方面可以维护新招收劳动者的利益，使被录用的劳动者有时间考察了解用人单位的工作内容、劳动条件、劳动报酬等是否符合劳动合同的规定。在劳动合同中规定试用期，既是订立劳动合同双方当事人的权利与义务，同时也为劳动合同其他条款的履行提供了保障。

依照《劳动合同法》第十九条的规定，劳动合同试用期可分为以下几种：劳动合同期限三个月以上不满一年的，试用期不得超过一个月；劳动合同期限一年以上三年以下的，试用期不得超过二个月；三年以上固定期限和无固定期限的劳动合同试用期不得超过六个月。同一用人单位与同一劳动者只能约定一次试用期。以完成一定工作任务为期限的劳动合同或者劳动合同期限不满三个月的，不得约定试用期。劳动合同仅约定试用期或者劳动合同期限与试用期相同的，试用期不成立，该期限为劳动合同期限。劳动者在试用期的工资不得低于本单位相同岗位最低档工资的80%，或者不得低于劳动合同约定工资的80%，并不得低于用人单位所在地的最低工资标准。

七、劳动合同的服务期

《劳动合同法》第二十二条规定：用人单位为劳动者提供专项培训费用，对其进行专业技术培训的，可以与该劳动者订立协议，约定服务期。劳动者违反服务期约定的，应当按照约定向用人单位支付违约金。违约金的数额不得超过用人单位提供的培训费用。用人单位要求劳动者支付的违约金不得超过服务期尚未履行部分所应分摊的培训费用。用人单位与劳动者约定服务期的，不影响按照正常的工资调整机制提高劳动者在服务期期间的劳动报酬。

八、劳动合同的生效

劳动合同的成立与劳动合同的生效是既有区别又有联系的两个法律概念。劳动合同当事人双方就劳动合同内容协商一致，劳动合同即成立。但是，合同的成立并不意味着合同的生效。合同的生效是指劳动合同的条款对合同当事人双方产生约束力的时间。在一般的情况下，依法成立的劳动合同，从合同签订之日起就具有法律效力。当事人有特殊约定的，如约定经过合同公证或鉴证才生效的，在经过公证或鉴证后才对合同双方的当事人产生法律约束力。

劳动合同有效要件，一般包括：

1. 合同主体必须合格。双方当事人都必须具备法定的主体资格，即一方必须是具有劳动权利能力和劳动行为能力的公民，另一方必须是具有用人权利能力和用人行为能力的单位。

2. 合同内容必须合法。即劳动合同必须完全具备法定必备条款，并且所载各项条款的内容都必须符合劳动法规、劳动政策和集体合同的要求。

3. 意思表示必须真实。即双方当事人的意思表示都出于本人自愿，并且与木人内在意志相符。

4. 合同形式必须合法。要式劳动合同，必须采用法定的书面合同或标准合同形式；非要式劳动合同应当采用当事人所要求的书面或口头合同形式。

5. 订立程序必须合法。劳动合同的订立，必须完成各项法定必要程序，并且在订立程序中必须严格遵循法定规则，尤其应当遵循平等自愿和协商一致的原则。

九、劳动合同的无效

劳动合同的无效是指劳动合同缺少有效的要件而全部或部分不具备法律效力。劳动合同虽然是当事人双方协商签订的，但因违反了法律、法规的规定，即不受法律、法规的保护。劳动合同全部无效时，它所确立的劳动关系应予消灭；劳动合同部分无效时，如果不影响其他部分的效力，其他部分仍然有效。无效的劳动合同，从订立时起，就没有法律约束力。对劳动合同的无效或者部分无效有争议的，由劳动争议仲裁机构或者人民法院确认。

劳动合同无效的原因，主要有以下几种：

1. 合同主体不合法，即劳动者不具有劳动权利能力和劳动行为能力，或者用人单位不具有用人权利能力和用人行为能力。

2. 合同内容不合法，即合同缺少法定必要条款，或者合同条款违法，通常表现为违反强行性法律规范或低于法定最低劳动标准。

3. 合同形式不合法，即要式合同未采用法定的书面形式或标准形式。

4. 订立程序不完备，即订立合同未履行法定必要程序。

5. 意思表示不真实，即订立合同过程中，由于欺诈、威胁、乘人之危、重大误解等而导致当事人的意思表示不真实。

劳动合同被确认无效，劳动者已经付出劳动的，用人单位应当向劳动者支付劳动报酬。劳动报酬的数额，参照本单位相同或者相近岗位劳动者的劳动报酬确定。

十、劳动合同的履行

劳动合同的履行，是指劳动合同的双方当事人依照劳动合同规定，完成自己所承担的义务的行为。劳动合同履行应当遵循以下原则：

1. 亲自履行原则。劳动合同当事人双方必须以自己的行为履行自己应承担的义务。

2. 全面履行原则。劳动合同是一个整体，合同条款之间的内在联系不能割裂，当事人必须履行合同规定的全部义务。

3. 协作履行原则。劳动关系是一种需要用人单位和劳动者合作才能够顺利实现的社会关系，劳动关系和谐是劳动合同双方顺利履行合同义务的前提。因此，在劳动合同履行过程中，当事人双方应当相互理解，为对方履行劳动合同创造条件。

第五节　劳动合同的变更、终止和解除

一、劳动合同的变更

劳动合同的变更，是指劳动合同的当事人对已经依法成立，尚未履行完毕的合同条款进行修改或增减。劳动合同依法成立后，任何一方不得擅自变更劳动合同。但是，在劳动合同的履行过程中，由于主、客观情况发生变化，也可以对合同的条款进行变更。

引起劳动合同变更的原因，按照其来源不同可分为三个方面：（1）用人单位单方面的原因，如转产、调整生产任务或生产项目，重新进行劳动组合、修订劳动定额、调整劳动报酬或职工福利分配方案，发生严重亏损等；（2）劳动者方面的原因，如身体状况发生变化、劳动能力部分丧失、不能再适应劳动岗位的需要等；（3）客观方面的原因，如法律、法规、政策发生变化，物价水平发生较大变化，国家经济调整，社会动乱，自然灾害等。

劳动合同的变更要遵循两个原则：（1）平等自愿、协商一致；（2）不得违反法律、行政法规。当事人可以在这两个原则的基础上变更合同。这和

我国《合同法》的规定是一致的，《合同法》第七十七条规定："当事人协商一致，可以变更合同。法律、行政法规规定变更合同应当办理批准、登记手续的，依照其规定。"

二、劳动合同的终止

劳动合同的终止，是指劳动合同所确立的劳动关系由于一定的法律事实出现而终结，劳动合同的法律效力被依法消灭。

依照有关的法律规定，在下列情况下，劳动合同终止：（1）劳动合同期满的；（2）当事人约定的劳动合同终止条件出现的；（3）用人单位破产、解散、被撤销的；（4）劳动者退休、退职的；（5）劳动者死亡，或者被人民法院宣告失踪、死亡的；（6）法律、法规规定的其他情形。

三、劳动合同的解除

劳动合同的解除，是指劳动合同的当事人依法提前终止已经依法成立的合同的效力。它有以下特点：一是被解除的合同是依法已经成立的合同；二是合同的解除可以由用人单位或劳动者通过协商来决定，也可以由劳动者或用人单位单方面作出决定。

劳动合同解除的几种情况主要有：

1. 通过协商解除劳动合同。

经劳动合同当事人协商一致，劳动合同可以解除。当事人通过协商来解除劳动合同必须符合以下条件：（1）双方自愿、平等协商就解除劳动合同达成一致的意见；（2）协议不违反国家的法律、法规的规定；（3）协议不损害第三方的利益。

2. 用人单位单方面解除劳动合同。

用人单位单方面解除劳动合同的具体情况有三种：

（1）即时解除。即用人单位不经过提前通知，一旦法律规定的解除劳动合同的条件出现，即可单方面作出决定，通知劳动者解除其劳动合同。劳动者有下列情形之一的，用人单位可以随时解除劳动合同：①在试用期间被证明不符合劳动条件；②严重违反劳动纪律或用人单位的规章制度的；③严重失职，营私舞弊，对用人单位利益造成重大损害的；④被依法追究刑事责任的。此外，劳动者在劳动合同的存续期间，因违法被处以劳动教养的，劳动合同也即时解除。以上几个条件是在劳动者本身有很大过错，危害了用人单位的利益或社会利益的情况下，法律赋予用人单位的权利。

（2）预告解除。即用人单位需向劳动者预告后才能解除劳动合同。法定的预告解除条件，一般适用于在劳动者无过错的情况下，由于主、客观条件的变化而导致劳动合同无法履行的情形。有下列情形之一的，用人单位可以解除劳动合同，但是应当以书面形式提前 30 日通知劳动者本人：①劳动者患病或者非因工负伤，医疗期满后，不能从事原工作也不能由用人单位另行安排其他工作的；②劳动者不能胜任工作，经过培训或者调整工作岗位，仍不能适应工作的；③劳动合同订立时所依据的客观情况发生重大变化，致使原劳动合同无法继续履行，经当事人协商不能就变更合同达成协议的。用人单位未提前 30 日通知劳动者解除劳动合同的，应当支付劳动者本人 1 个月工资的赔偿金。劳动者未按照规定提前 30 日通知用人单位解除劳动合同的，应当按照解除劳动合同前劳动者本人 1 个月工资的标准支付用人单位赔偿金。

（3）经济性裁员。即用人单位由于经营状况发生变化，而出现劳动力过剩，需辞退部分劳动者以改善生产经营状况。在市场经济中，经济性裁员有不可避免性。经济性裁员也会影响到社会的稳定，因此，《劳动合同法》对经济性裁员的条件和程序作了严格的限定：用人单位依照企业破产法规定进行重整的；生产经营状况发生严重困难的；企业转产、重大技术革新或者经营方式调整，经变更劳动合同后仍需裁减人员的；其他因劳动合同订立时所依据的客观经济情况发生重大变化，致使劳动合同无法履行的，应当提前 30 日向工会或全体职工说明情况，听取工会或者职工的意见，经向劳动行政部门报告后可以裁员。用人单位依法裁减人员，在六个月内重新招用人员的，在同等条件下应当优先录用被裁减的人员。

用人单位单方解除合同的，应当事先将解除劳动合同的理由通知本单位工会。工会认为用人单位违反法律、法规和有关合同约定，要求用人单位重新作出决定的，用人单位应当研究工会的意见，并将处理结果书面通知工会。

3. 劳动者单方面解除劳动合同。

（1）即时辞职。即劳动者不需要提前通知用人单位即可单方面解除劳动合同。依照《劳动合同法》第三十八条规定，用人单位有下列情形之一的，劳动者可以解除劳动合同：一是未按照劳动合同约定提供劳动保护或者劳动条件的；二是未及时足额支付劳动报酬的；三是未依法为劳动者缴纳社会保险费的；四是用人单位的规章制度违反法律、法规的规定，损害劳动者权益的；五是因《劳动合同法》第二十六条第一款规定的情形致使劳动合同无效的；六是法律、行政法规规定劳动者可以解除劳动合同的其他情形。此外，用人单位以暴力、威胁或者非法限制人身自由的手段强迫劳动者劳动的，或者用人单位违章指挥、强令冒险作业危及劳动者人身安全的，劳动者可以立即解除劳动合同，不需事先告知用人单位。

（2）预告辞职。即劳动者通过提前通知用人单位的方式来解除劳动合同。《劳动合同法》第三十七条规定：劳动者提前30日以书面形式通知用人单位或劳动者在试用期内提前3日通知用人单位，可以解除劳动合同。劳动者由于主观或客观的原因不愿意在用人单位工作，即可采用此方式与用人单位解除劳动合同。通过这种方式与用人单位解除劳动合同无须征得用人单位的同意，超过30日，劳动者即可向用人单位提出办理解除劳动合同的手续。但是，由于劳动者单方面解除合同给用人单位造成损失的，应当按照有关规定承担赔偿责任。

四、解除劳动合同的经济补偿

解除劳动合同的经济补偿，是指因解除劳动合同而由用人单位发给劳动者的一次性的经济补偿金。《劳动法》《劳动合同法》《劳动合同法实施条例》对此作了明确规定。

1. 经劳动合同当事人协商一致，由用人单位解除劳动合同的，用人单位应根据劳动者在本单位工作的年限，每满1年发给相当于1个月工资的经济补偿金，最多不超过12个月。工作时间不满1年的，按照1年的标准发给。

2. 劳动者因患病或者非因工负伤，经劳动鉴定委员会鉴定不能从事原工作也不能从事用人单位安排的其他工作而解除劳动合同的，用人单位应按其在本单位工作的年限，每满一年发给相当于一个月工资的经济补偿金，同时还发给不低于 6 个月工资的医疗补助费。患重病或绝症的还应增加医疗补助费。患重病的增加部分，不低于医疗补助费的 50%，患绝症的增加部分不低于医疗补助费的 100%。

3. 劳动者不能胜任工作，经过培训或者调整工作岗位仍不能胜任工作，由用人单位解除劳动合同的，用人单位应按照劳动者在本单位工作的年限，每满 1 年发给相当于 1 个月工资的经济补偿金，最多不超过 12 个月。

4. 劳动合同订立时所依据的客观情况发生重大变化，致使原劳动合同无法履行，经当事人协商不能就变更劳动合同达成协议，由用人单位解除劳动合同的，用人单位应按照劳动者在本单位工作的年限，每满 1 年发给相当于 1 个月工资的经济补偿金。

5. 用人单位濒临破产进行法定整顿期间或者生产经营状况发生严重困难而进行裁员，对裁减的人员，由用人单位按照劳动者在本单位工作的年限，每满一年发给相当于一个月工资的经济补偿金。用人单位解除劳动合同后，未按规定给予劳动者经济补偿的，除全额发给经济补偿金外，还须按照经济补偿金数额的 50% 支付额外的经济补偿金。

五、非因工负伤医疗期问题

非因工负伤医疗期，是指劳动者在非因工或非因职业病医疗期间内，用人单位不得解除劳动者劳动合同的时间期限。

医疗期的长短主要依照劳动者在以前的用人单位中总的劳动时间和当前的用人单位的劳动时间确定。

企业职工因患病或非因工负伤，需要停止工作医疗时，根据本人实际参加工作年限和在本单位工作年限，给予 3 个月到 24 个月的医疗期：

1. 实际工作年限 10 年以下的，在本单位工作年限 5 年以下的为 3 个月；5 年以上的为 6 个月。

2. 实际工作年限 10 年以上的，在本单位工作年限 5 年以下的为 6 个月；5 年以上 10 年以下的为 9 个月；10 年以上 15 年以下的为 12 个月；15 年以上 20 年以下的为 18 个月；20 年以上的为 24 个月。

医疗期 3 个月的按 6 个月内累计病休时间计算；6 个月的按 12 个月内累计病休时间计算；9 个月的按 15 个月内累计病休时间计算；12 个月的按 18

个月内累计病休时间计算；18 个月的按 24 个月内累计病休时间计算；24 个月的按 30 个月内累计病休时间计算。

企业职工非因工致残和经医生及医疗机构认定患有难以治疗的疾病，在医疗期内，不能从事原工作，也不能从事用人单位安排的其他工作的，应当由劳动鉴定委员会参照工伤与职业病致残程度鉴定标准进行劳动能力鉴定。被鉴定为 1—4 级的，应当退出劳动岗位，终止劳动关系，办理退休、退职手续，享受退休、退职待遇；被鉴定为 5—10 级的，医疗期内不得解除劳动合同。

企业职工非因工致残和经医生及医疗机构认定患有难以治疗的疾病，医疗期满，应当由劳动鉴定委员会参照工伤与职业病致残程度鉴定标准进行劳动能力鉴定。被鉴定为 1—4 级的，应当退出劳动岗位，解除劳动关系，并办理退休、退职手续，享受退休、退职待遇。

第十三章
劳动争议处理制度

工会干部培训教材
（黑龙江版）

第一节　劳动争议处理制度概述

一、劳动争议的概念和分类

1. 劳动争议的概念。

劳动争议是指劳动关系的当事人之间因行使劳动权利和履行劳动义务而发生的争议。

劳动争议具有以下特征：一是劳动争议的当事人是特定的，一方是用人单位，另一方是劳动者；二是劳动争议的当事人之间存在着劳动关系；三是劳动争议的内容是劳动权利和劳动义务。

2. 劳动争议的分类。

劳动争议根据其主体、客体和内容的不同，可以有不同的分类。

（1）根据主体的不同，劳动争议分为个人劳动争议与集体劳动争议。个人劳动争议是指劳动者个人与用人单位发生的劳动争议。集体劳动争议则分为两种：一种是劳动者一方为多人，发生劳动争议的原因和请求是共同的，这种集体争议的劳动者一方应推举代表参加法定的处理程序，其处理程序与个人劳动争议相同。另一种劳动争议为团体争议，即指以工会组织为一方，代表职工与用人单位因签订和履行集体合同产生的争议。

（2）根据客体的不同，劳动争议可分为权利之争和利益之争。因执行劳动法律法规与劳动合同、集体合同的规定而发生的劳动争议，通常叫权利之争。因确定或变更劳动者的权利、义务而发生的劳动争议，通常叫利益之争。

（3）根据内容的不同，劳动争议可分为因执行国家有关工资、保险、福利、职业培训、劳动保护的规定发生的争议；因履行和变更解除劳动合同发生的争议。

3. 我国劳动争议的现状。

当前我国劳动争议面临的基本情况是：劳动争议案件逐年增加，处理难度日趋复杂，集体劳动争议引发的社会负面效益不断扩大等。在构建和谐劳动关系的背景下，工会维权工作面临新的挑战，需要工会干部不断强化法治意识和服务职工群众的意识，提高参与劳动争议处理的水平和能力。

二、劳动争议处理的适用范围

2007 年 12 月 29 日《中华人民共和国劳动争议调解仲裁法》颁布，并自 2008 年 5 月 1 日起施行。这是我国处理劳动争议案件的主要法律依据。

《劳动争议调解仲裁法》第二条规定，中华人民共和国境内的用人单位与劳动者发生的下列劳动争议，适用本法：（1）因确认劳动关系发生的争议；（2）因订立、履行、变更、解除和终止劳动合同发生的争议；（3）因除名、辞退和辞职、离职发生的争议；（4）因工作时间、休息休假、社会保险、福利、培训以及劳动保护发生的争议；（5）因劳动报酬、工伤医疗费、经济补偿或者赔偿金等发生的争议；（6）法律、法规规定的其他劳动争议。此外，事业单位实行聘用制的工作人员与本单位发生劳动争议的，依照本法执行；法律、行政法规或者国务院另有规定的，依照其规定。

三、劳动争议的处理原则和机构

1. 劳动争议处理的基本原则。

劳动争议处理的基本原则，是指劳动争议处理机构在解决劳动争议过程中应遵循的行为准则和指导思想。

根据《劳动争议调解仲裁法》第三条的规定，我国劳动争议处理的基本原则为：

（1）合法原则。是指劳动争议处理机构在处理劳动争议过程中必须坚持以事实为依据，以法律为准绳，依法处理劳动争议案件。

（2）公正原则。是指劳动争议处理机构在处理劳动争议时，要坚持秉公执法、不徇私情，保证争议双方当事人处于平等的法律地位，具有平等的权利和义务。此外，公正原则还要求对当事人双方在适用法律上要一律平等，不能因人而异，对被侵权的任何一方都依法给予同样的保护。

（3）及时处理原则。体现在申请劳动争议处理的时效上和劳动争议处理机构处理劳动争议的时效上。劳动争议发生后，当事人应当及时协商或及时申请调解，也可依法申请仲裁，劳动争议申请仲裁的时效是1年，自当事人知道或应当知道其权利被侵害之日起计算。劳动争议处理机构在受理劳动争议案件后，应当及时处理。

（4）着重调解的原则。调解是指在第三人的主持下，依法劝说争议双方进行协商，在互谅互让的基础上达成协议，从而消除矛盾的一种方法。着重调解的原则体现在以下两个方面：一方面是劳动争议发生后，当事人可以到企业劳动争议调解委员会、依法设立的基层人民调解组织和在乡镇、街道设立的调解组织申请调解。经调解达成协议，具有法律约束力。另一方面是调解是仲裁庭作出裁决前的必经程序。调解书经当事人签收后，发生法律效力。

2. 处理劳动争议的机构。

我国处理劳动争议的机构有三种：劳动争议调解组织、劳动争议仲裁委员会和人民法院。

（1）劳动争议调解组织。即企业劳动争议调解委员会、依法设立的基层人民调解组织和在乡镇、街道设立的具有劳动争议调解职能的组织。2012年施行的《企业劳动争议协商调解规定》明确了企业劳动争议调解委员会的设立、职责、调解程序和要求，是企业处理劳动争议的重要依据。

（2）劳动争议仲裁委员会。劳动争议仲裁委员会是处理劳动争议的专门机构，由劳动行政部门代表、工会代表和企业方面代表组成，办事机构设在劳动部门。劳动争议仲裁委员会可以在省、市、县设立，各劳动争议仲裁委员会之间没有行政隶属关系，按照属地管理的原则受理案件。

（3）人民法院。人民法院是国家审判机关，也担负着处理劳动争议的任务。劳动争议当事人对仲裁委员会的裁决不服，在规定的时间内向人民法院起诉的案件，人民法院负责受理。劳动争议案件由民事审判庭审理，适用民事诉讼程序，实行两审终审制。

第二节　劳动争议处理机制

在我国，依据《劳动争议调解仲裁法》的规定，劳动争议处理机制包括协商、调解、仲裁、诉讼四个方面。

一、协商

协商是指劳动争议发生后，双方就解决争议、化解矛盾、协调劳动关系共同进行商谈，以便达成和解协议的行为。协商不是劳动争议处理的法定必经程序，当事人可以选择协商，也可以跳过协商，直接选择调解或者仲裁来处理劳动争议。

协商过程要坚持平等、自愿和合法的原则。双方协商达成一致后，形成和解协议，对双方当事人具有劳动合同的约束力，在仲裁、诉讼过程中具有证据的效力，但没有强制执行力。

二、调解

调解是指在第三方的主持下，依照法律、法规，在查明事实的基础上，通过说服引导的方式，劝说当事人互谅互让，达成协议，从而解决争议的活动。

发生劳动争议，当事人可以到企业劳动争议调解委员会、依法设立的基层人民调解组织和在乡镇、街道设立的调解组织申请调解。

调解的程序包括申请调解、调解受理、调解前准备、实施调解、调解终结五大步骤。

调解协议是当事人双方在自愿基础上达成的合意结果，因此双方当事人应自觉履行协议的内容。《劳动争议调解仲裁法》以及最高人民法院的司法解释都对劳动争议调解协议的性质和效力作出了明确的规定。《劳动争议调解仲裁法》第十四条条一款、第二款明确规定："经调解达成协议的，应当制作调解协议书。调解协议书由双方当事人签名或者盖章，经调解员签名并加盖调解组织印章后生效，对双方当事人具有约束力，当事人应当履行。"2006 年颁布的《最高人民法院关于审理劳动争议案件适用法律若干问题的解释（二）》第十七条也明确规定，"当事人在劳动争议调解委员会主持下达成的劳动权利义务内容的调解协议，具有劳动合同的约束力"。

三、仲裁

1. 仲裁的概念。

仲裁是指劳动争议仲裁委员会根据当事人的申请，遵循法律规定的原则和程序，对劳动关系双方发生的劳动争议进行调解和裁决的一项劳动法律制度。

发生劳动争议的主体不愿意协商或者调解，应当在规定的时效内，向劳动争议仲裁委员会提出仲裁申请。仲裁委员会受理案件后，经过开庭审理，在查清事实后，应先进行调解，调解不成再进行裁决。裁决后，如当事人不服，应在法定的期限内向法院起诉，否则裁决生效，当事人必须履行，如一方不履行仲裁裁决，另一方可以请求法院强制执行。

2. 仲裁时效。

《劳动争议调解仲裁法》规定，劳动争议申请仲裁的时效期间为一年。仲裁时效期间从当事人知道或者应当知道其权利被侵害之日起计算。另外，劳动关系存续期间因拖欠劳动报酬发生争议的，劳动者申请仲裁不受上述仲裁时效期间的限制；但是，劳动关系终止的，应当自劳动关系终止之日起一年内提出。仲裁时效因当事人一方向对方当事人主张权利，或者向有关部门请求权利救济，或者对方当事人同意履行义务而中断。从中断时起，仲裁时效期间重新计算。因不可抗力或者有其他正当理由，当事人不能在规定的仲裁时效期间申请仲裁的，仲裁时效中止。从中止时效的原因消除之日起，仲裁时效期间继续计算。

3. 仲裁庭。

《劳动争议调解仲裁法》规定，劳动争议仲裁委员会裁决劳动争议案件实行仲裁庭制。仲裁庭由三名仲裁员组成，设首席仲裁员。简单劳动争议案件可以由一名仲裁员独任审理。仲裁员应当公道正派并符合下列条件之一：（1）曾任审判员的；（2）从事法律研究、教学工作并具有中级以上职称的；（3）具有法律知识、从事人力资源管理或者工会等专业工作满五年的；（4）律师执业满三年的。仲裁庭裁决劳动争议案件，应当自劳动争议仲裁委员会受理仲裁申请之日起四十五日内结束。案情复杂需要延期的，经劳动争议仲裁委员会主任批准，可以延期并书面通知当事人，但是延长期限不得超过十五日。逾期未作出仲裁裁决的，当事人可以就该劳动争议事项向人民法院提起诉讼。

4. 劳动争议仲裁的终局裁决。

《劳动争议调解仲裁法》第四十七条规定："下列劳动争议，除本法另有规定的外，仲裁裁决为终局裁决，裁决书自作出之日起发生法律效力：（一）追索劳动报酬、工伤医疗费、经济补偿或者赔偿金，不超过当地月最低工资标准十二个月金额的争议；（二）因执行国家的劳动标准在工作时间、休息休假、社会保险等方面发生的争议。"第五十条规定："当事人对本法第四十七条规定以外的其他劳动争议案件的仲裁裁决不服的，可以自收到仲裁裁决书之日起十五日内向人民法院提起诉讼；期满不起诉的，裁决书发生法律效力。"

四、诉讼

诉讼是指劳动争议当事人不服仲裁裁决，或者对劳动争议仲裁委员会不予受理或逾期未作出决定的，在法定的期限内向法院起诉，人民法院依法进行审理和判决的活动。

《劳动争议调解仲裁法》第五条规定：发生劳动争议，当事人不愿协商、协商不成或者达成和解协议后不履行的，可以向调解组织申请调解；不愿调解、调解不成或者达成调解协议后不履行的，可以向劳动争议仲裁委员会申请仲裁；对仲裁裁决不服的，除本法另有规定的外，可以向人民法院提起诉讼。

人民法院审理劳动争议案件，实行两审终审制。由有管辖权的人民法院对符合条件的案件进行第一次审理。一审又分为普通程序和简易程序，简易程序适用事实清楚、争议不大的简单劳动争议案件；其他劳动争议案件适用普通程序。当劳动争议当事人不服一审判决或裁定，可以在法定期限内，向上一级人民法院提出上诉。二审人民法院的判决、裁定为终审的判决、裁定，自送达之日起具有法律效力。

第三节　工会在劳动争议处理机制中的作用

一、工会参与劳动争议处理是法定的职责

《劳动法》第七条第二款规定："工会代表和维护劳动者的合法权益，依法独立自主地开展活动。"2001 年修改后的《工会法》第六条规定："维护职工合法权益是工会的基本职责。"这些规定，都以法律的形式确定了维护职工合法权益是工会的基本职责，同时进一步明确了工会代表和维护职工合法权益的法律地位。作为工会的日常工作，代表和维护职工的合法权益的一个重要方面就是参与企业、事业单位劳动争议处理工作。由此可知，工会参与劳动争议处理具有法律依据，是法定的职责。

二、工会在劳动争议协商中的作用

工会要根据《劳动争议调解仲裁法》的相关规定，依法帮助劳动者共同与用人单位协商处理劳动争议。同时要加大参与集体争议协商力度，尤其应积极参与因签订或因履行集体合同发生争议的协商处理，以彰显工会的作为。

三、工会在劳动争议调解中的作用

作为劳动者一方的代表，工会在参与劳动争议调解中的地位是重要的。一是基层工会主席可以担任企业劳动争议调解委员会主任一职，参加企业劳动争议调解委员会的调解；二是工会发展区域性、行业性劳动争议调解组织，拓展工会参与劳动争议调解的领域和范围；三是地方总工会参加本地区重大群体性、代表性劳动争议的调解，充分利用信访、法律援助和其他职能部门资源帮助职工解决劳动争议，维护职工合法权益。

四、工会在劳动争议仲裁中的作用

劳动争议仲裁是我国劳动争议处理的必经程序。工会参与劳动争议仲裁

具体体现在四个方面：一是工会代表作为劳动争议仲裁委员会的三方组成人员之一；二是工会工作者可以应聘担任兼职仲裁员，行使仲裁权；三是劳动争议仲裁开庭前，应由工会先行调解；四是工会法律工作者可以接受职工的委托，作为仲裁代理人参与仲裁活动。

五、工会在劳动争议诉讼中的作用

工会参与劳动争议诉讼的主要方式是为参与诉讼的职工提供法律服务和帮助。主要表现为：一是支持和帮助职工向人民法院起诉；二是代理职工参与诉讼；三是为职工提供法律援助。

第十四章
工会劳动法律监督制度

工会干部培训教材
（黑龙江版）

第一节　劳动监督的含义、地位和作用

一、劳动监督

1. 什么是劳动监督。

劳动监督又称劳动法律监督，是指法定监督主体为保护劳动者合法权益，依法对用人单位和劳动服务主体遵守劳动法律、法规的情况实行检查、督促、纠偏、处罚等一系列监督活动。

劳动监督的含义包括：

（1）监督主体是依法享有劳动监督权的行政机关、社会团体、有关单位和劳动者个人，其中，劳动行政部门和工会组织在劳动监督体制中的地位尤为重要。

（2）监督的目的是保护劳动者的合法权益。

（3）监督的客体是用人单位和劳动服务主体遵守劳动法的行为，即用人行为和劳动服务行为。

（4）监督的方式表现为依法行使监督权的各项措施。其中主要是：对用人单位和劳动服务主体遵守劳动法的情况进行检查，对检查中发现的违反劳动法的行为及时制止和纠正，并依法追究违法行为人的法律责任。

2. 劳动监督在劳动法律体系中具有特殊的地位。

（1）其他各项劳动法律制度主要是规定劳动关系的内容和运行规则，而劳动监督制度所规定的主要是如何以监督手段实现劳动关系的内容和保证劳动关系的正常运行。

（2）其他各项劳动法律制度是实现劳动监督时确定监督对象合法与否

以及对违法情况进行处理的法律依据，劳动监督制度则是实施劳动监督的行为规则。

（3）劳动监督制度既独立存在于其他各项劳动法律制度之外又是其他各项劳动法律制度的必要构成部分。可见，劳动监督制度具有保障整个劳动法体系全面实施的功能。

3. 实行劳动法律监督的意义。

劳动监督作为一种守法监督形式，是劳动法制的重要环节。它有利于增强各种劳动法主体的法制观念，尤其是用人单位的依法用人观念；有利于维护劳动力市场秩序和劳动秩序；有利于避免或减少违反劳动法事件的发生；有利于劳动立法的完善。

二、我国劳动监督体系

我国劳动监督体系由行政监督和社会监督相结合而构成，行政监督由劳动行政部门和相关行政部门监督所组成；社会监督主要由工会监督和群众监督所组成。其中，劳动行政部门的监督处于特别重要的地位，它是全面的、约束力度最大、最有效的监督形式。

1. 劳动行政部门监督。

在劳动监督体系中，劳动行政部门监督处于其他劳动监督形式所不及的重要地位。主要表现在：

（1）它是全面的劳动监督。劳动行政部门监督的范围涉及各项劳动法律制度和劳动法规，不论何种劳动关系，不论劳动关系的哪部分内容和哪个运行环节，也不论用人单位的隶属关系和所在行业如何，都可以依法纳入监督范围，其他主体的监督大多只在特定范围内对劳动法遵守的情况进行监督。

（2）它是约束力度最大的劳动监督。劳动行政部门的监督行为是代表本级政府实施的，属于国家劳动监察，具有高于其他劳动监督形式的法律效力。因此，加强劳动监督，首先要加强劳动行政部门监督。

2. 工会监督。

工会作为职工群众利益的代表者和维护者，开展劳动法律监督是工会的一项重要职责，是工会参与社会治理的重要途径。

3. 劳动监察。

劳动监察，国外又称劳工检查，是指法定专门机构和人员代表国家对劳动法的遵守情况，依法进行的检查、纠察、处罚等一系列监督活动。劳动监察具有下列基本属性：

（1）法定性。劳动监察规则直接为法律所规定，监察主体严格依据法律实施监察活动，被监察主体不得以协议或其他任何方式逃避监察。

（2）行政性。劳动监察属于行政执法和行政监督的范畴，是行使行政权利的具体行政行为。

（3）专门性。劳动监察是由法定的专门机构和人员针对劳动法的遵守所实施的专门监督。

（4）唯一性。在劳动监督体系中，唯有劳动监察是以国家名义对劳动法的遵守实行统一和全面的监督。

4. 劳动争议仲裁与劳动监察的区别。

（1）主体不同。劳动仲裁机构由劳动部门、工会和用人单位三方代表组成；劳动监察机构则是劳动行政部门的职能机构。

（2）劳动仲裁是一种社会干预行为；劳动监察是一种行政执法行为。

（3）劳动仲裁直接以处理劳动争议为目的；劳动监察直接以查处、纠正被监察主体违反劳动法行为、督促被监察主体遵守劳动法为目的。

（4）劳动仲裁机构应劳动争议当事人的请求而实施仲裁；劳动监察主体对其职权范围内的事项则应当主动进行监察。

（5）劳动争议仲裁受理案件时限是 1 年，监察时限是 2 年。

（6）劳动仲裁所依据的实体法既可以是强制性规范也可以是任意性规范，并且还能够依据合法有效的合同条款、企业劳动规则进行调解和裁决；劳动监察所依据的实体法仅限于强制性规范，不能以合同条款和企业劳动规则作为监察决定的准绳。

（7）劳动仲裁机构无权对劳动争议当事人进行处罚；劳动监察主体对违反劳动法的被监察主体则有一定的处罚权，但对被监察事项无调解权。

（8）劳动争议当事人不服仲裁裁决，可依法提起民事诉讼；被监察主体不服监察决定，则可依法申请行政复议或提起行政诉讼。

第二节　工会劳动法律监督的内容

工会劳动法律监督是各级工会组织依法对用人单位遵守执行劳动者权益的法律、法规、规章、政策的情况，以及对政府有关部门和涉及劳动关系的其他组织执行劳动法律的情况进行的监督。

一、工会劳动法律监督的性质

工会劳动法律监督属于社会监督的一种形式，这种监督没有直接的法律效力，但却是劳动法律监督不可或缺的重要部分。对国家劳动法律的实施情况进行监督，是工会发挥国家政权的重要支柱作用的体现，也是工会参与社会治理的途径。随着"四个全面"战略布局的深入推进，工会劳动法律监督将发挥越来越重要的作用。

二、工会劳动法律监督的法律依据

开展工会劳动法律监督是法律赋予工会的一项权利。《劳动法》第八十八条规定：各级工会依法维护劳动者的合法权益，对用人单位遵守劳动法律、法规的情况进行监督。任何组织和个人对于违反劳动法律、法规的行为有权检举和控告。《劳动合同法》第七十八条规定：工会依法维护劳动者的合法权益，对用人单位履行劳动合同、集体合同的情况进行监督。《工会法》第六条规定：工会依照法律规定通过职工代表大会或者其他形式，组织职工参与本单位的民主决策、民主管理和民主监督。《社会保险法》第九条规定：工会依法维护职工的合法权益，有权参与社会保险重大事项的研究，参加社会保险委员会，对与职工社会保险权益有关的事项进行监督。《劳动保障监察条例》第七条规定：各级工会依法维护劳动者的合法权益，对用人单位遵守劳动保障法律、法规和规章的情况进行监督。劳动保障行政部门在劳动保障监察工作中应当注意听取工会组织的意见和建议。此外，《安全生产法》《职业病防治法》《妇女权益保障法》《就业促进法》等法律、法规对工会实施劳动法律监督都作出了规定，这些都是工会开展劳动法律监督的重要依据。

三、工会劳动法律监督的对象

工会劳动法律监督有自己的特定对象。

1. 监督用人单位和用工单位。用人单位和用工单位是使用劳动者的主体，对他们遵守劳动法律的情况进行监督是工会的重点工作。

2. 监督行政机关，包括劳动保障、安全卫生、公安、工商、监察等行政机关，他们是劳动法律的执法主体，工会有权对行政机关执行劳动法律的情况进行监督。

3. 监督人民法院、劳动仲裁机构、劳动争议调解组织，工会有权对这些组织在处理劳动争议中遵守法律的情况进行监督。

4. 监督涉及劳动关系的其他组织，如工伤鉴定机构、职业病诊断机构、社会保险管理机构、职业介绍机构等。

四、工会劳动法律监督的内容

根据法律的规定，工会劳动法律监督的内容主要有：

1. 对执行国家有关就业规定情况的监督。主要是保护劳动者的平等就业权。

2. 对用人单位与劳动者签订劳动合同的情况进行监督。包括劳动合同的签订、履行、解除等过程。

3. 对集体合同制度落实情况进行监督。平等协商和集体合同制度是工会维护劳动者权益的重要抓手，工会对集体合同的订立和履行要进行全程监督。

4. 对执行国家规定的工时和休假规定情况进行监督。

5. 对执行国家规定的劳动报酬情况进行监督。主要包括工资发放情况和同工同酬情况。

6. 对劳动保护法律的执行情况进行监督。为落实这方面的监督，全国总工会制定了《工会劳动保护监督检查员工作条例》《基层工会劳动保护监督检查委员会工作条例》《工会小组劳动保护检查员工作条例》，形成了专门的监督体系。

7. 对执行国家有关职业培训和职业技能考核情况进行监督。

8. 对执行职工社会保险及福利待遇情况进行监督。

五、工会劳动法律监督的权利

1. 调查权。工会可以派出代表对用人单位就侵犯职工合法权益的问题进行调查，有关单位应当予以协助；工会有权参加职工伤亡事故和其他严重危害职工健康问题的调查。

2. 要求权。用人单位违反劳动法规，侵犯职工合法权益，工会有权要求单位行政或有关部门认真处理，其中，对违反工时法或女职工特殊权益保护法者有权要求单位行政予以纠正；在工伤事故和严重危害职工健康问题的调查中，工会有权要求追究直接负责的行政领导人和有关责任人员的责任。

3. 建议权。用人单位与职工解除劳动合同、处分职工，工会认为不适当的，有权提出意见；发现单位违章指挥强令工人冒险作业，有权向单位行政建议组织职工撤离危险现场，在工伤事故和职业病问题的调查中，工会有权向有关部门提出处理意见。

4. 同意权。企业新建、改建、扩建工程和技术改造的工程项目的竣工验收，应当有工会代表参加，未经工会同意，不得投产使用。

第三节　工会劳动法律监督的基本方法

一、工会开展劳动法律监督的要求

工会劳动法律监督的主要目标就是纠正用人单位的劳动违法行为，维护职工合法权益。因此，职工合法权益是否受到侵犯是工会开展劳动法律监督工作的一个基本要求。判断职工合法权益是否被侵犯，依据就是"法"。这里的"法"，既指国家的法律、法规、规章、司法解释、地方性法规和地方性规章，也包括依法订立的集体合同、劳动合同和依法制定的企业规章制度以及公序良俗。

二、工会劳动法律监督的形式

从监督的表现形式看，工会劳动法律监督的主要形式有：

1. 接受职工的申诉、举报，进行调查，向用人单位提出意见和建议，协调处理，或提请劳动监察部门查处。

2. 上级工会根据职工的投诉或下级工会的反映，介入劳动案件的调查处理。

3. 企业工会组织职工代表进行巡视检查。

4. 县以上工会参与人大、政府、政协组织的劳动法律法规政策执行情况的监督检查活动。

5. 工会单独或者联合劳动行政部门开展监督检查活动。

6. 就劳动关系重大问题向同级党委报告。

7. 发挥媒体的监督作用。

8. 代理职工参加仲裁、诉讼。

三、工会劳动法律监督的手段

不断创新工会开展劳动法律监督的手段，是新时代工会工作的重要要求。总结各地开展工会劳动法律监督的经验，工会开展劳动法律监督的手段包括：

1. 沟通与协商。

劳动法律监督的目的是纠正违法行为，由于工会不是执法主体，本身没有执法权，因此，开展劳动法律监督时更多的是采取沟通与协商的手段。实践中，工会通过建立沟通与协商机制，化解劳动关系矛盾。职工代表巡视制度、职工合理化建议制度、劳资定期研讨制度、集体协商制度、厂务公开制度、职工董事、职工监事制度等，都是工会沟通与协商的平台。工会通过这些平台，加强对用人单位遵守劳动法律法规的监督，预防违法行为的发生。

2. 调查研究与督促整改。

（1）调查是工会开展劳动法律监督的基础。没有调查就没有发言权。《工会劳动法律监督试行办法》第五条规定：工会在进行劳动法律监督方面依法享有对用人单位执行劳动法律法规的情况进行监督、参与调查处理、舆论监督等权利。工会在调查中发现的问题，首先要做到尽可能地充分掌握信息和资料，并在此基础上分析判断用人单位是否有侵犯职工合法权益的行为。

（2）督促整改。工会在开展劳动法律监督调查中发现的问题，如果事实清楚证据确凿，就及时向用人单位提出意见。如果用人单位不能接受或拒绝整改，工会可以书面形式向用人单位发出《工会劳动法律监督意见书》，要求用人单位限期整改违法行为。用人单位对工会的意见书仍然不予理睬拒绝整改的，工会可以采取曝光和公开谴责的方式给违法用人单位形成一种压力，以督促其改正违法行为。如果采用曝光和公开谴责后用人单位还未改正相关违法行为的，工会应当向同级劳动行政部门发送《工会劳动法律监督建议书》，借助国家强制力来达到维护职工合法权益的目的。

《工会劳动法律监督意见书》是由工会或工会劳动法律监督组织发给用人单位的书面文件，其内容是要求相关用人单位整改在劳动用工方面存在的违法违规行为。

3. 联合监督。

联合监督就是工会多方联动，与其他相关单位和部门通过各种形式的协作，共同推动劳动法律贯彻落实。一是工会参与人大执法检查；二是联合具有执法权的相关部门开展调查；三是提请政府有关部门查处。

《工会劳动法律监督建议书》是针对违法违规的用人单位不接受工会提出的整改意见或拒不整改的行为，由县级以上工会向同级政府人力资源和社会保障部门或其他相关部门递交的书面查处建议。

四、工会劳动法律监督与政府劳动保障监察的主要区别

工会劳动法律监督与政府劳动保障监察都是依照法律对劳动关系的运行进行掌控和调整，但由于行使监督权的主体地位的不同，监督的效力也存在很大差异。

1. 工会劳动法律监督属于社会监督，不具有国家强制力；政府劳动保障监察属于国家监督，具有国家强制力。

2. 工会劳动法律监督主要通过提出意见和建议进行；政府劳动保障监察直接具有执法力，对违法行为可以直接查处。

3. 工会劳动法律监督的范围更为广泛，除了用人单位，还包括政府相关部门以及与职工权益相关的其他组织；政府劳动保障监察的对象是用人单位和劳动者。

第四节　工会劳动法律监督员队伍建设

一、工会劳动法律监督员的任职条件

工会劳动法律监督员是工会劳动法律监督活动的具体执行者。不管是专职监督员还是兼职监督员，都要求具备以下条件：

1. 熟悉国家劳动法律、法规和政策，为开展劳动法律监督工作奠定基础。

2. 热心为职工群众说话办事，依靠职工群众做好劳动法律监督工作。

3. 奉公守法、清正廉洁，勇于担当。

二、工会劳动法律监督员的职责

1. 工会劳动法律监督员负有向职工群众和用人单位宣传我国劳动法律、法规和国家劳动政策的责任，这也是一种预防和减少劳动违法行为的普法方式。

2. 工会劳动法律监督员对用人单位和职工群众遵守劳动法律、法规和规章以及用人单位规章制度、集体合同、劳动合同的情况进行调查，发现问题及时报告和解决。

3. 接受职工的申诉、举报，对用人单位执行劳动法律的情况进行调查，向劳动法律监督委员会汇报并提出意见。

4. 参加人大、政府、政协和其他相关部门的劳动法律执法检查活动。

三、工会劳动法律监督员的权利

1. 获得表彰权。工会劳动法律监督员工作出色，取得显著成绩的，应由工会或有关部门给予表彰。

2. 请求帮助权。工会劳动法律监督员因履行职责受到打击报复时，有权向上级工会反映、向劳动行政部门检举或向人民法院起诉，上级工会对此应当予以支持。

第十五章
社会保险法律制度

工会干部培训教材
（黑龙江版）

第一节　社会保障制度基本知识

一、什么是社会保障

社会保障（social security）是以国家为主体、全社会参与，依法建立的、具有福利性的、社会化的国民基本生活保障系统。社会保障主要包括社会保险、社会救助、社会福利、军人保障和补充保障。

这一定义包括了如下要素。

1. 社会保障的主体是国家，而不是其他组织，这是社会保障发展与演变的一个基本趋势，也是现代社会保障区别于古代社会保障的主要标志。社会保障的主体是国家，主要原因是：第一，国家是对社会进行管理的最高权力机关，国家有对社会财富进行再分配的权力、有征税的权力和能力；第二，国家能够建立最大规模的社会保障制度，符合降低交易成本规律的要求；第三，国家便于协调公平与效率的关系。

但是，国家"主体"承担社会保障的责任到底会承担到什么程度？社会的"参与"到底参与到什么程度？在不同历史时期、不同国家，国家承担的责任大小是不同的，但可以肯定的是，国家不应当包揽社会保障的一切事务。因为除了国家这个主体之外，还有社会各方面的力量，如宗教组织、社会团体、工作单位、家庭与个人。另外，社会保障还应当为家庭保障、个人自愿保障留有一定的发展空间。这是为什么叫"社会保障"，而不叫"国家保障"的一个原因。正如贝弗里奇所说的："社会保障需要国家和个人的合作。国家的责任是保障服务的提供和资金的筹集，但在尽职尽责的同时，国家不应扼杀对个人的激励机制，应当给个人参与社会保障制度建设的机会并赋予他们一定的责任。在确定国家最低保障水平时，应当给个人留有一定的空间，使其有积极性参加自愿保险，以为自己及家人提供更高的保障水平。"

2. 社会保障的对象是全体国民，即它应当覆盖全体国民，但是主要面向弱势群体。

3. 社会保障的目标是保障公民的基本生活需要。不过，基本生活需要的弹性是很大的，只能是同时代、同国家内进行比较，不同时代、不同国家的基本生活需要相差很大，缺乏可比性。

4. 社会保障制度得以实施的保证和依据主要是相应的法律和规章制度。

5. 社会保障主要是通过多层次的收入分配实现的。

二、我国社会保障制度的基本框架

我国社会保障制度主要包括社会保险、生活救助、社会福利和优抚安置等内容。"十一五"期间，我国初步形成了以社会保险、社会救助、社会福利为基础，以基本养老、基本医疗、最低社会保障制度为重点，以慈善事业、商业保险为补充的社会保障体系框架。社会保险是社会保障的核心内容，我国的社会保险制度主要包括养老保险、医疗保险、失业保险、工伤保险和生育保险。五项社会保险项目全面实现了社会统筹，其中养老和医疗保险实行社会统筹和个人项目相结合的制度模式。社会救助是社会保障体系的一个最基本的制度，我国自 1997 年开始建立了城市居民的最低社会保障制度，并逐步覆盖到农村。社会福利包括政府和社会提供的老年人福利、妇女福利、儿童福利、青少年福利和残疾人福利以及其他一些公共福利。社会优抚是我国政府动员社会各方面力量，对军人等从事特殊工作的人员及其家属给予优待、抚恤和妥善安置的社会保障制度。这些制度的建立和完善，让越来越多的城乡居民享受到实惠，使我们距离人人享有基本社会保障的目标越来越近。

第二节　社会保险和社会保险法

一、社会保险的概念及法律特征

社会保险是社会保障体系最基本（核心）的组成部分，参加社会保险对劳动者来说既是权利，又是义务。

1. 社会保险的概念。

所谓社会保险，是指国家通过立法强制征集专门资金，用于保障劳动者在暂时或永久丧失劳动能力时或者在工作中断期间基本生活需求的一种物质帮助制度。社会保险是一项法定的社会保障制度，它要求劳动者和用人单位都必须参加。社会保险是国家对劳动者应履行的社会责任，也是劳动者应该享受的基本权利。

2. 社会保险的基本特征。

（1）社会性。实行社会保险制度，既反映我国社会的政治进步，也促进社会经济的全面发展。社会保险由国家通过立法来加以确认和规范，并在保险基金的筹集、发放、调节和管理等方面，由政府加以组织和实施。

（2）强制性。我国社会保险的强制性，决定了参加社会保险的当事人，不得自行确定是否参加保险以及选择所参加的保险项目。被保险人及其所在用人单位，必须依据国家法律规定的保险金额缴纳社会保险费，并不能自行选择缴纳标准。对拒不依法缴纳或延迟缴纳的用人单位，劳动行政部门可以责令其限期缴纳；逾期不缴的，可以加收滞纳金。强制性是实施社会保险的组织保证。

（3）互济性。一方面，社会保险的互济性表现为保险基金实行社会统筹，并依据调剂的原则使用资金，解决劳动者在年老、患病、工伤、失业、生育和丧失劳动能力的情况下的基本生活需要；另一方面，劳动者寿命长短、是否生病、伤残或丧失劳动能力与否等，是不以人们的意志为转移的。因此，社会保险实质上是通过多方面筹集资金后进行平衡调剂，将个别劳动者在特定情况下的损失和负担，在缴纳社会保险费的多数主体之间进行分担，这就充分体现了社会保险的互济性特征。

（4）补偿性。社会保险的补偿性，具体表现为社会保险的国家负担部分，最初来源于劳动者的劳动，实质上是对劳动者过去劳动的一种补偿；劳动者向社会提供劳动能力并以此获取劳动报酬，并不是全额享受，必须依据国家规定的标准作出必要的扣除，待劳动者生、老、病、死、伤残等情况出现时，又依照国家规定的标准领回，这是社会保险补偿性的具体体现。

（5）自助性。参加社会保险的劳动者通过缴纳社会保险费，获得成员资格，即"先尽义务，后享权利"，这种权利和义务是相等的，在遭遇法定范围内的各种风险时，参加社会保险的劳动者都能得到保障基本生活需求的津贴。

二、社会保险法

1. 社会保险法概述。

社会保险法是调整社会保险法律关系的法律规范。它对社会保险的项目体系、实施范围、实施对象、经费来源、待遇标准、发放办法等内容作出法律规定，并且明确社会保险机构的性质与职能、社会保险的组织形式与地位，社会保险的管理与监督等事项。

《中华人民共和国社会保险法》（以下简称《社会保险法》）于2010年10月28日第十一届全国人民代表大会常务委员会第十七次会议通过，自2011年7月1日起施行。《社会保险法》的颁布实施，首次以法律的形式确立了我国覆盖城乡全体居民的社会保险体系，规定了用人单位、劳动者和社会保险相关各方的权利和义务，强化了政府责任，明确了有关主体的法律责任，促使社会保险制度更加规范、统一，推动社会保险制度建设进入法制化轨道，有利于促进公民共享发展成果与社会和谐稳定。

2. 社会保险法与劳动法的关系。

社会保险法律制度是劳动法律制度的构成部分，具体表现为：一是社会保险法保护的对象与劳动法保护的对象同是现代劳动关系中的劳动者；二是社会保险关系的主体构成是劳动者、用人单位和政府。而这一构成正是社会劳动关系或称产业关系的基本构成。正是在这个意义上，社会保险制度在传统上又被称为劳动保险制度。

社会保险法之所以是劳动法的一部分，是因为社会保险关系是以劳动关系的存在为前提的，社会保险所抵御的是暂时或永久丧失劳动能力以及暂时丧失工作的风险，社会保险的主要目的是保证劳动者在遇到这些风险时的基本收入。社会保险关系与劳动关系密不可分，或者说社会保险关系是劳动关系的一部分，它作为劳动关系的附随关系是劳动法调整的对象。我国《社会保险法》规定，国家建立基本养老保险、基本医疗保险、工伤保险、失业保险、生育保险等社会保险制度，保障公民在年老、疾病、工伤、失业、生育等情况下依法从国家和社会获得物质帮助的权利。这一规定的意义在于：

（1）与我国社会主义市场经济的发展相适应，并且同国际劳工标准接轨。根据国际劳工组织1952年通过的第102号《社会保障最低标准公约》的规定，社会保险全部项目有九个，即医疗、疾病、失业、年老、工伤、家庭补助、生育、伤残和遗属。各国立法可以根据情况选择保险项目的多少，可以是全部项目，也可以是部分项目。我国在社会保险项目选择上，《社会保险法》规定了社会保险的五大类。

（2）社会保险的五大类充分反映我国各类保险的特殊性及其合理性。1994年颁布的《劳动法》，将八个社会保险项目进行了科学合并，将医疗、疾病和普通伤残合并为疾病保险；将工伤和因工伤残合并为工伤保险；将遗属、养老合并为养老保险。这种归类更加充分地体现了不同种类保险的区别和同类保险的共性，有利于在保险种类上更合理地确定缴费标准和待遇。

三、社会保险法的调整对象和覆盖范围

社会保险法的调整对象是社会保险关系。我国现阶段社会保险的覆盖范围包括：（1）基本养老保险制度和基本医疗保险制度覆盖了我国城乡全体居民。（2）工伤保险、失业保险和生育保险制度覆盖了所有用人单位及其职工。（3）被征地农民按照国务院规定纳入相应的社会保险实施范围。（4）在中国境内就业的外国人，也应当按照法律规定参加我国的社会保险。

四、社会保险法的基本原则

根据《社会保险法》规定，社会保险制度坚持广覆盖、保基本、多层次、可持续的方针，社会保险水平应当与经济社会发展水平相适应。这一规定确立了我国社会保险制度的基本原则：

1. 广覆盖。又称普遍性原则，是指社会保险的实施范围应包括所有社会成员。社会保险是社会保障的重要组成部分，坚持广覆盖的原则，就是要扩大社会保险的覆盖面，将尽可能多的人纳入社会保险实施范围。

2. 保基本。改革开放以来，虽然我国经济社会有了较快发展，但也存在许多亟待解决的问题。总体上看，我国依然是一个发展中国家，人均收入还处于较低水平，离发达国家还有很大差距。这决定了现阶段我国社会保险待遇只能以保障公民基本生活和需要为主。

3. 社会保险制度只为劳动者提供最基本的物质保障。为了更好地保障劳动者年老、疾病等情况下的生活水平，国家提倡建立多种类型的保障制度，在社会保险之外，鼓励企业为劳动者建立补充保险，鼓励劳动者本人参加商业保险，通过多层次保障提高自己的待遇水平。

4. 可持续。指的是建立社会保险可持续发展的长效机制，使社会保险制度保持稳定、合理的运行状态。社会保险基金是社会保险可持续发展的物质基础，要实现社会保险可持续发展，首先要实现社会保险基金的可持续发展。

5. 社会保险水平与经济社会发展水平相适应。一方面，社会保险制度的建立需要强大的经济基础作为支撑，只有经济社会发展到一定水平，国家和社会才有能力承担巨额的社会保险费，社会保险制度才能发挥作用；另一方面，经济发展水平制约着社会保险水平，社会保险水平过高，政府和用人单位难以承受，反而容易导致失业率上升，过低则难以保障劳动者的基本生活，影响社会稳定。因此，确定社会保险水平必须充分考虑我国的国情国力，与经济发展水平相协调，使社会保险水平在保障劳动者基本生活需要的前提下，随着我国经济社会的发展而稳步提高。

五、工会维护职工社会保险权益的职责

对于工会在维护职工社会保险权益过程中应当发挥什么作用，《社会保险法》作出了明确规定：工会依法维护职工的合法权益，有权参与社会保险重大事项的研究，参加社会保险监督委员会，对与职工社会保险权益有关的事项进行监督。

1. 工会有权参与社会保险重大事项的研究。主要是指国家机关在制定或修改涉及职工切身利益的有关社会保险的法律法规规章时，应当听取工会的意见。

2. 参加社会保险监督委员会。工会在社会保险监督委员会的职责是代表职工，参与监督社会保险基金的管理运营过程，反映职工的意见建议，维护

职工的社会保险权益。

3. 对与职工社会保险权益有关的事项进行监督。根据相关法律规定，工会对与职工社会保险权益有关的事项进行监督的途径有：一是通过职工代表大会进行监督；二是对劳动合同、集体合同的情况进行监督，工会在监督企业履行劳动合同过程中发现有侵犯职工社会保险权益的行为时，有权提出意见或者要求改正；三是工会有权对违反社会保险法律法规的行为进行举报、投诉；四是工会有权参与企业侵犯职工社会保险权益事件的查处，并向有关部门提出处理意见。

第三节　社会保险的形式

一、养老保险

1. 养老保险的概念。

养老保险，全称叫作社会基本养老保险，是国家根据一定的法律和法规，为解决劳动者在达到国家规定的解除劳动义务的劳动年龄界限，或因年老丧失劳动能力退出劳动岗位后的基本生活而建立的一种社会保险制度，它是社会保障制度的重要组成部分，是社会保险五大险种中最重要的险种之一。养老保险的目的是保障老年人的基本生活需求，为其提供稳定可靠的生活来源。

2. 我国养老保险的四个层次。

我国养老保险有四个层次：第一层次是基本养老保险，第二层次是企业补充养老保险，第三层次是个人储蓄性养老保险，第四层次是商业养老保险。在这种多层次养老保险体系中，基本养老保险可称为第一层次，也是最高层次。

（1）基本养老保险。基本养老保险（亦称国家基本养老保险），它是国家和社会根据一定的法律和法规，为解决劳动者在达到国家解除劳动义务的劳动年龄界限，或因年老丧失劳动能力退出劳动岗位后的基本生活而建立的一种社会保险制度。基本养老保险以保障离退休人员的基本生活为原则。

（2）企业补充养老保险。由国家宏观调控、企业内部决策执行的企业补充养老保险，又称企业年金，它是指由企业根据自身经济承受能力，在参加基本养老保险基础上，企业为提高职工的养老保险待遇水平而自愿为本企业职工所建立的一种辅助性的养老保险。企业补充养老保险是一种企业行为，效益好的企业可以多投保，效益差的、亏损企业可以不投保。实行企业年金，可以使年老退出劳动岗位的职工在领取基本养老金的水平上再提高一步，有利于稳定职工队伍，发展企业生产。

（3）个人储蓄性养老保险。职工个人储蓄性养老保险是我国多层次养老保险体系的一个组成部分，是由职工自愿参加、自愿选择经办机构的一种补充保险形式。实行职工个人储蓄性养老保险的目的，在于扩大养老保险经费来源，多渠道筹集养老保险基金，减轻国家和企业的负担；有利于消除长期形成的保险费用完全由国家"包下来"的观念，增强职工的自我保障意识和参与社会保险的主动性；同时也能够促进对社会保险工作实行广泛的群众监督。

（4）商业养老保险是以获得养老金为主要目的的长期人身险，它是年金保险的一种特殊形式，又称为退休金养老保险，是社会养老保险的补充。商业性养老保险的被保险人，在缴纳了一定的保险费以后，就可以从一定的年龄开始领取养老金。这样，尽管被保险人在退休之后收入有所下降，但由于有养老金的帮助，他仍然能保持退休前的生活水平。

3. 养老保险制度的主要内容。

我国的养老保险制度包括职工基本养老保险、机关事业单位工作人员养老保险和城乡居民基本养老保险等多种制度。

（1）职工基本养老保险制度。

《社会保险法》第十条规定：职工应当参加基本养老保险，由用人单位和职工共同缴纳基本养老保险费。无雇工的个体工商户、未在用人单位参加基本养老保险的非全日制从业人员以及其他灵活就业人员可以参加基本养老保险，由个人缴纳基本养老保险费。公务员和参照公务员法管理的工作人员养老保险的办法由国务院规定。据此，目前我国基本养老保险的适用对象有以下几类：

①企业职工。这里的各类企业包括国有企业、集体企业以及非公有制企

业。只要是与用人单位建立劳动关系的职工都应当参加基本养老保险。

②灵活就业人员。灵活就业人员是指以非全日制、临时性和弹性工作等灵活形式就业的人员，包括与多个用人单位订立劳动合同但均未参加基本养老保险的非全日制劳动者以及无雇工的个体工商户、律师、演员等自由职业者。这类人员由于没有用人单位，或者没有通过用人单位参加基本养老保险，其参加基本养老保险采用自愿原则，全部费用由个人缴纳。

③与事业单位建立劳动关系的职工。我国事业单位存在多种形式用工，因此适用的养老制度也不同。自 2015 年起，事业单位编制内的人员，实行机关事业单位工作人员养老保险制度。与事业单位签订劳动合同的非事业编制工作人员，实行基本养老保险制度，由用人单位和个人共同缴纳基本养老保险费，退休后享受基本养老保险待遇。

我国现行基本养老保险制度实行社会统筹与个人账户相结合的基本模式，基本养老保险费用由单位和个人共同负担。目前，企业缴纳基本养老保险费的比例，一般不得超过本企业工资总额的20%；个人缴纳基本养老保险费的比例是本人缴费工资的8%。

职工按月领取基本养老金应当具备两个条件：一是达到法定退休年龄；二是累计缴纳养老保险费满 15 年。养老金社会化发放的基本形式是社会保险经办机构在国有商业银行或邮局为企业离退休人员建立基本养老金账户，按月将规定项目内的应付养老金划入账户，保证离退休人员能够按时支取养老金。对于有特殊困难而不能到银行、邮局支取养老金的离退休人员，社会保险经办机构可直接或委托社区服务组织送发养老金。

（2）城乡居民养老保险。

2009 年，为了保障农村居民老年的基本生活，国务院出台《关于开展新型农村社会养老保险试点的指导意见》（国发〔2009〕32 号），针对未参加城镇职工基本养老保险的农村居民建立新型农村社会养老保险制度。2011年，为了保障不符合职工基本养老保险参保条件的城镇非从业居民老年的基本生活，国务院制定《关于开展城镇居民社会养老保险试点的指导意见》（国发〔2011〕18 号），建立城镇居民社会养老保险制度。

随着新型农村社会养老保险制度、城镇居民社会养老保险制度基本实现全覆盖，两项制度对于保障和改善民生、促进社会和谐稳定、应对人口老龄化挑战发挥了积极作用，也暴露出了城乡相关政策不一致、标准高低不同、管理资源分散等矛盾。为了推进社会保障城乡统筹，从制度上消除影响劳动力和人口合理流动的障碍，逐步缩小城乡差距，建立更加公平可持续社会保障制度，实现基本公共服务均等化，2014年国务院颁布《关于建立统一的城乡居民基本养老保险制度的意见》（国发〔2014〕8号），决定将两项制度合并实施。

城乡居民养老保险的参保范围为年满16周岁（不含在校学生）的非国家机关和事业单位工作人员以及不属于职工基本养老保险制度覆盖范围的城乡居民，可以在户籍所在地参加城乡居民基本养老保险。城乡居民基本养老保险基金由个人缴费、集体补助、政府补贴构成。城乡居民基本养老保险待遇由基础养老金和个人账户养老金构成，支付终身。参加城乡居民基本养老保险的个人，年满60周岁、累计缴费满15年，且未领取国家规定的基本养老保障待遇的，可以按月领取城乡居民基本养老保险待遇。参加城乡居民基本养老保险的人员，在缴费期间户籍迁移、需要跨地区转移城乡居民基本养老保险关系的，可在迁入地申请转移养老保险关系，一次性转移个人账户全部储存额，并按迁入地规定继续参保缴费，缴费年限累计计算；已经按规定领取城乡居民基本养老保险待遇的，无论户籍是否迁移，其养老保险关系不转移。

随着城镇化的发展和越来越多的劳动者特别是农民工在城乡间流动就业，城镇职工基本养老保险和城乡居民基本养老保险制度之间的衔接问题迫切需要解决。2014年，人力资源和社会保障部、财政部共同制定下发《城乡养老保险制度衔接暂行办法》（人社部发〔2014〕17号），填补了城乡居民基本养老保险与其他制度衔接政策的空白，解决了参保人员特别是农民工在城镇职工基本养老保险和城乡居民基本养老保险之间的制度衔接问题，对于提高劳动者参保缴费的积极性，扩大养老保险覆盖范围具有积极的推动作用。

（3）机关事业单位工作人员养老保险制度。

在2015年之前，全国数千万名机关事业单位工作人员实行退休养老制度。其特点是养老保险费用由国家或单位负担，个人不缴费；养老保险资金现收现付，单位间互不调剂；养老金标准以本人工资为基数，按工龄长短计发。国家公务员退休后，基础工资和工龄工资全额发给，职务工资和级别工资按比例发给。事业单位工作人员退休后，按基础工资和岗位工资两项之和的一定比例发给。

由于机关事业单位的社会保险制度改革相对滞后，导致企业与机关事业单位之间社会保险缴费与待遇不平等，社会保障制度缺乏统一性和规范性。为统筹城乡社会保障体系建设，建立更加公平、可持续的养老保险制度，2015 年 1 月国务院颁布了《关于机关事业单位工作人员养老保险制度改革的决定》（国发〔2015〕2 号），决定根据《社会保险法》等相关规定，改革机关事业单位工作人员养老保险制度。这次改革适用于按照公务员法管理的单位、参照公务员法管理的机关（单位）、事业单位及其编制内的工作人员。

改革后的机关事业单位工作人员养老保险制度实行社会统筹与个人账户相结合。基本养老保险费由单位和个人共同负担。单位缴纳基本养老保险费的比例为本单位工资总额的 20%，个人缴费的比例为本人缴费工资的 8%，由单位代扣。按本人缴费工资 8% 的数额建立基本养老保险个人账户，全部由个人缴费形成。个人账户储存额只用于工作人员养老，不得提前支取，每年按照国家统一公布的记账利率计算利息，免征利息税。参保人员死亡的，个人账户余额可以依法继承。

《关于机关事业单位工作人员养老保险制度改革的决定》实施后参加工作、个人缴费年限累计满 15 年的人员，退休后按月发给基本养老金。基本养老金由基础养老金和个人账户养老金组成。决定实施前参加工作、实施后退休且缴费年限累计满 15 年的人员，按照合理衔接、平稳过渡的原则，在发给基础养老金和个人账户养老金的基础上，再依据视同缴费年限长短发给过渡性养老金。决定实施后达到退休年龄但个人缴费年限累计不满 15 年的人员，其基本养老保险关系处理和基本养老金计发比照《实施〈中华人民共和国社会保险法〉若干规定》执行。决定实施前已经退休的人员，继续按照国家规定的原待遇标准发放基本养老金。

二、医疗保险

基本医疗保险是为补偿劳动者因疾病风险造成的经济损失而建立的一项

社会保险制度。通过用人单位和个人缴费，建立医疗保险基金，参保人员患病就诊发生医疗费用后，由医疗保险经办机构给予一定的经济补偿，以避免或减轻劳动者因患病、治疗等所带来的经济风险。

1. 哪些单位和职工必须参加基本医疗保险？

按照《国务院关于建立城镇职工基本医疗保险制度的决定》（国发〔1998〕44号）的规定，城镇所有用人单位，包括企业（国有企业、集体企业、外商投资企业、私营企业等）、机关、事业单位、社会团体、民办非企业单位及其职工，都要参加基本医疗保险。这就是说，必须参加城镇职工基本医疗保险的单位和职工，既包括机关事业单位也包括城镇各类企业，既包括国有经济单位也包括非国有经济单位，既包括效益好的企业也包括困难企业。这是目前中国社会保险制度中覆盖范围最广的险种之一。

但对乡镇企业及其职工、城镇个体经济组织业主及其从业人员是否参加基本医疗保险，国家明确由各省、自治区、直辖市人民政府确定。这主要是考虑到对这部分人群管理的状况和医疗保险本身的特殊性。如果硬性纳入基本医疗保险，而管理能力又跟不上，则有可能导致医疗费用支出控制不住，增加基金超支的风险。

2. 单位与职工如何缴纳基本医疗保险费？

按照国家规定，基本医疗保险费用由用人单位和职工共同缴纳。用人单位缴费率控制在职工工资总额的6%左右，职工缴费率一般为本人工资收入的2%左右。当地统筹地区可以根据实际情况和需要合理确定本地区的费率，但不能低于上述国家规定。个人缴费基数应按国家统计局规定的工资收入统计口径为基数，即以全部工资性收入，包括各类奖金、劳动收入和实物收入等所有工资性收入为基数，乘以规定的个人缴费率，即为本人应缴纳的基本医疗保险费。个人缴费一般不需要个人到社会保险经办机构去缴纳，而是由单位从工资中代扣代缴。

3. 如何建立基本医疗保险统筹基金和个人账户？

按照《国务院关于建立城镇职工基本医疗保险制度的决定》（国发〔1998〕44号）的规定，个人账户的注入资金来自个人缴费和单位缴费两部分：个人缴费的全部记入个人账户，单位缴费的一部分记入个人账户。单位缴费一般按30%左右划入个人账户。但由于每个年龄段职工的医疗消费支出水平存在很大差别，因此在统筹地区确定单位缴费记入每个职工划入账户比例时，要考虑年龄因素，确定不同年龄档次的不同划入比例。确定单位缴费划入个人账户的具体比例，由统筹地区根据个人账户的支付范围和职工年龄等因素确定。

统筹基金的注入资金主要来自单位缴费部分。单位缴费用于划入个人账户后剩余的部分即为统筹基金的资金。

4. 参保职工就医享受哪些基本医疗保险待遇？

首先，参保人员要在基本医疗保险定点医疗机构就医、购药，也可按处方到定点零售药店外购药品。在非定点医疗机构就医和非定点药店购药发生医疗费用，除符合急诊、转诊等规定条件外，基本医疗保险基金不予支付。其次，所发生医疗费用必须符合基本医疗保险药品目录、诊疗项目、医疗服务设施标准的范围和给付标准，才能由基本医疗保险基金按规定予以支付。超出部分，基本医疗保险基金将按规定不予支付。最后，对符合基本医疗保险基金支付范围的医疗费用，要区分是属于统筹基金支付范围还是属于个人账户支付范围。属于统筹基金支付范围的医疗费用，超过起付标准以上的由统筹基金按比例支付，最高支付到"封顶线"为止。个人也要负担部分医疗费用，"封顶额"以上费用则全部由个人支付或通过参加补充医疗保险、商业医疗保险等途径解决。起付标准以下医疗费用由个人账户解决或由个人自付，个人账户有结余的，也可以支付统筹基金支付范围内应由个人支付的部分医疗费用。

5. 农民工如何参加基本医疗保险？

《劳动和社会保障部关于贯彻两个条例扩大社会保障覆盖范围加强基金征缴工作的通知》（劳社部发〔1999〕10号）规定，农民合同制职工参加单位所在地的社会保险，社会保险经办机构为职工建立基本医疗保险个人账户。农民合同制职工在终止或解除劳动合同后，社会保险经办机构可以将基本医疗保险个人账户储存额一次性发给本人。

三、失业保险

失业保险是指国家通过立法强制实行的，由社会集中建立基金，对因失业而暂时中断生活来源的劳动者提供物质帮助的制度。它是社会保障体系的重要组成部分，是社会保险的主要项目之一。

1998 年 12 月，国务院颁布了《失业保险条例》，明确了失业保险制度的主要内容有：

1. 覆盖范围。

城镇企、事业单位及其职工都应依法参加失业保险。这里的城镇企业包括国有企业、城镇集体企业、外商投资企业、城镇私营企业以及其他城镇企业。这里的职工指所有与用人单位建立劳动关系的个人，包括城镇企、事业单位招用的农民合同制工人。

2. 失业保险基金。

失业保险基金由四部分组成：一是城镇企、事业单位及其职工缴纳的失业保险费。农民合同制工人本人不缴纳失业保险费；二是失业保险基金的利息；三是财政补贴；四是依法纳入失业保险基金的其他资金。

应当注意的是，《失业保险条例》关于城镇企、事业单位按照本单位工资总额的 2% 缴纳失业保险费，城镇企、事业单位职工按照本人工资的 1% 缴纳失业保险费的有关规定，已经被新的规定所取代。2015 年，人力资源社会保障部和财政部联合下发《关于调整失业保险费率有关问题的通知》，决定从 2015 年 3 月 1 日起，失业保险费率暂由现行条例规定的 3% 降至 2%，单位和个人缴费的具体比例由各省、自治区、直辖市人民政府确定。在省、自治区、直辖市行政区域内，单位及职工的费率应当统一。例如，河北省规定用人单位按照本单位工资总额的 1.5% 缴纳失业保险费，职工按照本人工资的 0.5% 缴纳失业保险费。

3. 享受条件。

失业人员领取失业保险金，应具备三个条件：一是失业前用人单位和本人已经缴纳失业保险费满一年的；二是非因本人意愿中断就业的；三是已经进行失业登记，并有求职要求的。

4. 保险待遇。

失业人员根据缴费时间长短享受不同保险待遇。失业人员失业前所在单位和本人按规定累计缴费时间满 1 年不足 5 年的，累计缴费时间每满 1 年的，可领取 3 个月失业金；满 5 年不足 10 年的，从第 5 年开始，累计缴费时间每增加 1 年增加 1 个月的失业金，最长为 18 个月；满 10 年及以上的，为

24 个月。失业保险金发放标准以当地最低工资标准一定比例确定。失业人员失业前所在单位和本人累计缴费满 1 年不足 10 年的，按最低工资标准的70% 发放，满 10 年及其以上的，按最低工作标准的 80% 发放。

失业保险的待遇还包括：一是医疗待遇。失业人员领取失业保险金期间，参加职工基本医疗保险，享受基本医疗保险待遇。失业人员应当缴纳的基本医疗保险费从失业保险基金中支付，个人不缴纳基本医疗保险费。二是遗属的丧葬补助金和抚恤金待遇。失业人员在领取失业保险金期间死亡的，参照当地对在职职工死亡的规定，向其遗属发给一次性丧葬补助金和抚恤金。所需资金从失业保险基金中支付。三是就业援助。失业人员领取失业保险金期间有接受职业培训、享受职业介绍补贴的权利。

5. 待遇停止。

在下列情况下，停止失业人员失业保险待遇：一是重新就业的；二是应征服兵役的；三是移居境外的；四是享受基本养老保险待遇的；五是无正当理由拒不接受当地人民政府指定部门或者机构介绍的适当工作或者提供的培训的。

四、生育保险

生育保险是通过国家立法，在劳动者因生育子女而导致劳动力暂时中断时，由国家和社会及时给予物质帮助的一项社会保险制度。我国生育保险待遇主要包括两项。一是生育津贴，二是生育医疗待遇。其宗旨在于通过向职业妇女提供生育津贴、医疗服务和产假，帮助她们恢复劳动能力，重返工作岗位。

生育保险通常由现金补助和实物供给两部分组成。现金补助主要是指及时给予生育妇女的生育津贴。有些国家还包括一次性现金补助或家庭津贴。实物供给主要是指提供必要的医疗保健、医疗服务以及孕妇、婴儿需要的生活用品等。提供的范围、条件和标准主要根据本国的经济状况确定。我国生育保险制度覆盖在中华人民共和国境内一切国家机关、人民团体、企业、事业单位的女职工。企业包括全民、集体、中外合资、合作、独资、乡镇、农村联户企业以及私营和城镇街道企业。

生育保险根据"以支定收、收支基本平衡"的原则筹集资金，由企业按照其工资总额的一定比例向社会保险经办机构缴纳生育保险费，但最高不得超过企业工资总额的1%，职工个人不缴纳生育保险费。生育保险基金由劳动部门所属的社会保险经办机构负责收缴、支付和管理。生育保险基金的支出包括以下几个方面：

1. 生育津贴（原称产假工资）。

女职工依法享受产假期间的生育津贴，按本企业上年度职工月平均工资计发，由生育保险基金支付。

《女职工劳动保护特别规定》第七条规定：女职工生育享受98天产假，其中产前可以休假15天；难产的，增加产假15天；生育多胞胎的，每多生育1个婴儿，增加产假15天。第八条规定，女职工产假期间的生育津贴，对已经参加生育保险的，按照用人单位上年度职工月平均工资的标准由生育保险基金支付。

2. 生育医疗费。

女职工生育的检查费、接生费、手术费、住院费和药费由生育保险基金支付。超出规定的医疗业务费和药费（含自费药品和营养药品的费用）由职工个人负担。

女职工生育出院后，因生育引起疾病的医疗费，由生育保险基金支付；其他疾病的医疗费，按照医疗保险待遇的规定办理。女职工产假期满后，因病需要休息治疗的，按照有关病假待遇和医疗保险待遇规定办理。

3. 计划生育手术费。

这是指职工响应国家计划生育号召而实行的避孕、节育手术费用。主要项目有放置（取出）子宫内节育器、人工流产术、引产术、绝育及复通手术所发生的医疗费用。

五、工伤保险

1. 工伤保险和工伤保险条例。

工伤保险指国家通过立法建立的，通过社会统筹方式建立基金，对在生产、工作中遭受意外伤害或患职业病导致暂时或永久性丧失劳动能力的劳动者，以及对职工死亡后无生活来源的近亲属给予物质帮助的制度。工伤保险制度是社会保险制度的重要组成部分。

2003 年国务院制定的《工伤保险条例》，2010 年 10 月全国人大常委会颁布的《社会保险法》，2010 年 12 月 20 日国务院发布的《关于修改〈工伤保险条例〉的决定》（修订），以及 2010 年 12 月 31 日人力资源和社会保障部颁布的新修订的《工伤认定办法》《非法用工单位伤亡人员一次性赔偿办法》等，是确立我国现行工伤保险制度的主要法律文件。

2. 工伤保险制度的主要内容。

（1）适用范围。中华人民共和国境内的企业、事业单位、社会团体、民办非企业单位、基金会、律师事务所、会计师事务所等组织和有雇工的个体工商户，都应依法参加工伤保险，按时足额缴纳工伤保险费。

公务员和参照公务员法管理的事业单位、社会团体的工作人员因工作遭受事故伤害或者患职业病的，由所在单位支付费用。具体办法由国务院社会保险行政部门会同国务院财政部门规定。

（2）基金筹集。工伤保险基金由用人单位缴纳的工伤保险费、工伤保险基金的利息和依法纳入工伤保险基金的其他资金构成。用人单位应当按时缴纳工伤保险费。职工个人不缴纳工伤保险费。用人单位缴纳工伤保险费的数额为本单位职工工资总额乘以单位缴费费率之积。

（3）工伤预防。工伤预防是指采取经济、技术、管理等手段减少事故和职业病隐患，防范职业伤亡事故和职业病发生，保护劳动者的职业安全和健康。工伤预防费用的提取比例、使用和管理的具体办法，由国务院社会保险行政部门会同国务院财政、卫生行政、安全生产监督管理等部门规定。

（4）工伤认定。工伤认定指社会保险行政部门根据有关法律规定，确定职工受到的伤害是否属于工伤。

首先是工伤认定范围。包括应当认定为工伤的情形、视同工伤的情形和不得认定为工伤或视同工伤的情形。

应当认定为工伤的七种情形包括：在工作时间和工作场所内，因工作原因受到事故伤害的；工作时间前后在工作场所内，从事与工作有关的预备性或者收尾性工作受到事故伤害的；在工作时间和工作场所内，因履行工作职责受到暴力等意外伤害的；患职业病的；因工外出期间，由于工作原因受到伤害或者发生事故下落不明的；在上下班途中，受到非本人主要责任的交通事故或者城市轨道交通、客运轮渡、火车事故伤害的；法律、行政法规规定应当认定为工伤的其他情形。

视同工伤的三种情形包括：在工作时间和工作岗位，突发疾病死亡或者在48小时之内经抢救无效死亡的；在抢险救灾等维护国家利益、公共利益活动中受到伤害的；职工原在军队服役，因战、因公负伤致残，已取得革命伤残军人证，到用人单位后旧伤复发的。

不得认定为工伤或者视同工伤的三种情形包括：故意犯罪的；醉酒或者吸毒的；自残或者自杀的。

其次是工伤认定申请。包括申请人、申请材料、材料审核及受理、调查核实、作出决定等内容。

（5）申请复议或者提起诉讼。职工或者其近亲属、用人单位对社会保险行政部门不予受理决定不服或者对工伤认定决定不服的，可以依法申请行政复议或者提起行政诉讼。

（6）劳动能力鉴定。劳动能力鉴定指劳动能力鉴定机构组织医学专家根据国家标准，运用科学方法手段，对因工负伤或者患职业病导致本人劳动及生活能力受到影响的劳动者，进行劳动功能障碍程度和生活自理障碍程度等级认定的制度。劳动功能障碍分为十个伤残等级，最重的为一级，最轻的为十级。生活自理障碍分为三个等级：生活完全不能自理、生活大部分不能自理和生活部分不能自理。

劳动能力鉴定是确定职工工伤保险待遇的法定前提，是工伤保险制度的重要组成部分。

（7）待遇支付。工伤保险待遇指工伤职工获得的医疗救治和经济补偿，包括医疗待遇、康复待遇、伤残待遇和死亡待遇等。

（8）待遇停止。在下列情况下，停止工伤职工工伤保险待遇：一是丧失享受待遇条件的；二是拒不接受劳动能力鉴定的；三是拒绝治疗的。

第十六章
工会宣传教育工作

工会干部培训教材
（黑龙江版）

第一节　工会宣传教育工作概述

一、工会宣传教育工作的内涵、原则与要求

1. 内涵。

根据《中国工会章程》的规定，工会宣传教育工作的内涵是服务工会会员、服务广大职工群众、服务工运事业。在工会各项工作中，宣传教育工作发挥着不可替代的理想信念教育，弘扬社会主义核心价值观，塑造职工群体特色文化等重要作用。这些作用紧紧围绕着引导职工、影响职工、宣传职工，把职工群众紧密团结在中国特色社会主义的旗帜下，以高尚的精神、崇高的理想、伟大的事业不断激励广大职工以巨大热情和创造才能投身于中国特色社会主义新时代的伟大实践中。

2. 原则。

以马列主义、毛泽东思想、邓小平理论、"三个代表"重要思想、科学发展观、习近平新时代中国特色社会主义思想为指导，认真学习宣传习近平总书记系列重要讲话精神，以"中国梦·劳动美"为主旨，坚定不移地走中国特色社会主义工会发展道路，推动落实党的全心全意依靠工人阶级根本指导方针，解放思想，实事求是，与时俱进，不断增强道路自信、理论自信、制度自信、文化自信，用科学的思想影响职工，用正确的宣传引领职工，用崇高的信仰鼓舞职工，以优秀的作品感染职工，坚持"团结、稳定、鼓劲和正面宣传为主"的方针，切实遵循宣传工作贴近实际、贴近生活、贴近群众的"三贴近"原则。

3. 要求。

坚持和贯彻党的路线、方针和政策；大力弘扬劳模精神和先进企业文化

与职工文化；引导职工增强法治观念，提高依法办事的自觉性；广泛宣传和提倡热爱党、热爱社会主义、热爱本职工作的"三热爱"精神，在全社会弘扬劳动光荣、创造伟大的时代风尚。

二、工会宣传教育工作的职责与特点

1. 职责。

（1）学习宣传贯彻党的十九大精神，是当前和今后一个时期工会宣传教育工作的首要政治任务。各级工会要根据党中央的要求，把学习贯彻党的十九大精神作为政治必修课，在学懂、弄通、做实上下工夫。发挥工会组织优势，深入学习宣传贯彻党的十九大精神特别是习近平新时代中国特色社会主义思想，引导广大职工坚定不移听党话、跟党走。

（2）引导广大职工积极践行社会主义核心价值观，汇聚为实现中国梦而奋斗的正能量，使职工能够自觉把个人愿望与中国梦紧密联系在一起，以时代领跑者的风貌解读中国梦、以劳动者的佳绩共创中国梦、以创新者的姿态拥抱中国梦。

（3）创新职工宣传思想工作形式，把宣传工作与帮扶、解决职工切身利益问题和实际困难结合起来。

（4）加强法治宣传，培养职工树立自尊自信、理性平和、积极向上的社会心态以及应有的社会公德、职业道德、家庭美德和个人品德。

（5）以全新的宣传形式激发广大职工创造活力，为全面深化改革、推动科学发展、加快转变经济发展方式建功立业，唱响"劳动光荣、工人伟大"的时代主旋律，让劳动最光荣、劳动最崇高、劳动最伟大、劳动最美丽在全社会蔚然成风。

（6）始终把群众路线作为宣传工作的根本路线，牢固树立群众观点，坚持以职工为本，宣传职工、服务职工、引导职工自觉地做坚持中国道路的实践者、弘扬中国精神的承载者、凝聚中国力量的主力军。

（7）加强工会宣传专兼职干部队伍建设，为工会宣传工作提供强有力的组织保障。

2. 特点。

（1）围绕工会的基本职责来开展，把握正确舆论导向，全面、准确、及时表达广大职工的意愿与诉求。

（2）始终聚焦主题，突出热点，直面难点，打造亮点，重点关注职工群众关心的问题。

（3）拓宽渠道、创新方式，丰富宣传媒介形式，展现工会宣传工作的正能量。

（4）以人为本，强化宣传工作的针对性、实效性、吸引力和感染力。

第二节　加强社会主义核心价值观教育

社会主义核心价值观是社会主义核心价值体系的内核，体现社会主义核心价值体系的根本性质和基本特征，反映社会主义核心价值体系的丰富内涵和实践要求，是社会主义核心价值体系的高度凝练和集中表达。

党的十八大以来，党中央高度重视培育和践行社会主义核心价值观。习近平总书记多次作出重要论述、提出明确要求。2017 年 10 月 18 日，习近平总书记在十九大报告中指出，要培育和践行社会主义核心价值观。要以培养担当民族复兴大任的时代新人为着眼点，强化教育引导、实践养成、制度保障，发挥社会主义核心价值观对国民教育、精神文明创建、精神文化产品创作生产传播的引领作用，把社会主义核心价值观融入社会发展各方面，转化为人们的情感认同和行为习惯。

一、社会主义核心价值观的基本内容

党的十八大提出，倡导富强、民主、文明、和谐，倡导自由、平等、公正、法治，倡导爱国、敬业、诚信、友善，积极培育和践行社会主义核心价值观。富强、民主、文明、和谐是国家层面的价值目标，自由、平等、公正、法治是社会层面的价值取向，爱国、敬业、诚信、友善是公民个人层面的价值准则，这 24 个字是社会主义核心价值观的基本内容。

1."富强、民主、文明、和谐"，是我国社会主义现代化国家的建设目标，也是从价值目标层面对社会主义核心价值观基本理念的凝练，在社会主义核心价值观中居于最高层次，对其他层次的价值理念具有统领作用。富强即国富民强，是社会主义现代化国家经济建设的应然状态，是中华民族梦寐以求的美好夙愿，也是国家繁荣昌盛、人民幸福安康的物质基础。民主是人类社会的美好诉求。我们追求的民主是人民民主，其实质和核心是人民当家做主。它是社会主义的生命，也是创造人民美好幸福生活的政治保障。文明是社会进步的重要标志，也是社会主义现代化国家的重要特征。它是社会主义现代化国家文化建设的应有状态，是对面向现代化、面向世界、面向未来的，民族的、科学的、大众的社会主义文化的概括，是实现中华民族伟大复兴的重要支撑。和谐是中国传统文化的基本理念，集中体现了学有所教、劳有所得、病有所医、老有所养、住有所居的生动局面。它是社会主义现代化国家在社会建设领域的价值诉求，是经济社会和谐稳定、持续健康发展的重要保证。

2. "自由、平等、公正、法治"，是对美好社会的生动表述，也是从社会层面对社会主义核心价值观基本理念的凝练。它反映了中国特色社会主义的基本属性，是我们党矢志不渝、长期实践的核心价值理念。自由是指人的意志自由、存在和发展的自由，是人类社会的美好向往，也是马克思主义追求的社会价值目标。平等指的是公民在法律面前的一律平等，其价值取向是不断实现实质平等。它要求尊重和保障人权，人人依法享有平等参与、平等发展的权利。公正即社会公平和正义，它以人的解放、人的自由平等权利的获得为前提，是国家、社会应有的根本价值理念。法治是治国理政的基本方式，依法治国是社会主义民主政治的基本要求。它通过法制建设来维护和保障公民的根本利益，是实现自由平等、公平正义的制度保证。

3. "爱国、敬业、诚信、友善"，是公民基本道德规范，是从个人行为层面对社会主义核心价值观基本理念的凝练。它覆盖社会道德生活的各个领域，是公民必须恪守的基本道德准则，也是评价公民道德行为选择的基本价值标准。爱国是基于个人对自己祖国依赖关系的深厚情感，也是调节个人与祖国关系的行为准则。它同社会主义紧密结合在一起，要求人们以振兴中华为己任，促进民族团结、维护祖国统一、自觉报效祖国。敬业是对公民职业行为准则的价值评价，要求公民忠于职守，克己奉公，服务人民，服务社会，充分体现了社会主义职业精神。诚信即诚实守信，是人类社会千百年传承下来的道德传统，也是社会主义道德建设的重点内容，它强调诚实劳动、信守承诺、诚恳待人。友善强调公民之间应互相尊重、互相关心、互相帮助，和睦友好，努力形成社会主义的新型人际关系。

二、引导职工践行社会主义核心价值观

工会肩负着引领广大职工听党话、跟党走的政治责任。要把培育和践行社会主义核心价值观贯穿到各项工作中，改革和创新工作方式，从职工群众的实际出发，通过务实管用的载体，使社会主义核心价值观深入职工群众。

1. 切实加强教育引导。要使社会主义核心价值观内化为职工的精神追求，外化为职工的自觉行动，重在教育引导和实践养成。采取多种形式，加强形势政策教育，坚定职工永远跟党走的信念，增强广大职工对中国特色社会主义的道路自信、理论自信、制度自信、文化自信。深化"中国梦·劳动美·幸福路"主题教育活动，开展好"劳模事迹巡演"活动，讲好劳模和劳动者故事，彰显劳动之美、劳模之美、劳动者之美。以职业道德为重点，加强社会公德、职业道德、家庭美德、个人品德教育，引导广大职工发扬勤劳节俭的传统美德。

2. 突出抓好维权帮扶。职工群众的价值取向问题，很多都是社会问题的反映。培育和践行社会主义核心价值观，除了要加强正面教育引导，还要注重解决好职工的利益问题，增强广大职工对社会主义核心价值观的认同感。工会要充分发挥职能作用，坚持从职工最关心的实际问题入手，把教育引导、鼓舞鞭策与尊重理解、关心帮助有机结合起来，注重对职工的人文关怀、心理疏导和情绪疏解，从根本上缓解职工的生活和精神压力，为企业培育和践行社会主义核心价值观打下牢固的群众基础。针对职工主体意识、权利意识不断增强和价值日益多元的实际，加强源头参与，推进企业民主管理，畅通职工诉求表达渠道。在全面深化改革的大背景下，帮助职工解决最关心最直接最现实的利益问题和最困难最操心最忧虑的实际问题，使职工群众在权益受到保障、利益得到维护的过程中感知领悟核心价值观、认同接受核心价值观、自觉践行核心价值观。

3. 精心设计实践载体。培育和践行社会主义核心价值观是一项长期的任务，要润物细无声，注重潜移默化的实践养成。各级工会要把握职工群众的

心理特点和接受习惯，精心设计教育和实践载体，抓好抓实活动项目。加强职工文化活动阵地建设，鼓励支持企业工会搭建职工文化教育平台，建设一批设施完备、功能齐全、服务优良，职工愿意去、社会反响好的标志性职工文化教育阵地。抓好"书香企业"评选活动，促进"职工书屋"功能延伸，整合社会教育培训资源，完善职工网络教育培训平台，办好"劳模大讲坛"，加强职工（劳模）创新工作室等平台建设，推进职工学雷锋志愿服务、职工职业道德评选表彰等活动。引导职工在为家庭谋幸福、为他人送温暖、为社会作贡献的过程中提升精神境界、培育文明风尚。

第三节　工会新闻宣传工作

一、工会新闻宣传工作的性质、特点和要求

1. 工会新闻宣传工作的性质。

工会新闻宣传工作的基本性质取决于工会组织的基本性质，取决于中国工会在国家经济、政治和文化建设中的地位和作用。工会组织的政治性、先进性和群众性决定了工会新闻宣传工作的基本属性。首先，工会新闻宣传工作的政治性表现在工会新闻宣传必须以宣传党的各项路线方针政策，增强党的阶级基础、扩大党的群众基础、巩固党的执政地位为己任，宣传引导和团结动员广大职工群众为实现党的宏伟目标建功立业，这是工会新闻宣传工作所肩负的重要使命。其次，工会新闻宣传必须以宣传工人阶级的主力军作用为永恒的主题，这是由中国工会在党和国家政治生活中的基本地位所决定的，也是工会新闻宣传工作先进性的具体体现。最后，工会新闻宣传必须以维护职工利益为根本宗旨，以表达民生民意为主要内容，这是工会新闻宣传工作群众性的本质体现。

2. 工会新闻宣传工作的特点。

（1）属性更具群众性。工会新闻宣传与党和政府的新闻宣传的共同点是它的政治性和舆论导向性是一致的。但因为工会是群团组织，工会新闻宣传在本质上更具有群众性。

（2）角度更有针对性。工会新闻宣传的受众主体是以工资收入为主要生活来源的职工群众，以及近年来新出现的数以亿计的进城务工人员。因此工会新闻宣传更加突出、更加鲜明地强调对这一群体合法权益的全方位的关注与维护。

（3）内容更富维权性。工会新闻宣传工作作为党的新闻宣传工作的重要组成部分，承担着宣传党的方针政策，宣传工人阶级和工会工作，引导、教育和团结广大职工为实现新时代新使命而努力奋斗的重要职责，体现了重视劳动关系的协调与稳定。

（4）运作更显竞争性。由于工会新闻宣传与党和国家的新闻宣传工作相比更具有群众性的特点，因而在实际操作中也更会遇到挑战和竞争。

（5）依托更显系统性。中国工会经过 90 多年的建设与发展，形成了一个横向到边、纵向到底的组织网络体系，这个网络体系为工会新闻宣传工作提供了切实可行的收集与传播信息的途径和渠道。

3. 工会新闻宣传工作的要求。

（1）在组织纪律上，坚持党管宣传工作的基本原则，贯彻党的宣传工作方针，严格执行新闻宣传工作规定，自觉遵守新闻宣传工作纪律，同党中央保持高度一致。

（2）在宣传内容上，要紧紧围绕党的十九大报告明确的"14 个方面的基本工作方略"，结合工会工作特点，开展各类新闻宣传报道。

（3）在形式方法上，要形式多样，切实可行，方法简便易行，符合实际需要，注重职工喜闻乐见，便于职工广泛参与。

（4）在目标计划上，注重长、中、短期相结合，科学制订宣传计划，并精心组织实施。

（5）在宣传效果上，既要有一定的数量指标，更要有质量和效果的要求，始终保持正确的舆论导向。

二、工会新闻宣传工作的主要内容

工会新闻宣传工作要围绕党的方针、政策和全总工作大局，通过报纸、杂志、电视、网络等灵活多样的形式，加强对工人阶级和工会组织的宣传报道，为推动工运事业发展创造良好的舆论氛围。工会新闻宣传工作归纳起来有五方面的内容：

1. 宣传习近平新时代中国特色社会主义思想和党的十九大精神，把思想和行动统一到中央精神上来。

工会要学习好、宣传好、贯彻好党的十九大精神特别是习近平新时代中国特色社会主义思想，围绕新时代的目标任务对工人阶级和工会组织提出的新要求，统筹谋划工会工作，引导广大职工统一思想和行动，凝聚智慧和力量，落实好"十三五"时期的各项任务，努力实现全面建成小康社会的奋斗目标。

2. 加强对党的方针、政策等的宣传。

对党的方针、政策等的宣传是全党也是工会组织新闻宣传工作的重要任务，因此，要深入持久地在工会组织内宣传党的一系列重要论断、重大决策和部署，并努力使之成为广大职工的统一意志和各级工会组织（干部、职工）的行动指南。

3. 加强对"中国梦·劳动美"的宣传。

中国梦是国家富强、民族振兴、人民幸福的梦，是中国工人阶级孜孜以求、努力奋斗的目标，也是亿万中华儿女内心深处的渴望与追求。工会要在广大职工中开展"中国梦·劳动美"主题宣传活动，激励广大基层职工立足岗位、凝聚力量，自觉做中国梦的践行者、中国精神的传承者、中国力量的主力军，为实现伟大的中国梦而努力奋斗。

4. 加强劳模精神和工匠精神的宣传。

要让"爱岗敬业、争创一流，艰苦奋斗、勇于创新，淡泊名利、甘于奉献"的伟大劳模精神在广大职工群众中不断发扬光大，努力营造奋勇争先、学赶先进的良好氛围。

5. 加强对有关法律法规的宣传。

《工会法》是国家的基本法之一，更是工会组织的根本大法。《中国工会章程》是我国工会最基本、最重要的规章。工会宣传部门要广泛宣传这两部重要法律和规章。除此之外，还应切合实际，加强对有关法律法规的学习与宣传，使广大职工理解并掌握相关的法律法规，做到知法懂法、遵纪守法，同时能用法律知识维护自己的合法权益，提高自我维权能力。

三、工会新闻宣传工作的实现途径

1. 舆论。

舆论是工会宣传工作的重要途径，其特点是工会针对特定的问题或社会现象，通过公开表达某种意见、主张、呼声或态度来反映自己的立场。一般而言，舆论的表达对受众并没有强制性，而是由受众通过对舆论表达是非曲直的客观判断形成自己的看法、评价或观点。

2. 纸媒体与广播、影视媒体。

据不完全统计，目前我国各级工会以报、书、刊为主要形式的纸媒体约为50余家（其中全总直属报刊15家，地方工会报刊38家）。长期以来，传统纸媒体始终是工会宣传工作媒介选择的主要途径之一，然而伴随现代传媒科技的发展，影视媒介以其生动、鲜活、直观方式日渐成为工会宣传工作贴近职工、影响受众的重要途径。

3. 网络媒体。

如果说纸媒体、广播和影视媒体为第一、第二和第三媒体，那么网络媒体即为第四媒体，成为与传统大众媒体并存发展的新媒体。其特点是信息量大、内容丰富、覆盖面广、实效性强。而伴随网络媒体的深度发展，新媒体（自媒体）应运而生，其特点是个人参与度高，成为普通大众经由数字科技与全球知识体系相连后，获得或分享传播者亲历的事实、新闻等信息的便捷途径。在这种背景下，客观上就要求工会的宣传工作能够紧随时代步履，通过对网络媒体的积极介入，探索和开通各种为职工受众所喜欢与接受的信息传播方式，使宣传的内容更加理性、客观和公正，更加贴近职工的需求。

第四节　职工素质教育工作

一、职工思想政治教育工作

1. 工会职工思想政治教育工作的主要任务。

认真研究中国特色社会主义已经进入新时代的历史方位，牢牢把握为实现中华民族伟大复兴的中国梦而奋斗这一我国工人运动的时代主题，以职工群众为对象，帮助职工树立正确的人生观、世界观、价值观，增强职工的社会主义信念和对改革开放的信心，引导职工尽好主人翁的职责。

2. 工会职工思想政治教育工作的主要内容。

（1）开展理想信念教育。理想信念教育要以为人民服务为中心，以集体主义为原则，以爱祖国、爱人民、爱劳动、爱科学、爱社会主义为基本要求。大力弘扬和培育民族精神，巩固职工队伍团结奋斗的共同思想基础。加强形势政策及民主法制教育，自觉维护社会政治稳定和职工队伍的团结统一。进行工人阶级意识教育，增强职工的政治意识、大局意识和主人翁责任感、使命感。

（2）有针对性地做好日常职工思想政治工作。

①制定相关文件。根据工会工作实际，制定加强职工思想政治工作的意见，围绕走中国特色社会主义工会发展道路，进一步完善职工思想政治工作的指导思想、目标原则、职责任务、方法手段和机制制度等，加强对职工思想政治工作的宏观指导，大力推动职工思想政治工作的深入开展，协助党政组织做好职工思想政治工作。

②进行职工思想状况调查研究。建立职工思想动态网络，深入基层，深入职工群众，关心职工群众的工作与生活，了解、掌握职工的思想情况和意见要求，研究分析职工存在思想问题的原因，找出症结所在，及时向工会领导机关和党政有关部门报告职工思想动态，反映职工的呼声，提出有针对性的政策建议，从源头上维护职工的合法权益。

③解疑释惑，理顺职工思想情绪。在我国社会主义自我完善和发展中，职工群众产生的许多困惑和思想问题，涉及我国政治经济社会发展的方方面面，既是党和政府在推进构建社会主义和谐社会中急需解决的问题，也是广大职工群众迫切希望弄清的与他们切身利益密切相关的现实问题。要结合广大职工群众的思想实际，着眼于改革开放新的实践和新的发展，从协调各方利益、解决利益矛盾、实现社会和谐等方面进行深入的研究，进而做出有分量、有深度、实事求是、有说服力的回答，帮助广大职工深刻认识构建和谐社会的战略思想和任务要求，准确理解

党和国家解决职工切身利益问题的各项措施，解疑释惑，因势利导，化解矛盾，教育引导职工识大体、顾大局，正确对待改革中各种利益关系的调整，支持党和政府的各项改革措施，维护职工队伍的稳定，营造安定团结的政治局面。

（3）开展职工职业道德建设。

职工职业道德建设的基本内涵，是指从事一定职业的职工在职业活动过程中应当遵循的职业行为规范，涵盖了从业人员与服务对象、职工与职工、职业与职业之间的关系。

职工职业道德建设的主要内容包括：

①爱岗敬业。爱岗就是安心、热爱本职工作，敬业是爱岗的升华，表现为对工作的兢兢业业、一丝不苟。爱岗敬业是职工职业道德的基础和核心，是职业道德所倡导的首要规范。做到爱岗敬业，就要树立干一行、爱一行、干好一行的正确职业理想，做到脚踏实地，不怕困难，有吃苦精神；忠于职守，团结协作，认真完成任务；钻研业务，提高技能，勇于创新，做行家里手。

②诚实守信。在现代社会中，人与人之间的接触越来越广泛、越来越频繁，人们之所以能够相互协作，彼此合作，靠的是诚信。无论是从事哪个职业的职工，在职业交往中都要自觉地做老实人、说老实话、办老实事，用诚实劳动获取合法利益；讲信用，重信誉，守诺言，以信立业；平等竞争，以质取胜，童叟无欺，反对弄虚作假、坑蒙拐骗、假冒伪劣。在社会主义市场经济条件下，坚守诚信显得尤为重要。

③办事公道。要求职工在职业行为中按照本职工作岗位所制定的行为准则办事，不以私害公，不出卖原则。在职业活动中，坚持公平、公正、公开原则，秉公办事，清正廉洁，克己奉公，反对以权谋私、行贿受贿。

④服务群众。每一个职工，无论从事什么职业，都要自觉地听取群众意见，了解群众需求，为群众排忧解难；端正服务态度，改进服务措施，提高服务质量，为群众工作和生活提供便利，积极培养良好的行业作风。

⑤奉献社会。每一个职工都要树立强烈的社会责任感，为国家发展多尽一份心，多出一份力；承担社会义务，扶贫济困，致富不忘国家和集体；艰

苦奋斗，多做工作，顾全大局，必要时牺牲局部和个人利益；反对只讲索取，不尽义务。

（4）开展群众性精神文明创建活动。

工会开展群众性精神文明建设的总体要求是：贯彻落实公民道德建设实施纲要，以为人民服务为核心，以集体主义为原则，以诚实守信为重点，加强职工社会公德、职业道德和家庭美德建设，增强职工的道德意识，提高职工的道德素质，推动社会的和谐与全面进步。

①开展讲文明树新风活动。着眼社会文明程度的普遍提高，充分发挥工会组织的组织优势、阵地优势，大力宣传和积极倡导新时代的文明风尚，引导职工从我做起、从身边的小事做起，树立健康文明的生活方式，扭转社会不良风气，推动物质文明和精神文明协调发展、经济与社会共同进步、人与自然和谐相处。

②开展创建文明行业、文明岗位、文明职工活动。以服务人民、奉献社会为宗旨，聚焦直接关系群众切身利益、社会反映强烈、问题突出的行业领域，在中央有关部门的组织指导下，充分发挥各产业工会的作用，共同开展行业自律和行业诚信建设，对职工普遍进行职业责任、职业道德、职业纪律、职业理想等教育，通过岗位培训，规范行业行为，树立行业新风。

③实施全国职工禁毒宣传教育月暨全国职工拒绝毒品"零计划"行动。该行动由全国总工会和国家禁毒办公室联合举办，通过向全国企事业单位和职工发出倡议，号召全国企事业单位坚决不生产、不储藏、不运输毒品，不参与与毒品有关的各种非法生产、经营活动，努力把企业建设成为文明企业、无毒单位；号召广大职工增强禁毒意识，自觉抵制毒品，积极参与禁毒。

④开展"四进社区"活动。按照中央文明办的有关精神和要求，按照"三贴近"的原则，充分利用工会的宣传教育文化资源，发挥各类宣传文化教育阵地的作用，将职工急需的文化、科技、卫生、法律等方面的知识，通过各种形式和途径送到社区、送到职工身边，宣传和普及预防艾滋病等方面的知识，使广大职工群众在喜闻乐见中受到教育、得到启迪。

3. 工会开展职工思想政治教育工作的方法和途径。

（1）充分发挥新闻媒体的导向作用。

报刊、广播、电视、网络等新闻媒体，是工会对职工进行思想政治教育的重要渠道。职工思想政治教育工作不仅要传授真理、解疑释惑，更要增加知识信息含量，增加时代气息和亲和力。因此，必须充分发挥新闻媒体、特别是工会新闻舆论宣传工具及网络等在引导舆论、统一思想、凝聚人心等方面不可或缺的作用，用鲜活的内容、生动的形式，吸引、感染和引导职工群众，通过平等、民主、双向、互动的交流，丰富职工思想政治教育工作的文化含量，有效扩大职工思想政治教育工作的覆盖面。

（2）开展形式多样的主题教育活动。

职工主题教育活动是以活动为载体，在职工中开展的一种专题性教育实践活动。

职工主题教育活动的形式为：

①系列活动。紧密结合党和政府出台的政策法规和重大工作部署，进行大规模、集中性的、自上而下的系列宣传教育，使党的方针政策和目标任务深入人心。

②演讲活动。演讲活动是工会组织紧密结合工会工作实际和职工思想实际进行的一种行之有效的职工自我教育活动。演讲活动展示了职工的风采，调动了职工参与改革和社会主义现代化建设的积极性和主动性。

③知识竞赛。根据职工主题教育活动的内容，全国总工会组织编写知识竞赛试题并在大众媒体刊登，由基层工会组织广大职工群众积极参与，通过认真学习和答题竞赛，使职工从中受到教育，提高思想觉悟。

④辩论赛。辩论赛采取团体组队的方式，以正反两方进行辩论的形式进行，对一个问题的两个方面，运用辩论技巧，阐述本方观点，驳斥对方观点，从而加深对问题的理解。这种比赛形式，是近年来深受职工群众欢迎和喜爱的教育方式。

⑤编印职工读本。工会充分利用组织优势，组织有关专家和学者，结合宣传教育的主题，采取编写"百题问答"等通俗易懂、符合职工群众学习需要、便于普及的各种政治理论知识读本，为广大职工奉献精神食粮。

二、职工职业道德建设活动

全国职工职业道德建设领导小组由中宣部、中央文明办、国家发改委、商务部、国务院纠风办、全国总工会等六家单位组成，办公室设在全国总工会宣教部。

1. 全国职工职业道德建设"双十佳"评选表彰活动。

按照《全国职工职业道德建设"双十佳"评选表彰办法》的规定，推荐评选候选单位和个人必须得到本单位职工认可，经社会公示、上级党委批准，由省、自治区、直辖市总工会宣教部或全国铁路、民航、金融工会宣教（组宣）部择优推荐，经全国职工职业道德建设指导协调小组严格审定，公示投票、评委评选后，排序前 10 位的候选单位和个人获得全国职工职业道德建设"双十佳"荣誉称号，其余获得全国职工职业道德建设先进单位和先进个人荣誉称号，同时授予"全国五一劳动奖状"和"全国五一劳动奖章"。

2. 全国职工职业道德建设"百佳班组"评选表彰活动。

全国职工职业道德建设指导协调小组在全国范围内每两年进行一次职工职业道德建设"百佳班组"的评选表彰。全国职工职业道德建设"百佳班组"的评选工作采取自愿申报、逐级推荐、严格审定、公示投票等程序进行。候选班组必须取得本单位职工认可，经社会公示和上级党委批准后，由经省、自治区、直辖市总工会宣教部或全国铁路、民航、金融工会宣教（组宣）部择优推荐，报全国职工职业道德建设指导协调小组办公室审定，排序前 100 位的候选班组获得全国职工职业道德建设"百佳班组"荣誉称号，其余获得全国职工职业道德建设先进班组荣誉称号。

三、职工素质建设工程

习近平总书记在 2015 年庆祝"五一"国际劳动节暨表彰全国劳动模范和先进工作者大会上指出，面对日趋激烈的国际竞争，一个国家发展能否抢占先机、赢得主动，越来越取决于国民素质特别是广大劳动者素质，把培养一支宏大的高素质劳动者队伍作为事关国家发展的战略任务再次提出来。

继全总颁布实施《全国职工素质建设工程五年规划（2010—2014 年）》

之后，2015 年 4 月，全总又颁布了《全国职工素质建设工程五年规划（2015—2019 年)》（以下简称《规划》），使工会培养高素质职工队伍的系统有了"升级版"。《规划》提出了可操作性更强的"提素"方案：到 2019 年，建立起资源集成、形式多样、贴近职工、务实有效的职工素质建设工程模式，培育形成一批职工素质建设工程品牌项目，建设起覆盖全体职工的内容丰富、高效便捷的信息化职工学习培训服务平台。

1. 职工素质建设工程的五项任务。

（1）加强职工队伍思想道德素质建设。不断深化"中国梦·劳动美"教育实践活动，并做到覆盖全体职工，在广大职工中强化敬业奉献精神，激发劳动创造力量。

（2）加快职工队伍知识化进程。各级工会每年帮助 50 万名职工提升学历水平；全总每年命名 200 个全国职工教育培训优秀示范点，给予重点扶持；全国职工素质建设工程领导小组每年命名一批职工读书活动先进单位和先进个人；全总每年继续在各地建 1000 个职工书屋示范点，带动各地工会每年新建 10000 个职工书屋。

（3）培养技能型、创新型人才。不断扩大各类技术技能竞赛、岗位练兵、技能培训的覆盖面，每年帮助 100 万名职工提升技术等级；全总每 3 年命名一批全国示范性劳模创新工作室；设立职工创新专项资金，用于支持劳模创新工作室开展技术创新攻关和职工技能素质提升活动。

（4）引导广大职工遵守学法守法用法。推进党的十八届四中全会精神和法治宣传教育下基层、进企业、入班组，各类普法宣传教育做到全覆盖。加强职代会、厂务公开、集体合同等民主管理和集体协商知识的普及与培训，提高职工依法理性表达诉求的能力。

（5）促进实现职工安全生产和体面劳动。在职工中着力普及健康安全知识，开展全员安全生产和职业病防治专业知识普及工作，推动职业教育院校和各类职业培训机构把安全生产纳入教育培训内容，各类群众性职业安全卫生教育和"安康杯"竞赛活动覆盖率达到 85% 以上。同时，动员组织广大职工积极参加全民健身活动，进一步提升职工健康生活指数。

2. "七大平台"拓展职工成才空间。

全总在制定新的《规划》前进行了充分调研，总结了各地多年来的创新经验，设计了七大工作载体，努力使之更符合实际情况，满足职工需求。

（1）深入开展"中国梦·劳动美"教育实践活动。以职工大讲堂、演讲比赛、主题报告会、座谈会等多种形式，引导职工把实现个人理想、岗位建功立业与实现"中国梦"紧密结合起来，以"劳动美"成就"中国梦"。

（2）深入开展"争当学习型职工读书活动"。举办读书会和报告会、推荐好书、征文、演讲、职工读书成果发布会、评选读书明星等多种活动，引导职工多读书、读好书；实现新建职工书屋向基础设施较差的中西部地区、老少边穷及少数民族地区、新型城镇化进程中农民工集中流入的地区及行业倾斜。

（3）深入开展职工职业道德建设活动。推动职工职业道德教育纳入各类企业职工岗前培训和日常培训之中，在各行各业和广大职工中广泛开展"岗位学雷锋"活动，在基层工会中开展以诚信、敬业为主题的活动。

（4）深入开展劳动竞赛和技术技能培训活动。包括深入开展重大工程劳动竞赛、促进区域发展示范性劳动竞赛和"振兴杯"劳动竞赛；在电力、煤炭、钢铁行业开展节能减排达标竞赛活动；组织职工广泛参与合理化建议和"五小"活动；推动非公企业劳动竞赛工作和以创建"工人先锋号"为载体的班组竞赛活动；推动创建劳模创新工作室；加强中国职工技术协会建设和职工技能实训基地建设等。

（5）深入开展民主法制宣传教育活动。开展法治宣传月（周）、法律知识大讲堂、法律知识竞赛等法律宣传服务活动。同时，推动地方工会开通普法网站和微博，建设职工法律咨询热线和法律援助中心。

（6）深入开展群众性安全生产和职业病防治教育活动。包括开展"安康杯"竞赛活动、职工安全生产、职业病防治，以及女职工"四期"保护教育等。

（7）搭建职工群众便于参与、乐于参与的文化体育活动平台。例如，举办"五一"特别节目、职工艺术节和职工摄影、诗词、美术书法、微电影等大赛，培育一批基层职工文化业余骨干队伍和职工文化建设示范阵地。

为了使职工更及时便捷地获取教育资源，《规划》强调发展在线教育，完善职工教育培训网络体系，推进全国工会电子职工书屋平台建设，搭建智能化、移动化、线上线下相结合的职工在线学习平台，实现技能提升与道德培育并举。

第五节　职工文化体育工作

一、职工文化建设的地位、特点、任务和主要内容

1. 职工文化建设的地位。

职工文化建设是推动先进文化发展的重要力量，是推动先进生产力发展、实现广大职工群众根本利益的重要方面，也是满足职工群众日益增长的精神文化需求和维护职工精神文化权益的具体体现。

2. 职工文化建设的特点。

（1）职工对文化活动的需求呈现为多元化和多层次的趋势。由于职工的价值观念、审美意识、欣赏水平、兴趣爱好等发生了较大的变化，职工对文化活动更注重于自我个性的体现，如有的喜欢看电影，有的喜欢看演出，还有的喜欢上网、看电视、书画、摄影、收藏、健身、棋牌、卡拉OK、跳舞、烹饪，等等，而且不同层次收入的职工对文化需求的支出也大不相同。

（2）职工文化活动向社区、居民区延伸。为了方便职工就地、就近参加文化活动，各级工会本着健康有益、小型多样、自愿经常、方便节约的原则，广泛开展了文化娱乐、体育健身、读书学习、业余培训、旅游观光、交友联谊等形式多样的文化活动。这种活动大多是企业厂矿和地方街道、城区的有关部门联合组织的。

（3）职工文化活动更加群众化。由于受到企业经济效益的制约，过去流行的一些文化活动形式已大为减少，现在不少基层工会以协会和兴趣小组为依托，坚持业余、自愿的原则，自己组织、自愿参加、自行解决经费，通过采用小型多样的形式，积极开展职工文化活动，吸引职工群众广泛参与。

（4）职工文化和企业生产经营的联系更加紧密。"文化搭台，经济唱戏"不但塑造了企业形象，扩大了企业的社会影响和知名度，而且调动了职工参与的积极性，激发了他们的竞争意识、主人翁意识，推动了企业经营管理，提高了企业的经济效益。

3. 职工文化建设的任务。

（1）促进企业核心价值体系建设。企业文化建设的核心是要铸就全体员工共同认同、共同追求的企业精神。工会推动企业文化建设，首先要培育昂扬向上、团结进取的企业精神。要以先进文化的发展方向引领塑造企业精神，以弘扬社会主义核心价值体系铸就企业之魂，强化职业道德建设，发挥职工文化创造力，结合企业的发展阶段和规律，提炼出具有企业自身特点、体现企业精神内涵、符合时代发展要求、得到职工广泛认可的核心价值观，使之成为企业生存与发展的内在动力。要把企业精神转化为有形的统一标识、口号、宣传标语，有机地融入企业的生产环境和各项管理活动中。

（2）构建和谐劳动关系。

工会组织应该推动企业建立以人为本的企业经营管理制度，形成真正意义上的利益共同体。一方面，要以创建和谐企业为载体，形成共建共享共赢的制度、理念，将员工个人目标与企业目标结合在一起，主动承担责任并进行自主管理；另一方面，要引导企业建立尊重、关爱职工的制度文化。通过企业文化建设让员工理解管理者，让管理者理解员工，培育职工的认同感，增强职工的责任感，激发职工的奉献精神，增强企业核心竞争力。

（3）强化职工素质建设工程。

①继续开展"创建学习型组织，争当知识型职工"活动，营造职工群众岗位成才的良好氛围。塑造不断学习、不断创新的企业文化，通过团队学习、读书成才，充分激发每一个职工的学习潜能和创造活力。

②广泛开展劳动立功竞赛。本着"学什么比什么，干什么赛什么"的原则，组织开展多种形式的职业技能大比武和岗位大练兵活动，把练兵比武活动深入每个专业、每个岗位，做到全员参与、广泛竞赛，掀起学技术、比技能、当先进的热潮。

③扎实抓好农民工培训，广泛开展适岗培训、转岗培训、创业培训。此外，还要抓好相关法律、文化、道德、心理等方面的培训，帮助他们全方位融入城市，真正成为合格的新市民，把劳动力成本优势转化为劳动力素质优势。

（4）丰富职工业余文化生活。

①重视建设好文化宣传阵地。规范企业内部刊物、企业网站的建设，把

它们作为企业文化宣传的主阵地。宣传动员职工积极参与企业文化建设，宣传正面典型，发挥导向作用。同时，要注意坚持宣传橱窗、文化展板、板报等传统宣传阵地的建设。还可以结合企业实际，建设微博、QQ群、手机短信等形式多样的新型宣传阵地，为企业文化提供有效的宣传沟通渠道，传播企业文化，促进文化落地。

②继续建设好文体活动阵地。上级工会要推动企业结合实际建设发展文体活动阵地，适应时代发展需要。并制定相应的管理制度和活动计划，有效地利用好这些活动场所，使其真正成为传播企业文化的有利阵地。

（5）发挥各类文化人才作用。

①营造有利于文化人才成长成才的环境氛围。通过开展文化交流和创作展演活动，培育人才脱颖而出的土壤，选树和培养职工作家、职工诗人、职工书画家、职工歌唱家等职工艺术明星，宣传他们的成果，使他们的才华智慧都有展示舞台，让他们的成就贡献能够得到企业、职工和社会的认可和尊重。

②培育工会文化骨干。要善于发现、培养文化骨干，建设基层工会文化人才队伍。在各行各业都要选树扎根在基层、活跃在基层、奉献在基层的文化骨干、职工明星，发挥他们的示范带动作用，创作出更多弘扬劳模精神、反映职工群众生产生活、展现企业和谐发展的优秀文化产品，彰显职工文化建设的成果和水平。

③要壮大积极分子队伍。建立激励机制，不断壮大企业文化建设积极分子队伍，带动广大职工一起参加企业文化、职工文化建设，夯实文化赖以生根发芽的群众基础，营造人人关心、人人参与企业文化建设的良好氛围。

4. 职工文化建设的主要内容。

职工文化建设是工会宣教工作的重要组成部分，打造健康文明、昂扬向上的职工文化，丰富职工精神文化生活，可以满足广大职工群众对精神文化的不断需求，职工文化建设的内容主要包括以下四个方面：

（1）弘扬劳模精神。劳动模范和先进工作者是坚持中国道路、弘扬中国精神、凝聚中国力量的楷模，作为先进职工文化的创造者，劳模精神以劳动精神为基础，集中展现了我国工人阶级和广大劳动群众的伟大品格。在推进职工文化建设中，要在企业大力弘扬劳模精神，大力宣传劳动模范和其他典型的先进事迹，让劳动最光荣、劳动最崇高、劳动最伟大、劳动最美丽蔚然成风。

（2）维护职工群众的文化权益。职工文化代表的是职工群众的文化权益，表达的是职工群众的集体呼声和精神面貌。习近平总书记指出，人民对美好生活的向往，就是我们的奋斗目标。要努力让劳动者实现体面劳动、全面发展；最大限度增加和谐因素，最大限度减少不和谐因素；构建和发展和谐劳动关系，促进社会和谐。劳动关系是劳动与资本、劳方与资方、劳动者与企业之间的关系，这种关系是双方的一种利益关系、法律关系和文化关系。建设、维护和发展职工文化是构建和谐劳动关系的需要，更是实现职工群众美好梦想的必然保障。

（3）提高职工群众的综合素质。实施职工素质建设工程，把提高职工队伍整体素质作为一项战略任务抓紧抓好，培育和践行社会主义核心价值观，打造健康文明、昂扬向上的职工文化，使职工群众在劳动中体现价值、展现风采、感受快乐。

（4）发展职工文化事业。发展职工文化事业要搞好阵地建设，建设好"职工之家"、职工图书阅览室等服务职工的文化设施；建立和发展各种兴趣小组，自由结合、自办活动、自定规章、遵纪守法；搞好文艺和文化娱乐活动，培养职工文化积极分子，搞好职工文化队伍建设。

二、职工体育工作的地位、工作方针和主要任务

1. 职工体育工作的地位。

职工体育工作是工会维护职工精神文化权益的重要内容，是联系职工、凝聚职工的一个重要途径，在全面提高职工素质，促进人与自然、人与社会、人的精神与体魄和谐发展，推动构建社会主义和谐社会中，发挥着越来越重要的作用。

2. 职工体育工作的工作方针。

坚持为职工服务、为工运事业服务，为社会主义建设服务的方向，顺应广大职工不断增长的体育健身需求，坚持普及与提高相结合、大型与小型相结合、集中与分散相结合、阶段性和经常性相结合、传统与创新相结合，实现群众性体育和示范性活动协调发展和相互促进，以改革促发展，努力形成

职工群众广泛参与、充满发展活力的运行机制，推动职工体育工作不断健康、快速地发展。

3. 职工体育工作的主要任务。

（1）以全民健身为目标，充分调动职工群众参与体育活动的积极性，因地制宜，开展丰富多彩的职工体育活动，引导职工掌握正确的健身方式和知识，最大限度地满足广大职工的体育健身需求，使经常参加体育活动的职工人数有所增长、职工参加体育健身活动的时间逐步加大、职工体质明显增强，使健康文明的体育健身活动成为职工群众普遍接受的一种生活方式。

（2）积极探索充分利用工会现有资源、合理整合、增强实力的新途径，不断提高工会文化体育设施的综合服务功能，改善职工体育健身的条件与环境，为职工群众参加体育健身活动提供必要的设施和良好的服务，推进职工体育健身服务体系的建立与完善。

（3）健全职工体育活动组织，依托各级职工文化体育协会，广泛动员和借助社会力量与资源，积极推进职工体育工作运行机制的创新，深入实际，研究新情况、新问题，努力开发职工体育无形资产，积极尝试、努力培育职工体育市场，增强职工体育发展的动力和后劲。

（4）制定职工体育工作发展规划，举办好全国性职工体育赛事，精心策划和打造职工体育活动品牌，扩大职工体育工作的社会影响力和社会覆盖面，提升职工体育工作的水平，实现职工体育工作的全面协调、可持续发展，不断开创职工体育工作的新局面。

三、职工体育工作的活动方式

1. 全国性活动。

主要是大型示范性职工体育活动，一般采取工会主办、与相关部门合办、企业支持、多方参与等市场运作方式进行。

2. 地方性活动。

主要是省、市、县（区）级工会结合当地经济社会发展的需要和职工的需求，围绕不同阶段的中心任务所开展的职工体育活动。由于这些活动能够结合当地的实际，贴近职工，贴近企业，并采取职工喜闻乐见的活动形式进行，因此能够在当地长盛不衰地开展下去。

3. 基层活动。

主要是基层单位开展的职工体育活动，其特点为参与的广泛性、经常性和形式的多样性。活动形式主要有本企业的职工运动会等综合性项目和各种职工单项体育竞赛活动。它是职工体育活动广泛开展的基础，也是培养职工体育骨干的重要渠道。

四、发挥工会体育活动阵地的作用

以中国职工文化体育协会为龙头，整合工人文化宫和俱乐部、各类职工文化体育组织和团队、各种职工文化体育活动节、奖、赛和各类职工文化体育活动积极分子及工作力量，以及可借用的社会文化体育资源，形成工作体系。建立全国职工文化体育活动网络和协调各方的有效工作机制，制定职工文化体育发展规划，有计划地推进各项活动。加强对基层文化体育活动的指导，活跃和丰富基层职工文化体育生活，逐步形成通过社会化市场化运作组织开展职工文化体育活动的机制，充分借用社会文化体育资源指导基层文化体育活动，提升职工文化体育工作水平。发现、培养和创建不同门类、各具特色的职工文化体育示范基地，培养职工文化体育专门人才。

第十七章
"互联网＋"时代的工会工作创新

工会干部培训教材
（黑龙江版）

第一节 "互联网＋"工会工作的创新思维

2017 年底，中国互联网络信息中心（CNNIC）在北京发布第 41 次《中国互联网络发展状况统计报告》（以下简称《报告》）。《报告》显示，截至 2017 年 12 月，我国网民规模达 7.72 亿，占全球网民总数的五分之一。成为网民第一大国。中国网民规模已经相当于欧洲人口总量。其中，我国手机网民规模达 7.53 亿，手机网民占比达 97.5％，手机上网比例在高基数基础上进一步攀升。由此可见，以互联网和手机为主要内容的新媒体已经彻底影响了人民群众的生产生活，并带动了社会各个领域的巨大变革。

美国学者马克·波斯特于 1995 年在《第二媒介时代》一书中把大众媒介发展区分为两个时代，以互联网为代表的新媒介出现之前的大众媒介时代为"第一媒介时代"，以互联网为代表的新媒介时代为"第二媒介时代"。第一媒介时代是播放型传播模式盛行的时期，是由少数文化精英和知识分子主导的自上而下、由一对多的单向传播。而随着"信息高速公路"的先期介入和卫星技术与电视、电脑和电话的结合，大众媒介进入了没有传播中心却几乎人人都可以参与散点的双向交流，其本质特征就是双向沟通和去中心化。也就是说，第二媒介时代实际上就是基于"互联网＋"基础上的自媒体时代。

在"互联网＋"的时代浪潮下，工会要顺势而为，大胆创新工会工作的方式方法，勇立潮头，顺应时代的发展。作为工会工作者，也会思考以下问题："互联网＋工会"的含义是什么？进入新时代工会工作将面临哪些机遇与挑战？"互联网＋"时代下工会工作有哪些新的路径选择？为了更好地开展工会工作，工会干部需要提升网络运用能力吗？

一、"互联网＋"的含义

1. "互联网＋"的含义及特征。

（1）"互联网＋"的含义。

最早提出"互联网＋"概念的是易观国际董事长兼首席执行官于扬，在2012年11月第五届移动互联网博览会上，他提出了"互联网＋"公式应该是所在行业的产品和服务，在与未来看到的多屏全网跨平台用户场景结合之后产生的一种化学公式。"互联网＋"是互联网与传统行业的深度融合，产生乘数效应，创造新的发展生态。比如，互联网＋传统广告造就了百度，互联网＋传统集市造就了淘宝，互联网＋传统银行造就了支付宝，互联网＋传统超市造就了1号店，互联网＋传统红娘造就了世纪佳缘……

聪明的马化腾很快挖掘到"互联网＋"的商机，并把它用到商业模式里。马化腾于2015年3月召开的第十二届全国人大会议上提交了《关于以"互联网＋"为驱动，推进我国经济社会创新发展的建议》的议案。他指出，"互联网＋"是以互联网平台为基础，利用信息通信技术与各行业的跨界融合，推动产业转型升级并不断创造出新产品、新业务与新模式，构建连接一切的新生态。

就在这届人大会上，李克强总理作《政府工作报告》时首提"互联网＋"行动计划。他指出：站在"互联网＋"的风口上顺势而为，会使中国经济飞起来。此后，"互联网＋"得到前所未有的重视。"互联网＋"代表一种新的经济形态，即充分发挥互联网在生产要素配置中的优化和集成作用，将互联网的创新成果深度融合于经济社会各领域之中，提升实体经济的创新力和生产力，形成更广泛的以互联网为基础设施和实现工具的经济发展新形态。

（2）"互联网＋"的特征。

一是跨界融合。"＋"本身就是一种跨界，就是变革，就是开放，就是一种融合。只有敢于跨界，创新的基础才会更加坚实；只有敢于融合，才会提高开放度，使群体的力量更加协同。这种跨界融合不仅仅是传统产业形态和互联网技术层面的融合，也是互联网思维和互联网商业模式对传统产业的渗透。把互联网嫁接到传统产业的各个环节，可以促进传统产业的转型升级。

二是创新驱动。当下，粗放的资源驱动型增长方式已经难以为继，必须大胆创新来驱动发展。而互联网正是创新的载体，是互联网与生俱来的特质。2015 年两会期间，李克强总理强调，要进一步营造"大众创业、万众创新"的有利环境，表明国家为实现创新驱动发展，已将着眼点放在了大众、万众这些"个体细胞"上，拓展"众"经济、创客经济。

三是重塑结构。互联网时代，信息革命和全球化的浪潮已将原有的社会结构、经济结构、地缘结构、文化结构打破，并在突破中展现出新的生机和活力。在过去的几年里，"互联网＋传统行业"的模式在制造业、教育、金融、医疗、交通等行业运用得已经非常广泛了。

四是尊重人性。所谓人性，即人类天然具备的基本精神属性。人性的光辉是推动科技进步、经济增长、社会进步、文化繁荣最根本的力量。尊重人性是互联网最本质的文化，也只有尊重人性才能发挥"互联网＋"的无穷力量。

五是开放生态。只有开放才能融合，这实际是跨界思维的核心之一。因为跨界只有在一个开放的生态系统里才能找到一些和外界其他要素之间的融通点。未来建立的开放生态圈，要把企业的内部生态延伸出去，与外部的生态系统进行协同、交互、融合，跨界的力量才能有效地推动创新。

六是连接一切。要理解"互联网＋"，一定要理解和把握它和"连接"之间的紧密联系。跨界需要连接，融合需要连接，创新需要连接。连接是一种对话方式、一种存在形态，没有连接就没有"互联网＋"，而且，连接的方式、效果、质量、机制决定了连接的广度、深度与持续性。

二、"互联网＋工会"的含义

"互联网＋"时代，工会工作也需要创新和发展，由传统工会向"互联网＋工会"转变，"智慧工会"是今后努力建设的方向。只有充分运用互联网思维，改进工作方式，提升履职服务能力，才能实现工会工作创新突破。

对工会组织而言，"互联网＋工会"有以下三层含义：

1. 它体现为桥梁和纽带。"互联网＋工会"意味着工会的许多服务内容将以网络方式呈现。工会组织本身就是党联系职工群众的桥梁和纽带，再加上利用"互联网＋"的连接作用，必然产生"平方"效应，将与职工群众贴得更近、连得更紧。

2. 它意味着转型和升级。"互联网＋工会"并不简单等同于"工会上网"，而是以网络为手段进一步提升工会工作质量，以网络为载体进一步拓展工作覆盖面。"互联网＋"将成为新形势下工会工作的"发动机"而不是"轮胎"。

3. 它承载着创造和创新。"互联网＋"的过程不是简单的物理堆叠，而是奇妙的化学反应，它的产物不是"更快的马车"，而是全新的交通工具——汽车，乃至轮船、飞机。"互联网＋工会"也是如此，随着融合进程的深入，将带来工会工作机制体制、方式方法的一系列创造创新，为工会工作开创全新局面。

简言之，"互联网＋工会"就是整合工会系统网络资源，创建工会工作网上平台，发挥大数据、新媒体作用，建设统一完整、功能完善、技术先进、安全可靠的工会信息化体系，积极打造全国工会系统服务职工网络载体，做到服务对象全覆盖、服务时间全天候，使"互联网＋工会"成为常态，更直接便捷地联系和服务职工。

第二节 "互联网＋"时代下工会工作

近年来，互联网的飞速发展，极大地促进了经济发展与社会进步，也推动了工会工作的创新与发展。"互联网＋工会"对于工会工作来说是全新的课题，要求工会工作充分利用互联网技术手段，全方位提升信息化水平，主动探索运用"互联网＋"思维创新工会工作方式，开展好网上工会工作，在维护职工权益、服务职工需求方面大胆地进行尝试和突破，积极做好"互联网＋"时代的"加法"。

一直以来，工会组织在"互联网＋"行动计划上作出了有效的探索。2014 年 3 月，中华全国总工会制定出台了《全国工会系统信息化发展规划（2014—2018 年）》，为全国工会系统信息化建设指明了方向，在互联网上树立了中国工会整体形象；2015 年 12 月，中华全国总工会主办了"凝神·聚焦·发力——首届全国最有影响力工会新媒体论坛"，论坛发表的"长兴共识"发出了工会的声音，还首次向社会发布了工会新媒体发展状况及全国最有影响力工会新媒体账号榜单。2017年2月8日，全总以文件形式公布《全国工会网上工作纲要（2017—2020年)》（以下简称《纲要》），要求各地工会结合实际，认真贯彻落实。《纲要》明确了近期工会网上工作的指导思想、基本原则、主要任务、保障支持。《纲要》指出，多年来，全国各级工会在网络信息化建设方面做了大量工作，取得了显著成绩。同时，工会网上工作仍面临网络覆盖不够、服务手段不足等困难和问题，工会工作与互联网尚未实现深度融合，与职工群众的期盼和工会改革发展的内在要求还有一定差距，需要在新形势下结合实际，切实加以解决。

一、"互联网＋"时代下工会工作面临的机遇

1. 互联网的开放性拓展了工会工作的空间。

互联网和以手机为主的新媒体具有开放、共享、便捷、高效、互动等优势，搭建起资源丰富的交流平台，拓展了工会工作空间，实现工会工作网上网下深度融合。工会干部可以使用新媒体的各种资源，实现在线学习、在线交流，取长补短、共同提高。工会组织也可以通过互联网更广泛地搜集民意、听取民声、了解民心。网上办公系统的建立，实现了传统工作方式和新媒体的完美对接，也为工会工作的开展搭建新的平台。

2. 互联网的便捷性密切了工会和职工的联系。

互联网的便捷、及时、互动的功能使得各级工会可以零距离听取职工意见。互联网等新媒体具有超时空性，让各级工会了解基层、了解职工有了"直通车"，也减少了"信息过滤"，为上级工会科学决策、正确决策，制定更加合理可行的工作举措提供了第一手的参考依据。同时，工会工作也更加透明化，职工可以通过新媒体第一时间了解工会的各项工作安排和进展情况，方便职工群众意见和建议的汇总。同时，互联网等新媒体是职工话语权得到充分发挥的地方。互联网在表达职工诉求、维护职工权益等方面，将发挥传统媒体所无法替代的作用。

3. 互联网的互动性丰富了工会工作的内容。

互联网快速的传播方式和丰富的传播手段使得信息传播的内容更加丰

富，传播主体更加多元，传播渠道更加多样，传播速度更加快捷，传播范围更加广泛。因此，工会工作内容更丰富、形式更多样、更有吸引力，给工会工作注入新的生机和活力。近年来，各级工会组织高度重视，普遍建立、开设了工会工作的网站或专门的网页，发布各级党组织的文件通知、工作动态、经验交流、工会知识等内容，方便广大工会干部和职工浏览、查询。不过要注意，在运用新兴媒体开展工会工作时，一定要把内容建设作为关键，没有好的内容，就没有点击率；没有点击率，就没有影响力，更谈不上有效互动，就失去了功效。

二、"互联网＋"时代下工会工作面临的挑战

"互联网＋"时代，各级工会组织顺势而为，在探索运用互联网服务职工方面进行了很多有益尝试，在取得一定成绩的同时，也面临着一系列的问题和挑战。

1. 网上工会工作的开展与基层工会连接不畅。

目前，工会网络工作的开展往往忽视了基层工会，对基层工会会员需求考虑不够，通往基层工会的"最后一公里"不够畅通，尚未做到为广大会员提供贴身服务。因此，工会干部要增强工作的系统性、整体性、协同性，以开放的心态促进信息沟通、设施联通，更加注重共享，互利互惠，整合力量提高综合利用率，实现优势互补。

2. 少数工会干部对互联网新技术掌握不熟。

"互联网＋"对工会工作带来前所未有的挑战。工会干部能力素质如何直接影响到工会工作的整体水平。作为职工的"娘家人"，各级工会干部必须掌握网络技能，克服"本领恐慌"，提高自身素质。然而，现在还有少数工会干部不懂网络知识、不熟悉网络信息、不会应对处置网络舆情等问题。

3. 开展网上工会工作对网络信息安全重视不够。

习近平总书记指出："没有网络安全就没有国家安全，没有信息化就没有现代化。"在大数据、智能化时代，各种可以预见和难以预见的风险明显增多，安全问题变得更加复杂、更加尖锐，因此，一定要做好数字边防。然而，很多工会干部并没有网络安全意识，工会信息化建设和信息安全保障还存在一些薄弱环节和难点，信息安全工作的战略统筹和综合协调不够，重要

信息系统和基础信息网络防护能力不强。移动互联网等技术应用给网上工会工作信息安全带来严峻挑战。

第三节　"互联网+"时代下工会工作的路径选择

互联网和以手机为主的新传播媒介带我们进入了一个"人人都有麦克风"的"微时代"，其主要特点是作为一种特定的社会场景，用"微传播"的方式孕育着"微主体"及"微生活"，表现出强大的社会群体力量。因此，把握时代特点，是工会群众工作必须研究的重大课题，也是工会工作的创新之道。

"微时代"社会群体开放性体现在个体之间的跨越，这种跨越既指物理地域，又蕴含不同社会群体之间的融合。门户网站、微博、微信、手机APP等技术平台则将这种社会群体之间的开放性日益凸显。对于职工群众而言，"微平台"是一个可以自由发声的窗口，也是网络问政的平台；同样，对于工会工作而言，"微平台"也应成为倾听民声、了解民意的重要渠道。

目前，"两微一端"（微博、微信、新闻客户端）是工会与职工群众直接沟通互动的窗口。因此，要尽快实现"两微一端"在各级工会的全覆盖，使之成为发布工会权威信息的平台。充分利用新媒体的力量，巧妙设置议题，进行信息发布和观点引导。

一、"互联网+"时代的工会网站

"互联网+"时代，工会网站是工会组织在互联网上的"门面"。各级工会高度重视门户网站建设，已经基本形成集各级工会门户网站、业务工作网站和新闻宣传网站为一体的全国工会系统网站体系，信息交流、信息共享程度不断提高，网站的工会特色越来越鲜明，宣传工人阶级和工会工作、扩大工会影响力和凝聚力的作用越来越突出。

与此同时，当前工会网站也存在着一些问题：总体建设水平不高，发展不平衡；网站技术力量薄弱，功能相对单一；网站实用性不高，趣味性不足等。因此，加强工会网站建设是摆在工会干部面前的一个重大问题。

1. 建设工会网站应突出"三性"。

首先是"实用性"。工会网站的实用性主要体现在搭建起工会干部和职工群众沟通的桥梁，为职工排忧解难。在规划设计建设工会网站的时候，要充分考虑网站的实用性，把网站打造成听取职工意见的渠道、宣传解释工会政策的平台、展示工会系统良好形象的窗口，以真正得到职工的信赖。网站可以开设工会新闻、民主管理、权益保障、劳动保护、政策法规、作品展示、文件下载等专区，并加强工会会员管理等数据库的建设和利用。

其次是"互动性"。工会网站只有倾听职工的心声，才能真正了解职工；只有解答职工的疑惑，才能实现良性互动。可以在工会网站上建立一个"合理化建议"的模块，从建议的提交、评议、审批，到最后的实施情况，都可以在这个模块中进行，在整个过程中体现"以人为本"的理念，提高职工的信任度和满意度。

最后是"趣味性"。工会网站在发布新闻的时候可以增强语言的趣味性，用当下一些流行的网络热词，说一些职工听得懂、喜欢听的话而不是用一些说教的古板语言，以生动活泼的表现形式拉近与职工群众特别是"新生代"职工的距离。此外，可以在网站上开展丰富多彩的征文比赛、摄影比赛、书画比赛等竞赛活动，满足职工多元化的精神需求。

2. 建设工会网站应注意的问题。

首先要找准定位，提高信息发布质量。工会网站不但要为职工群众排忧解难，还要成为工会干部的好帮手，可以说是面向用户提供各种在线服务的窗口，是工会内部办公、外部交流的通道，是工会的"门面"。因此，工会网站页面风格应当端庄大方、简洁美观。网站信息的发布要找准定位，新闻发布的框架脉络要清晰，注重内容的实效性，而不是追求形式上的花哨。只有找准职工对工会的期盼需求，才能真正提高信息发布的质量。

其次是加强互动，创办在线互动栏目。工会网站可以创办在线互动栏目，如"主席信箱"，职工群众可以直接在网站上同工会主席交流，有些当面说会尴尬的言辞可以通过"小窗"工会主席，反映内心深处的想法。工会主席也要及时查看信件，注意回复的质量，不能用"已阅"这样的字眼草草应付，而要尽心尽力为职工解决难题、办好实事。

最后是增强乐趣，强化网站服务功能。工会网站建设要充分利用电子政务这种新方式，将网上办事和网上为职工服务有机结合起来，寓娱乐于服务之中，如举办在线知识竞赛、歌唱比赛、征文比赛等，让广大职工参与进来，丰富职工的日常文体活动。

二、"互联网＋"时代的工会微博

伴随着微博的广泛使用，它已经成为广大网民社交的标配，同时也是社会各界讨论公共事件的重要场所。全民"织围脖"时代的到来，促进了信息的流通与分享，科学有效地利用微博这一功能强大的新兴网络平台和载体，可以推动工会工作的信息化、网络化进程，是工会组织更好地适应社会发展的需要，也可以使工会更好地服务职工群众。因此，开通工会官方微博，是工会工作的重要创新之举。

1. 工会微博发挥的重要作用。

首先是正面内容聚合器作用。工会微博可以结合自身特点，形成微传播阵势，通过更有针对性的宣传引导和更加有效的信息服务，将高屋建瓴的新思想、新实践、新成就转化为"接地气"的微话题、微行动、微服务，成为工会组织和职工群众之间的新纽带。

其次是负面内容净化器作用。工会微博在各类突发事件中成为各类谣言的有力捕手和负面情绪的对冲来源，可以不断净化微博空间话语环境。工会应及时发布权威信息，主动引导网民和社会公众明辨是非，凝聚共识，有效聚合各方正能量。

最后是公益行动催化器作用。工会微博平台最大化动员了社会公益力量，助推网络公益事业发展，针对包括网络扶贫在内的各类公益活动和议题，加大投入和策划，彰显网络爱心。

2. 建设工会微博应注意的问题。

首先要关注社会热点。利用工会微博平台，关注社会热点，把握职工动态，了解社会动向，提升鉴别力和判断力。通过工会微博平台，及时主动准确发声，用职工喜闻乐见的语言有针对性的回答职工关心的热点问题，以宽容、真诚的姿态与职工群众有效沟通。

其次要丰富应用方式。进一步明晰工会微博的板块和信息分类，建立信息发布、政策咨询、意见收集、互动交流等不同的板块，提高内容的质量和针对性。积极使用微访谈、微直播、投票、微群、线下活动等多个维度，提升工会微博的层次，建立起涵盖从全总到基层工会的微博体系。

最后要加强合作联动。切实关注网络意见，主动设置公共议题，邀请工会主席和相关专家进行访问，加深职工对话题的理解和认识。认真研究职工群众的多样化需求，生动展示广大职工群众中的先进典型，讲好职工身边的故事，传播工会声音。

3. 运营工会微博的策略。

首先要以平等的姿态与职工交流。互联网填平了现实生活中身份、地位的差别。现实生活中，某些工会组织存在一定程度的"门难进、脸难看、事难办"的现象，若把这种"傲娇"的姿态带入互联网，后果会非常严重。一定要注意放低姿态，与职工群众平等互动、亲切交流，让职工群众感受到一个"有温度"的微博。

其次要以客观的态度处理职工群众的评论。工会微博要勇于直面批评，坦诚接受各种意见。不要随意关闭评论功能，否则会给职工网民留下不好的印象，尽量保留有客观代表性的评论。对于职工带有一定情绪性和主观性的观点，可以通过适当的方式进行沟通，排解负面情绪。因此，工会微博具有"解压阀"的功能，在网络上尽早发现问题、解决问题，进而疏导民怨，避免矛盾的积累和升级。

最后要以强烈的责任心做好服务。工会微博运营最终的落脚点是服务职工。越来越多的职工群众希望通过微博平台了解更多的信息，解决工作和生活中遇到的问题，收获更好的服务。如果不能有效地解决问题，漂亮话说得再多，工会微博的实质作用也不会得到有效发挥。

三、"互联网＋"时代的工会微信

"互联网＋"时代，新媒体的应用日渐影响和改变着我们生活的方方面面，尤以微信最为突出。职工群众特别是广大青年职工，每天都在接触网络，互联网已经成为他们获取资讯、表达诉求、接受服务的平台。随着微信用户的日益增多，利用微信这一新媒体开展好工会宣传、服务好职工已成为工会重要的工作内容。

微信是以关系网络为传播渠道的"自媒体"，在某种意义上给人们提供了信息发布的"自主权"。传统媒体信息发布的方式是"放气球",信息交给媒体之后,再也没法控制。而微信这种自媒体的出现,使信息发布的方式变成了"放风筝",线始终牵在自己手里,风筝放多高、飞多远,都可以控制。关系体现在微信上就是所谓的"粉丝",每一个"粉丝"就是一个关系渠道,多一个粉丝就多一条信息传播的路径。

当下,微信是职工民意的"瞭望台"。工会组织在微信平台上不仅能发布工作信息,发出自己的声音,也能聆听职工群众的声音,了解他们的意见和态度。同时,微信也是互动对话、服务职工的全新舞台,可以借助微信做好工会创新工作,通过贴心服务展示工会工作者全心全意为职工服务的良好形象。

1. 微信 VS 微博。

有人说:"微博像一个广场或者一个大茶馆,是公共场所;而微信就像小酒吧、小饭馆,更适合比较亲密的朋友,能够更好地进行一对一的交流。"微信相对于微博,其最大的特点是沟通方式的变革带来了更好的互动性,前景更加广阔。微博呈现"放射性"传递,信息海量、传播面广、传播速度很快,但是无效信息多,另外要遵循用户阅读的时间规律,不少内容很难让用户看见。而微信呈现"一对一"直线传递,更有针对性,更精准有效,信息传达率高。简言之,微博是点对面的传播,微信是点对点的传播。

随着智能手机的普及、移动互联网的高速发展,微信作为一款通过网络快速发送文字、图片、语音和视频的手机聊天软件逐渐被人们认识和接纳。在拥有大量用户的基础上,微信又推出了微信公众平台,个人和机构都可以建立一个微信公众账号,与特定群体进行文字、图片、语音的全方位沟通和互动。

2. 发布工会微信信息的策略。

首先是精准定位,突出特色。工会微信平台要强化信息内容的"实用性"与"资讯"并重,也就是说,"生活价值"与"话题参与价值"同等重要。既然是为职工服务,因此就要多发布职工群众关心的信息,增强工会微信平台的吸引力,突出工会微信特色。毋庸置疑,职工最关心的还是工作生活中的一些现实问题,如就业、工资、保障、看病、维权等。因此,各级工会要根据工作职能对所开通的微信精准定位,彰显"本地化、个性化"的特色，根据职工需要及时发布信息，并且强化做本地的"专属微信"，各地的微信更侧重覆盖指向本地人群。

其次是把握频度，提升质量。微信，作为一个新时代的"移动百事通"，对用户本身具有特殊的意义，但是工会微信信息发布一定要把握好时间间隔和频度，避免过度推送重复无效信息，为用户造成困扰，要做到言简意赅，惜字如金。但同时也要注意及时发布和更新最新的消息，否则可能成为"僵尸公众微信号"，对职工毫无实用性。发布信息可以用讲故事的语气，在有限的篇幅中，用打动人心的方式去阐述那些抽象的、比较难以理解的道理，设计情节、营造情境，用一个个活灵活现的生动故事吸引职工。

最后要更新观念，加强互动。要研究新媒体技术对职工群众思维方式、工作方式等产生的影响，更新观念，注重利用新兴媒体的特点，在内容和形式上不断推陈出新，加强与职工的互动。在微信公众平台上要精心推送一批主题丰富、图文并茂、活泼明快、喜闻乐见的内容，把工会工作通俗化、个性化、实用化，尽可能涵盖工会所有维权服务项目，方便职工网上办理。职工遇到问题也可以通过微信公众平台反映，工会相关信息员对问题进行汇总解答，尽量让信息多跑路，让职工少跑路，更好地宣传动员群众、引导教育群众、帮助服务职工，打通微信公众平台服务职工群众的"最后一公里"。

四、"互联网＋"时代的工会 APP 移动客户端

除了微信、微博之外，APP 的发展为政府掌握网络话语权打开了新的窗口。近年来，政务 APP 的使用主要集中在火车、飞机、地铁等出行方式类，政务 APP 不是以提供内容为主，而是内容和服务并重，更突出"功能性"。数据化和智能化应该是未来的方向，聚合服务则是政务 APP 的趋势。

1. APP 移动客户端的含义。

什么是 APP 移动客户端？工信部在《移动智能终端应用软件（APP）预置和分发管理暂行规定（征求意见稿）》中，将它称为移动智能终端应用软件，包括移动智能终端预置应用软件，以及由互联网信息服务提供者提供的可以通过网站、应用商店等移动应用分发平台下载、安装、升级的应用软件。在中国互联网信息中心发布的《中国移动互联网调查研究报告（2014）》中，将它称为互联网应用与服务，可以简称为 APP（Application），

即在手机终端运行的软件，也叫手机应用程序。也就是说，移动客户端是指安装在智能手机、平板电脑等移动智能终端上的应用程序。类似于电脑上的软件，点击桌面上的软件图标即可进入查看内容，不再需要登录浏览器访问网址。

随着智能移动终端普及率的快速提高，越来越多的 APP 受到老百姓的青睐。那么，什么样的 APP 更能受到职工群众的欢迎，凸显工会特色呢？首先，要能满足职工需求，这是开发工会 APP 的出发点和落脚点；其次，要做到个性化，突出鲜明的工会特色；最后，要注重互动性，使得 APP 发展到更加高级的阶段，才能提高下载量。

2. 开发工会 APP 需要注意的问题。

首先是内容丰富，特色鲜明。一款好的 APP，必须以为职工群众服务为出发点和落脚点，把线下的工会服务内容转移到线上，成为一个内容丰富的线上工会"超市"，让职工流连忘返、足不出户就可以享受工会的服务。工会 APP 鲜明的特色在于立足于为职工维权，为职工解忧，其中有些 APP 定位准确，针对特定人群量身打造，如农民工、下岗职工、女职工等群体。

其次是辨识度高，易于发现。一款好的工会 APP，必须易于分辨，能让职工群众在多样的 APP 中，一眼就辨认出自己需要这个 APP 而不是其他 APP。其功能设计、页面风格、操作特点，都应该具有亲和力，让职工一经使用，欲罢不能。

最后是捕捉眼球，吸引力强。一款好的 APP，要有高度的用户黏性，工会 APP 要获得长久的生命力，就必须对职工具有长久的吸引力。就像商场通过不同特色吸引不同客户一样，有些靠质量过硬的商品，有些靠细致热情的服务。APP 的吸引力不仅体现于服务项目之中，更体现于与职工的互动之中。

第四节　"互联网+"时代下工会干部

素质能力的提升"互联网+"时代在带来技术变革、经济创新、社会进步的同时，也给工会工作带来前所未有的创新与挑战。"互联网+工会"时代，工会干部要想挑起工会工作创新的大梁，就必须提升整体能力素质和工作水平，不断学习互联网知识、掌握网络必备技能，克服"本领恐慌"，努力跟上时代发展的步伐，成为政治上强、业务上精、懂法律会维权的高素质综合性人才。工会干部只有更好地认知网络、主动适应网络、善于应用网络，才能对职工队伍产生深刻影响，把工会工作推向一个新的阶段。针对少数工会干部不懂网络知识、不熟悉网络信息，不会处理网络舆情等问题，有必要把懂网作为必修课，把用网作为基本功，切实提高运用网络做好工会工作的能力，努力满足职工群众不断增长的需求，提升工会工作的实效。

一、培育工会干部的互联网思维

要在新时代下做好"互联网＋工会"工作，就必须掌握互联网思维精髓和本质，将互联网思维运用到工会工作全过程。

1. 互联网思维的特征。

一是创新精神。创新是互联网的灵魂，也是工会持续发展的核心动力。做好"互联网＋"时代工会工作，就要树立起创新观念。坚持开放性，强调开放、协作、分享，提高工作效率。开放重在对外开放，需要面向社会、面向全体职工，有效整合社会组织服务资源，打造服务职工的良好格局。

二是用户至上。"互联网＋工会"工作的开展，就要奉行职工至上、以职工为中心的理念，并切实落实到工会工作的全过程。因此，工会组织树立互联网思维，首先必须以职工需求为出发点，切实解决职工所需，做好维权服务工作。

三是行动迅速。思维敏捷、快速行动才能跟上互联网时代的步伐。运用互联网思维开展工会工作，也需要强调这种"快"，及时了解职工需求，迅速呼应职工期盼，做好职工服务工作。

四是平台思维。互联网思维最鲜明的特征是运用平台思维方式，通过平台规则、平台运营机制的创新，聚合双边或多边市场规模，打造共赢的生态圈。做好"互联网＋工会"工作，要通过构建服务职工平台，整合社会各方面服务内容，形成协同服务、全面服务职工的新格局。

2. 提高工会干部的网络驾驭能力。

一是提高工会干部的网络认知能力。各级工会干部应认真学习互联网新知识，互联网的即时性、跨越时空性及网络信息的光速传播、高度共享、实时互动使得网络信息成倍增长。因此，要想提高工会干部的网络驾驭能力，首先就要重视网络的基本知识和基本应用的学习，丰富互联网知识技能，加大信息化培训力度，提升信息带动、沟通、反应能力，提高网上宣传引领能力、沟通交流能力、快速反应能力。

二是提高工会干部的网络运用能力。工会干部要以积极的心态熟悉网络，研究网络，善用网络尤其是熟练运用网民能够接受的语言和沟通方式开展网络交流工作，做好群众工作。工会干部要高度重视和关注网络舆论、网络诉求以及网民建议，紧盯网上出现的群众诉求，善用互联网传播工会的路线方针政策，回应职工群众的期盼，为群众释疑解惑。

三是提高工会干部的网络引领能力。网络具有人人参与、信息传播快捷等特点，越来越成为大众舆论的主渠道，成为公众讨论公共事务、表达利益诉求的平台。因此，各级工会干部要强化对网络运行规律的学习，把握网络发展的大趋势，积极运用网络开展工会工作。此外，还要学习掌握应对网络舆论的技巧，在遇到突发事件时，及时抢占网络舆论制高点，引导网络舆论在健康的轨道上良性发展。

二、培育工会干部的媒介素养

随着互联网信息技术的迅猛发展，对网络媒体的新特点、新规律、新技能的把握已经成为包括工会干部在内的各级干部的一项必备素质。新媒体时代，各级工会干部必须对"互联网 +"时代新兴媒体的定位、功能、特点、运作规律有客观、全面、准确、清醒的认识，充分认识舆论引导工作的重要性，认真学习网络媒体知识，熟练运用网络媒体，不断提高媒介素养，才能确保网络舆论引导的及时性、权威性和公信力、影响力。

1. 媒介素养的含义。

媒介素养概念最早由英国学者利维斯于 20 世纪 30 年代提出，经过多年的发展演变，美国媒体素养研究中心于 1992 年对媒介素养下了如下定义：媒介素养是指在人们面对不同媒体中各种信息时所表现出的信息的选择能力、质疑能力、理解能力、评估能力、创造和生产能力以及思辨的反应能力。概括地说，所谓媒介素养就是指正确地、建设性地享用大众传播资源的能力，能够充分利用媒介资源完善自我，参与社会进步。主要包括公众利用媒介资源动机、使用媒介资源的方式方法与态度、利用媒介资源的有效程度以及对传媒的批判能力等。

2. 提升工会干部媒介素养的途径。

提升工会干部互联网媒介素养，要从维护党和国家形象，维护社会和谐稳定的高度出发，加强学习，同时还要不断改进作风，加强网上网下互动，营造良好的网络环境。

首先从思维理念层面，要树立与新媒体环境相适应的思维理念。互联网时代打破了固有的舆论宣传格局，带来传播途径、传播方式的变化，同时引发了传播心态、传播理念的革命。它促使每一个网络用户，重新审视评价自身定位。因此，工会干部要真正树立"互联网思维"，增强学习、掌握和运用网络知识的紧迫感。

其次从技术支撑层面，丰富的知识储备和过硬的技术支撑是构成良好的网络媒介素养的重要条件。工会干部要在增强对信息技术发展的新趋势、新规律的前瞻性研究和布局的基础上，高度重视新兴媒体的建设，在话语体系、表达方式、传播渠道等方面创新。

最后从内在修养层面，工会干部要主动培养和提升网络媒介素养。工会干部要具备鲜明的政治立场和政治原则，具有良好的人文素养和道德品质，还要能够掌握并运用先进的信息技术，提高网络新媒体的应用能力。要时刻牢记并保障职工群众的知情权、表达权、参与权、监督权，主动发布信息、引导舆论，提高工会组织吸引力凝聚力。

三、加强工会干部的网络安全意识

2016 年 4 月 19 日，习近平总书记在主持召开的中央网络安全和信息化工作座谈会上指出，网络安全和信息化是相辅相成的。习近平总书记强调，"网络安全和信息化是一体两翼、驱动之双轮，必须统一谋划、统一部署、统一推进、统一实施。做好网络安全和信息化工作，要处理好安全和发展的关系，做到协调一致、齐头并进，以安全保发展、以发展促安全"。安全是发展的前提，发展是安全的保障，安全和发展要同步推进。要树立正确的网络安全观，加快构建关键信息基础设施安全保障体系，全天候全方位感知网络安全态势，增强网络安全防御能力和威慑能力。

1. 大数据时代的网络隐患。

网络信息安全是大数据时代最尖锐的问题。企业内部交易信息、互联网商品物流信息、互联网用户交互信息、位置信息等，都面临被监控和侵犯的隐忧。同时，由于大数据具有数据量大、价值密度低的特点，也对传统网络安全技术提出了全新的要求。因此，如何对大数据资源进行有效的安全保护，成为目前社会各界共同关注的问题。

2. 保障"互联网＋工会"网络安全的途径。

工会组织在全力推进"互联网＋工会"工作的同时，把网络安全纳入"互联网＋工会"工作的总体布局和顶层设计内容之中，切实保障"互联网＋工会"工作的网络信息安全。

首先是强化顶层设计，研究制定网络安全战略规划。确保"互联网＋工会"网络安全，要开展相应的安全建设和管理，做好信息系统定级备案、整改和监督检查。要强化网络与信息安全应急处置工作，完善应急预案，加强对基础网络与重要信息系统灾备设施建设的指导和协调。要采用通过安全认证认可的信息安全产品。

其次是严格制度管理，提高网络安全技术防范水平。要健全网络安全责任制和工作机制，完善协调机制，强化责任，严防死守，切实做到领导到位、机构到位、人员到位、责任到位、措施到位。加强对门户网站、微信平台、业务系统的管理，制订方案，定期开展自查，及时消除隐患，堵塞漏洞。重点防范系统间、业务间关联风险，防止连锁式安全事故发生。完善应急处置预案，对突发网络安全事件进行应急响应，做到早发现、早报告、早控制、早解决，保障网络及信息系统正常运行。

最后是用互联网思维方式，解决"互联网＋工会"网络安全问题。

快速的反应和应对是从网络安全攻击中生存下来的必要条件，信息安全行业正逐步走向分工合作、联合防御。在"互联网＋"环境下，应当发动各方面力量帮助解决问题。目前国内已涌现出多个较为成熟的安全众测平台，依靠国内外网络安全白帽黑客的力量发现各系统的安全漏洞，通过信息安全的"服务化"，可以在一定程度上解决专业安全人员数量不足、用户信息安全防御成本高的矛盾，同时还可以提供更加准确、快速的安全应急响应。

四、提高工会干部的网络舆情应对能力

网络舆情无时不在，无处不在，既可以充分表达职工的诉求，也可以为工会干部及时掌握职工的呼声，当好第一知情人提供方便之门。面对不期而至的网络舆情，只可重视而不能忽视，只可接受而不能排斥，只可引导而不能压制。

工会干部必须加强互联网舆情应对能力，健全互联网涉工舆情分析研判机制，通过网络舆论引导民意、推动工作、促进发展，面对新情况新问题特别是面对突发事件时，以专业的理念和良好的心态，在舆论战中抢占先机，树立公信。

1. 切实增强工会干部的网络舆情意识。

网络舆情是一把"双刃剑"，它为我们了解民情民意提供了渠道。各级工会组织由此可以了解不同阶层民众的所思所想、所愿所盼，进而加大把不同阶层群众的诉求转化为决策的力度，保证各项政策更好地体现广大职工群众的利益，从而获得最广泛的职工群众的拥护和支持。网络舆情为各级工会干部树起一面警示镜，随时从中看到工作作风不实、工作能力不强、工作水平不高、工作效果不尽如人意，时刻鞭策工会干部自律、自勉、奋进。工会干部必须切实增强网络舆情意识，真正做好网络舆情应对工作。一次次应对网络舆情，就是工会干部队伍得到锻炼、提高的过程；一次次化解舆情危机，就是工会工作不断上台阶的写照。

2. 破解网络舆情引导难题的方法。

一是"早说话"，第一时间抢占先机。时效性是新闻价值的重要体现，在坚持新闻真实性的前提下，第一时间介入新闻事件，第一时间发布权威信息，第一时间作出客观评论，用正确的导向防止和消除各种杂音和噪声的干扰，用真实的声音挤占谣言传播空间，不仅有利于提高传播效果，而且有利于赢得舆情先机。

二是"敢说话"，勇于触及敏感问题和矛盾。目前，我国经济发展全面进入新常态，正处于社会转型的关键时期，伴随着经济的快速发展，突发事件时有发生。面对重大突发事件和舆情热点，工会新闻网站要勇于触及敏感问题和矛盾，及时、准确地作出权威报道、深度解读或客观评论，掌握了舆

情引导的话语权，才能有效地引导舆情。

三是"会说话"，增强针对性和实效性。所谓舆情引导能力，实质上就是用新闻舆情改造和同化公众舆情的能力，以媒体的立场观点改造公众的立场观点的能力。所有工会网站都应始终牢记党和人民喉舌的使命，正确处理好网络舆情开放与有序、堵与疏的关系，坚持把体现党的主张与反映职工群众心声统一起来，把坚持正确导向与通达社情民意统一起来，变堵为疏，有效化解各种矛盾。

3. 应对"网络群体性事件"的方法。

网络群体性事件，简称"网群事件"，指在互联网上发生的有较多网民参与讨论的事件。近几年，"百万级点击率"的"网络群体性事件"屡见不鲜。应对"网群事件"，工会干部可以从两方面来引导。

一是及时发布权威信息。网络舆论之所以能够快速形成并扩散，在很大程度上是因为受众掌握的信息不对称，如企业降薪、裁员等信息，使得人心惶惶，从而造成民心不稳。作为引导者，工会干部面对此类网络突发事件，应及时发布权威信息，在很大程度上可以为职工解疑释惑。只要信息及时、准确、真实，往往不需要刻意引导，职工就会作出正确判断。

二是及时进行网络舆论软引导。所谓软引导，就是不直接宣讲法律和政策，而是从一切有利于解决问题、有利于维护职工群众的根本利益、有利于维护社会稳定的角度，采取各种形式，对形成舆论的基本事实、对网络上的各种评论进行评论和反评论。工会干部在了解职工队伍舆情的同时，采取跟帖、评论等方式，对网络上出现的不良信息和观点进行正面的"软引导"。对事实进行评论是立，对错误观点进行反评是破。立，一定要注意摆事实、讲道理，引导广大职工透过现象看本质；破，一定要抓住事件的要害，快、准、狠，既将错误观点彻底驳倒，又以理服人，从而将不利舆论引导为积极向上的主流舆论。

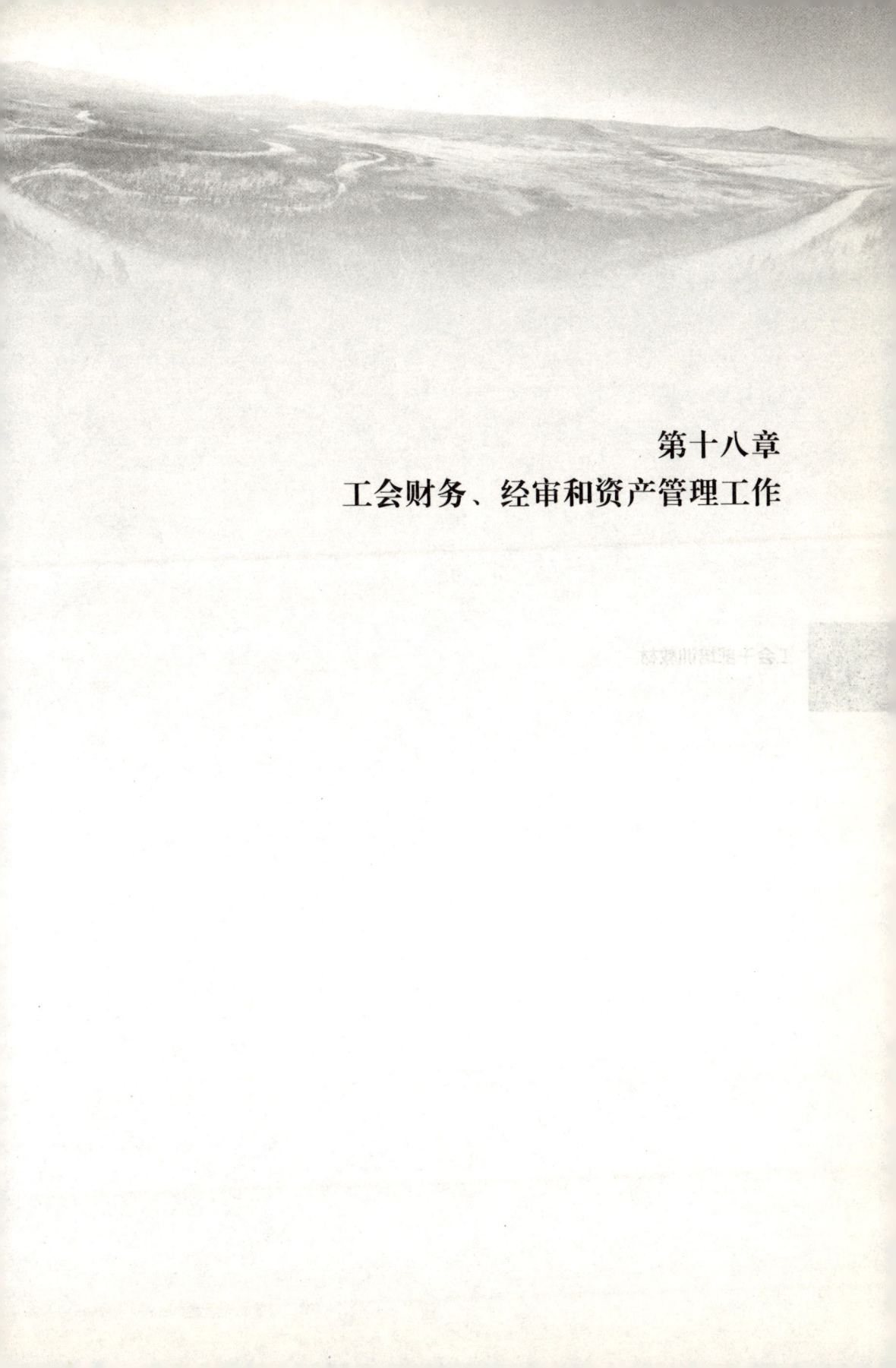

第十八章
工会财务、经审和资产管理工作

工会干部培训教材
（黑龙江版）

第一节　工会财务工作

工会财务工作是各级工会组织依照工会职能和任务要求而开展的经费管理活动。按照《工会法》《中国工会章程》的规定，工会财务工作的主要任务是收好、管好和用好工会经费。其中，收好是基础，用好是目的，管好是手段。

一、工会财务管理体制

《中国工会章程》第三十八条规定：工会资产是社会团体资产，中华全国总工会对各级工会的资产拥有终极所有权。根据经费独立原则，建立预算、决算、资产监管和经费审查监督制度。实行"统一领导、分级管理"的财务体制。

1. 统一领导。

统一领导就是全国总工会对全国各级工会的财务工作实行统一领导，通过制定统一的工会财务工作方针、政策，统一的财务制度和纪律，并实行财务监督，来实现其领导职责。各级工会组织及其所属单位，要自觉接受统一领导，以保证工会组织的完整性和统一性。同时，统一领导还体现在各级工会委员会（常委会）应当对财务工作实行集体领导，凡财务工作中的重大问题和重大开支项目要经集体讨论决定。

2. 分级管理。

分级管理就是在全国总工会统一制定的财务工作政策、制度、纪律制约下，对地方总工会和按产业系统管理经费的产业工会，确定财务管理层级、经费分成比例以及各层次工会财务管理的职责权限。各级工会按照规定，履行自己的职能，独立负责地开展财务管理工作。

分级管理的内容主要有以下几点：一是按照工会层级，由各级工会管理本级各项经费；二是由各级编制本级预决算；三是按级向本级会员代表大会和上级工会报告经费收支情况。

二、工会经费预算管理

工会预算是经一定程序核定的工会经费年度收支计划，是收好、管好、用好工会经费的重要手段，是工会财务管理的重要内容。各级工会必须按照《工会经费管理办法》办理工会预算、决算。根据"统一领导、分级管理"的工会财务管理体制，工会预算一般分为五级管理，即：全国总工会、省级工会、市级工会、县级工会、基层工会。预算管理实行下管一级的原则。建立乡镇（街道）工会的地方，省级以下预算管理级次由省级总工会根据本地实际情况确定后，报全国总工会备案。经全国总工会批准独立管理经费的中华全国铁路总工会、中国民航工会全国委员会、中国金融工会全国委员会，其预算管理级次由各自产业工会确定后，报全国总工会批准。县级以上（含县级，下同）工会对独立核算事业单位的补助及企事业单位按规定上缴的收益列入本级预算；未独立核算的事业单位，其收支要全额列入本级预算。各级工会要认真执行上级工会批准的预算，未经规定程序批准不得变更。预算年度自公历 1 月 1 日起至 12 月 31 日止。预算收支以人民币元为计算单位。

1. 预算管理职权。

工会预算包括本级预算和单位预算。本级预算是指各级工会本级次范围内工会经费收支（含所属建立预算管理关系的机关和单位）的总预算。单位预算是指与本级预算有相关经费收支管理关系的工会机关、企事业单位的预算。

实行本级预算管理的工会，其职权是：（1）编制本级预算、决算草案和预算调整方案；（2）审批下一级工会和依靠本级供给经费的工会机关及所属独立核算企事业单位的预算、决算，汇总本级及所属各级工会的决算；（3）组织本级预算的执行，按规定程序办理预算调整；（4）监督、检查下级工会和依靠本级供给经费的工会机关及所属独立核算企事业单位的预算执行情况；（5）协调处理工会与同级政府财政、税务等部门及其他有关部门在工会预算管理方面的政策和经济关系。

各级工会财务部门是本级预算管理的职能部门，具体负责本级预算管理工作。

实行单位预算管理的工会机关、企事业单位，其职权是：（1）编制本单位预算、决算草案和预算调整方案；（2）按照批准的预算，积极组织各项收入，合理安排各项支出，办理各项核算业务，保证预算任务的完成；（3）指导、监督所属单位或部门核算单位的各项财务收支工作；（4）按规定程序办理预算调整；（5）定期向主管工会财务部门报告预算执行情况。

2. 预算收支范围。

工会预算由预算收入和预算支出组成。

预算收入包括：（1）会费收入；（2）拨缴经费收入；（3）上级补助收入；（4）政府补助收入；（5）行政补助收入；（6）事业收入；（7）投资收益；（8）其他收入。

预算支出包括：（1）职工活动支出；（2）维权支出；（3）业务支出；（4）行政支出；（5）资本性支出；（6）补助下级支出；（7）事业支出；（8）其他支出。

3. 预算编制与审批。

工会预算编制的原则是：统筹兼顾，保证重点；量入为出，收支平衡；真实合法，精细高效。工会的年度预算应根据有关政策法规、上级工会要求、预算编制原则和本年度工会工作计划编制。本年度无重大支出项目，不得编制赤字预算。期末滚存经费结余不得出现赤字。预算收入的编制，要按照收入来源，充分考虑本年度各项变动因素，依法、真实、完整、合理地编制。预算支出的编制，要坚持勤俭节约，体现工会工作特点，要优化经费支出结构，把资金使用的重点安排在维护职工权益、为职工服务和工会活动方面。县级以上工会行政性支出预算，应参照同级政府的有关规定、制度、费用标准以及核定的人员编制编列。县级以上工会接受的财政补助资金要纳入预算管理，依据财政确定的开支范围专款专用。不得截留、挪用和改变资金用途。

各级工会的办公、职工活动场所等基本建设，根据《工会法》及国家有关规定，应由同级政府或行政解决。县级以上工会的办公和职工群众的文化、教育、体育活动设施，在政府给予大部分补助的前提下，经上级工会批准，可以动用少量经费弥补不足，上级工会也可根据情况给予适当补助。房屋建筑物购建、专项设备购置、大型修缮等预算，需附经有关专业部门论证的可行性工程项目论证报告、立项批复、开工许可等相关文件，按照工程进度及资金状况编制当年预算。列入地方基本建设或更新改造计划的工程项目，应附地方政府或相关部门文件。各级工会用部分结余经费投资时，必须进行可行性经济分析论证，提出书面报告，报职能部门审核，工会委员会（或常委会）讨论通过后，方可列入预算。县级以上工会预算，可在本级预算支出总额的 5% 以内编列预备费，用于当年难以预见的特殊开支。县级以上工会根据需要，可以从本级经费结余中安排一定数额的后备金作为储备，用于特殊情况下的资金需要。需要动用时，必须经过本级工会经费审查委员会审议，工会常委会批准，并报上级工会备案。县级以上工会应根据全国总工会规定提取增收留成基金、财务专用基金和工会干部权益保障金。全国总工会每年 10 月提出下年度省级工会编制预算的要求。省、市、县级工会应根据上级工会编制预算的要求，结合实际情况进行部署，并按照上级工会规定的时间上报下年度预算。

各级工会的本级预算草案，由各级工会财务部门编制，经工会委员会（或常委会）讨论通过，并经本级经费审查委员会审查通过后，报上一级工会审批或备案。上一级工会有权提出修订预算的意见和要求，下级工会根据提出的意见和要求调整预算。依靠本级工会供给经费的工会机关及所属独立核算事业单位的预算草案由本级工会审批。全国总工会预算草案，经全国总工会经费审查委员会审查通过后，由全国总工会书记处批准后执行。各省级工会的本级预算（附工会机关预算），应在 3 月 15 日前报送全国总工会审批，全国总工会应于 30 个工作日内及时批复。市级以下（含市级）工会本级预算的报批时间，由省级工会确定。

4. 预算的执行与调整。

各级工会预算由本级工会委员会（或常委会）组织执行，具体工作由本级工会财务部门负责。各级工会应按照预算确定的任务积极组织收入。各级工会要按照全国总工会、省级总工会的规定及时、足额拨缴工会经费，不得截留、挪用。各级工会预算在批准之前只能开支必要的基本费用及帮扶、送温暖等支出。建设工程、设备工具购置、大型修缮和信息网络购建等费用一般不得开支，因特殊原因必须提前开支的，经工会委员会（常委会）或主席办公会议同意，可控制在年度预算的 25% 以内。预算批准后，按照批准的预算执行。各级工会应根据年度支出预算和用款计划拨款。不得办理超预算、超计划的拨款，不得越级办理预算拨款。各级工会要加强预算支出的管理，严格执行预算和财务制度，不得擅自扩大支出范围，提高开支标准，不得以领代报，不得擅自改变预算资金用途。建设工程、设备工具购置、大型修缮和信息网络购建等支出，应经有关专业部门审核后执行。各级工会要严格控制行政支出，专项资金必须专款专用。应纳入集中采购范围内的支出，按有关规定办理。各级工会预算在执行过程中，发生项目改变或追加项目，经有关部门审核，报工会委员会（常委会）或主席办公会议同意后，在预算内调整或动用预算预备费。各级工会预算在执行过程中，遇有特殊情况，预算收支总额需要增减变动时，应当编制预算调整方案，每年以一次为限，其编制、审批与预算编制审批程序相同。

5. 决算。

工会决算是工会收支预算的执行结果。各级工会应按上级工会的要求编制年度决算。决算未经批准前，称为决算草案。编制决算草案，必须符合法律法规，做到收支数额准确，内容完整，报送及时（附报工会机关决算草案）。跨年度的基本建设工程，决算前按年度拨出数编报，最后年度工程竣工后，经具有相应资质的社会中介机构审核确认，按审核确认数扣除以前年度决算数后的余额，编制年度决算。决算草案的审批程序与预算草案审批程序相同。省级工会的本级决算，应在 3 月 15 日前报送全国总工会审批，全国总工会应于 30 个工作日内及时批复。市级以下（含市级）工会决算的报批时间，由省级工会确定。各级工会的决算，应按上级工会的要求逐级汇总上报。

6. 预算监督。

各级工会财务部门负责监督检查下级工会和本级工会所属单位预算的执行。各级工会的预算、决算要接受同级工会经费审查委员会的审查审计监督。预算执行情况要接受上一级工会经费审查委员会的审计监督。各级工会对年度预算安排的项目要逐步实行绩效考评制度。违反规定，擅自改变预算资金的性质和使用范围，截留、挪用项目资金；隐瞒收入，虚列支出，造成会计信息严重失真；擅自决定重大开支项目等行为的，上级工会应责令其作出检查，并要求纠正。情节严重，造成经济损失的，对负有直接责任的负责人和相关人员，按照国家法律法规和工会的有关规定追究其责任。

三、工会经费收入管理

工会经费收入是工会组织为完成工会工作任务，发展工会事业而依法筹集的资金。《工会法》第四十二条规定，工会经费的来源包括五个方面：

1. 工会会员缴纳的会费。

工会会员每月应向工会组织缴纳本人每月基本工资收入 0.5% 的会费，工资不足十元的不计缴会费；会员所得各种奖金、津贴、稿费收入以及按法律、法规的规定所领取的各种补助费、救济费、退休金、退职金等，均不缴纳会费；会员缴纳的会费，全部留在基层，不需上交。这充分反映了会员会费是取之于会员用之于会员的指导思想。收好会员会费的标准是会员自愿交纳、及时收缴、收足收齐。

2. 建立工会组织的企业、事业单位、机关按每月全部职工工资总额的百分之二向工会拨缴的经费。

职工工资总额反映了一定时期职工从单位内得到的全部工资，包括计时工资、计件工资、奖金、津贴和补贴、加班加点工资、特殊情况下支付的工资。工资总额的计算原则应以直接支付给职工的全部劳动报酬为根据。各单位支付给职工的劳动报酬以及其他根据有关规定支付的工资，不论是计入成本的还是不计入成本的，无论是以货币形式支付的还是以实物支付的，均应列入工资总额的计算范围。

根据中华全国总工会、国家税务总局《关于进一步加强工会经费税前扣除管理的通知》（总工发〔2005〕9号）规定："各级税务部门和工会组织要密切配合，做好工会经费收缴工作。"中华全国总工会、财政部《关于财政拨款的行政事业单位计拨工会经费有关问题的通知》（总工发〔2003〕25号）规定："各级财政部门要将应由财政负担的工会经费列入财政预算。有条件的地区在推行财政国库管理制度改革时，可考虑根据当地财政部门的规定，对工会经费实行集中支付。"工会经费可委托税务、财政等企业所在地政府部门代收。全国总工会《关于基层工会组织筹建期间拨缴工会经费（筹备金）事项的通知》（总工办发〔2004〕29 号）要求基层工会所在单位在工会组织筹建期间，按该单位职工工资总额 2% 全额向筹建基层工会的上级工会拨缴工会筹备金。

3. 工会所属的企业、事业单位上缴的收入。

4. 人民政府的补助。

5. 其他收入。

最高人民法院《关于产业工会、基层工会是否具备社团法人资格和工会经费集中户可否冻结划拨问题的批复》（法复〔1997〕6 号）对工会经费权属问题做出司法解释：“根据工会法的规定，工会经费包括工会会员缴纳的会费，建立工会组织的企业事业单位、机关按每月全部职工工资总额的百分之二的比例向工会拨交的经费，以及工会所属的企业、事业单位上缴的收入和人民政府的补助等。工会经费要按比例逐月向地方各级总工会和全国总工会拨交。工会的经费一经拨交，所有权随之转移。在银行独立开列的‘工会经费集中户’，与企业经营资金无关，专门用于工会经费的集中与分配，不能在此账户开支费用或挪用、转移资金。因此，人民法院在审理案件中，不应将工会经费视为所在企业的财产，在企业欠债的情况下，不应冻结、划拨工会经费及‘工会经费集中户’的款项。”

四、基层工会经费支出管理

工会经费支出管理是工会财务工作通过科学方法和有效手段实现其物质保障作用，即用好工会经费。掌握工会经费使用原则，严格控制工会经费开支的范围，切实采取用好工会经费的措施，是履行工会财务管理职责的重要任务。

2017 年 12 月中华全国总工会办公厅发布了《基层工会经费收支管理办法》（总工办发〔2017〕32 号），这一办法适用于企业、事业单位、机关和其他经济社会组织单独或联合建立的基层工会委员会。

1. 基层工会经费收支管理应遵循的原则。

（1）遵纪守法原则。基层工会应依据《工会法》的有关规定，依法组织各项收入，严格遵守国家法律法规，严格执行全国总工会有关制度规定，严肃财经纪律，严格工会经费使用，加强工会经费收支管理。

（2）经费独立原则。基层工会应依据全国总工会关于工会法人登记管理的有关规定取得工会法人资格，依法享有民事权利、承担民事义务，并根据财政部、中国人民银行的有关规定，设立工会经费银行账户，实行工会经费独立核算。

（3）预算管理原则。基层工会应按照《工会预算管理办法》的要求，将单位各项收支全部纳入预算管理。基层工会经费年度收支预算（含调整预算）需经同级工会委员会和工会经费审查委员会审查同意，并报上级主管工会批准。

（4）服务职工原则。基层工会应坚持工会经费正确的使用方向，优化工会经费支出结构，严格控制一般性支出，将更多的工会经费用于为职工服务和开展工会活动，维护职工的合法权益，增强工会组织服务职工的能力。

（5）勤俭节约原则。基层工会应按照党中央、国务院关于厉行勤俭节约反对奢侈浪费的有关规定，严格控制工会经费开支范围和开支标准，经费使用要精打细算，少花钱多办事，节约开支，提高工会经费使用效益。

（6）民主管理原则。基层工会应依靠会员管好用好工会经费。年度工会经费收支情况应定期向会员大会或会员代表大会报告，建立经费收支信息公开制度，主动接受会员监督。同时，接受上级工会监督，依法接受国家审计监督。

2. 工会经费支出。

基层工会经费主要用于为职工服务和开展工会活动。

基层工会经费支出范围包括：职工活动支出、维权支出、业务支出、资本性支出、事业支出和其他支出。

职工活动支出是指基层工会组织开展职工教育、文体、宣传等活动所发生的支出和工会组织的职工集体福利支出。包括：

（1）职工教育支出。用于基层工会举办政治、法律、科技、业务等专题培训和职工技能培训所需的教材资料、教学用品、场地租金等方面的支出，用于支付职工教育活动聘请授课人员的酬金，用于基层工会组织的职工素质提升补助和职工教育培训优秀学员的奖励。对优秀学员的奖励应以精神鼓励为主、物质激励为辅。授课人员酬金标准参照国家有关规定执行。

（2）文体活动支出。用于基层工会开展或参加上级工会组织的职工业余文体活动所需器材、服装、用品等购置、租赁与维修方面的支出以及活动场地、交通工具的租金支出等，用于文体活动优胜者的奖励支出，用于文体活动中必要的伙食补助费。

文体活动奖励应以精神鼓励为主、物质激励为辅。奖励范围不得超过参与人数的三分之二；不设置奖项的，可为参加人员发放少量纪念品。

文体活动中开支的伙食补助费，不得超过当地差旅费中的伙食补助标准。

基层工会可以用会员会费组织会员观看电影、文艺演出和体育比赛等，开展春游秋游，为会员购买当地公园年票。会费不足部分可以用工会经费弥补，弥补部分不超过基层工会当年会费收入的三倍。

基层工会组织会员春游秋游应当日往返，不得到有关部门明令禁止的风景名胜区开展春游秋游活动。

（3）宣传活动支出。用于基层工会开展重点工作、重大主题和重大节日宣传活动所需的材料消耗、场地租金、购买服务等方面的支出，用于培育和践行社会主义核心价值观，弘扬劳模精神和工匠精神等经常性宣传活动方面的支出，用于基层工会开展或参加上级工会举办的知识竞赛、宣讲、演讲比赛、展览等宣传活动支出。

（4）职工集体福利支出。用于基层工会逢年过节和会员生日、婚丧嫁娶、退休离岗的慰问支出等。

基层工会逢年过节可以向全体会员发放节日慰问品。逢年过节的年节是指国家规定的法定节日（即：新年、春节、清明节、劳动节、端午节、中秋节和国庆节）和经自治区以上人民政府批准设立的少数民族节日。节日慰问品原则上为符合中国传统节日习惯的用品和职工群众必需的生活用品等，基层工会可结合实际采取便捷灵活的发放方式。

工会会员生日慰问可以发放生日蛋糕等实物慰问品，也可以发放指定蛋糕店的蛋糕券。

工会会员结婚生育时，可以给予一定金额的慰问品。工会会员生病住院、工会会员或其直系亲属去世时，可以给予一定金额的慰问金。

工会会员退休离岗，可以发放一定金额的纪念品。

（5）其他活动支出。用于工会组织开展的劳动模范和先进职工疗休养补贴等其他活动支出。

维权支出是指基层工会用于维护职工权益的支出。包括：劳动关系协调费、劳动保护费、法律援助费、困难职工帮扶费、送温暖费和其他维权支出。

（1）劳动关系协调费。用于推进创建劳动关系和谐企业活动、加强劳动争议调解和队伍建设、开展劳动合同咨询活动、集体合同示范文本印制与推广等方面的支出。

（2）劳动保护费。用于基层工会开展群众性安全生产和职业病防治活动、加强群监员队伍建设、开展职工心理健康维护等促进安全健康生产、保护职工生命安全为宗旨开展职工劳动保护发生的支出等。

（3）法律援助费。用于基层工会向职工群众开展法治宣传、提供法律咨询、法律服务等发生的支出。

（4）困难职工帮扶费。用于基层工会对困难职工提供资金和物质帮助等发生的支出。

工会会员本人及家庭因大病、意外事故、子女就学等原因致困时，基层工会可给予一定金额的慰问。

（5）送温暖费。用于基层工会开展春送岗位、夏送清凉、金秋助学和冬送温暖等活动发生的支出。

（6）其他维权支出。用于基层工会补助职工和会员参加互助互济保障活动等其他方面的维权支出。

业务支出是指基层工会培训工会干部、加强自身建设以及开展业务工作发生的各项支出。包括：

（1）培训费。用于基层工会开展工会干部和积极分子培训发生的支出。开支范围和标准以有关部门制定的培训费管理办法为准。

（2）会议费。用于基层工会会员大会或会员代表大会、委员会、常委会、经费审查委员会以及其他专业工作会议的各项支出。开支范围和标准以有关部门制定的会议费管理办法为准。

（3）专项业务费。用于基层工会开展基层工会组织建设、建家活动、劳模和工匠人才创新工作室、职工创新工作室等创建活动发生的支出，用于基层工会开办的图书馆、阅览室和职工书屋等职工文体活动阵地所发生的支出，用于基层工会开展专题调研所发生的支出，用于基层工会开展女职工工作性支出，用于基层工会开展外事活动方面的支出，用于基层工会组织开展合理化建议、技术革新、发明创造、岗位练兵、技术比武、技术培训等劳动和技能竞赛活动支出及其奖励支出。

（4）其他业务支出。用于基层工会发放兼职工会干部和专职社会化工会工作者补贴，用于经上级批准评选表彰的优秀工会干部和积极分子的奖励支出，用于基层工会必要的办公费、差旅费，用于基层工会支付代理记账、中介机构审计等购买服务方面的支出。

基层工会兼职工会干部和专职社会化工会工作者发放补贴的管理办法由省级工会制定。

资本性支出是指基层工会从事工会建设工程、设备工具购置、大型修缮和信息网络购建而发生的支出。

事业支出是指基层工会对独立核算的附属事业单位的补助和非独立核算的附属事业单位的各项支出。

其他支出是指基层工会除上述支出以外的其他各项支出。包括：资产盘亏、固定资产处置净损失、捐赠、赞助等。

根据《工会法》的有关规定，基层工会专职工作人员的工资、奖励、补贴由所在单位承担，基层工会办公和开展活动必要的设施和活动场所等物质条件由所在单位提供。所在单位保障不足且基层工会经费预算足以保证的前提下，可以用工会经费适当弥补。

3. 基层工会应严格执行的规定。

（1）不准使用工会经费请客送礼。

（2）不准违反工会经费使用规定，滥发奖金、津贴、补贴。

（3）不准使用工会经费从事高消费性娱乐和健身活动。

（4）不准单位行政利用工会账户，违规设立"小金库"。

（5）不准将工会账户并入单位行政账户，使工会经费开支失去控制。

（6）不准截留、挪用工会经费。

（7）不准用工会经费参与非法集资活动，或为非法集资活动提供经济担保。

（8）不准用工会经费报销与工会活动无关的费用。

各级工会对监督检查中发现违反基层工会经费收支管理办法的问题，要及时纠正。违规问题情节较轻的，要限期整改；涉及违纪的，由纪检监察部门依照有关规定，追究直接责任人和相关领导责任；构成犯罪的，依法移交司法机关处理。

4. 国家规定应由行政承担的基层工会费用开支。

根据《工会法》和全总、财政部及国家的有关规定，下列费用应由行政列支：

（1）基层工会办公用房、文艺、体育、教育和服务等活动场地设施、设备及其维修、水、电、取暖等费用。

（2）基层工会专职人员的工资、奖金、医疗、补贴、劳动保护费用及其他福利待遇。

（3）基层工会专职人员的离退休费及退职生活费。

（4）基层工会兼职干部短期学习工资及差旅费。

（5）工会组织的劳动竞赛、技术交流、技术革新活动所需的奖励费用。

（6）企业光荣榜制作的设备材料费。

（7）企业车间、科室、班组订阅的报刊费。

（8）企业行政主办由工会进行管理的广播站、人员、设备等费用。

（9）由行政方面或委托工会布置的庆祝"五一"、国庆节及其他重大节日所需的宣传活动费。

（10）行政方面委托工会举办的劳模、积极分子及先进生产（工作）者等方面的会议费和奖励费。

（11）基层工会为搞好劳动保护工作所需的费用以及劳动保护宣传教育费。

（12）企业、事业单位召开职工代表大会所需的各项费用。

（13）由工会管理的企业职工困难补助费。

（14）基层单位行政办学的职工教育费。

（15）工会组织劳模、先进生产（工作）者休养活动的往返差旅费、宿费、伙食补助。

（16）工会组织职工疗（休）养活动的费用。

五、工会会计管理

会计管理是财务管理的重要组成部分。根据工会经费独立管理的原则，依据《工会法》和《会计法》，中华全国总工会制定了《工会财务会计管理规范》，并要求自 2010 年 1 月 1 日起，全总，省、市级工会要首先开展财务会计管理规范化建设；县和县级以下各级工会开展财务会计管理规范化建设的时间，由各省级工会根据本地区、本产业的实际情况确定；2012 年年底前，全国各级工会要全面完成财务会计管理规范化建设；已经开展财务会计管理规范化建设的工会，要根据全总的统一部署，做好检查落实工作。另外，全国总工会还重新修订了《工会会计制度》，于 2010 年 1 月 1 日起实施。

1. 工会会计机构设置。

工会会计是各级工会核算、反映、监督工会预算执行和经济活动的专业会计。工会依法建立独立的会计核算管理体系，与工会预算管理体制相适应。全国总工会对工会系统会计机构的设置有着明确的要求。县级以上工会应当设置会计机构，配备专职会计人员。县级以下工会应当根据会计业务的需要设置会计机构或者在有关机构中设置专职会计人员；不具备设置条件的基层工会，应当委托经批准设立从事会计代理记账业务的中介机构代理记账或者聘请兼职会计。

2. 单独开户，独立核算。

根据《工会法》第十四条关于"中华全国总工会、地方总工会、产业工会具有社会团体法人资格。基层工会组织具备民法通则（注：2017 年《民法通则》已修改为《民法总则》）规定的法人条件的，依法取得社会团体法人资格"的规定，各企业、行政事业等单位的基层工会应当按照中华全国总工会《基层工会法人资格登记办法》（总工发〔1997〕24 号）的要求，取得工会法人资格证书，并凭此证书办理银行账户开户手续，实行工会经费独立核算。产业工会办理银行账户开户手续过程中，确需提供工会法人资格证书的，可以向所在地地市级以上工会领取工会法人资格证书。

根据《工会法》第四十四条关于"工会应当根据经费独立原则，建立预算、决算和经费审查监督制度"和第四十六条关于"工会的财产、经费和国家拨给工会使用的不动产，任何组织和个人不得侵占、挪用和任意调拨"的规定，各基层工会应当根据经费独立原则，单独开设账户，独立进行核算，不允许与本单位机关财务或党、团等其他组织财务合并账户集中核算，也不允许将工会财务纳入当地会计结算中心管理。凡已经合并或纳入的，应当予以纠正。

工会填制会计凭证、登记会计账簿、管理会计档案等，按照《会计基础工作规范》《会计档案管理办法》等规定执行。

第二节　工会经费审查

《工会法》规定："工会应当根据经费独立原则，建立预算、决算和经费审查监督制度。""各级工会建立经费审查委员会。""各级工会经费收支情况应当由同级工会经费审查委员会审查，并且定期向会员大会或者会员代表大会报告，接受监督。工会会员大会或者会员代表大会有权对经费使用情况提出意见。"可见，《工会法》既赋予了工会组织独立管理经费的权利，同时规定要实行经费审查监督制度。

一、工会经费审查监督工作的组织机构

工会经费审查委员会是代表会员群众对工会各项经费的收支和财产管理，进行审查监督的组织。各级工会经费审查委员会，由同级工会会员大会或会员代表大会选举产生。各级工会的主席、副主席、常委和财务部门的负责人及管钱管物的人员，不得担任同级工会经费审查委员会委员。工会经费审查委员会对同级工会的经费收支和财产管理情况进行审查监督。根据工作需要，上级经费审查委员会有权对下级工会经费审查工作进行业务指导、督促检查。

二、工会经费审查监督工作的任务

1. 工会经费审查委员会的职责和任务是协助同级工会组织收好、管好、用好工会各项经费，管好工会财产。

2. 监督同级工会组织认真贯彻执行党和政府的财经政策、纪律、法规、上级工会的各项财务工作的规章制度；审查同级工会及其所属企业、事业单位的预算、决算编制执行是否符合国家规定，是否准确合理地反映了工会工作的需要。

3. 督促同级工会定期公布账目，发扬财务民主，实行财务公开；检查工会对会员大会或会员代表大会关于工会财务工作决议的贯彻执行情况，以及对经费审查委员会的建议或决议的执行情况。

4. 深入实际，调查研究，总结经验，对经费收支和财产管理，提出切实可行的改进意见或建议，以保证工会财务工作更好地为职工群众服务，为工会建设服务，为"两个文明"建设服务。

5. 宣传党和国家财经方针政策，协助和督促同级工会在经费开支和财产管理上，同铺张浪费、私分钱物、贪污盗窃、侵占国家财物等违反财务制度和财经纪律的现象进行斗争。对模范执行财务制度、在财务工作方面取得显著成绩的，建议同级工会给予表扬和奖励。

三、工会经费审查委员会的主要职权

工会经费审查委员会委员列席同级工会委员会全体会议。在设立工会基层委员会常务委员会的基层工会，不是常务委员会成员的该基层工会经费审查委员会的主任、副主任有权列席常务委员会会议。主任、副主任或经指定人员参加工会有关财务工作的会议。

工会经费审查委员会有下列审查权：

1. 要求工会及所属企业、事业单位按时报送有关的计划、预算、决算、会议报表和文件资料，听取他们的汇报；

2. 检查凭证、账表、决算、资金和财产，查阅有关的文件和资料；

3. 对审查中发现的问题，向被审查单位和有关人员调查并取得证明材料；

4. 对正在进行的严重违反财经法纪、严重损失浪费行为，提请同级工会委员会或上级工会及时制止，并对已造成的损失作出处理决定；

5. 遇有阻挠、破坏审查工作时，有权采取封存账册、印鉴和资财等临时措施，并提出追究有关人员责任的意见。

工会经费审查委员会对基层工会及其所属企业、事业单位违反财经法纪的有关责任人员，有权建议同级工会委员会或上级工会给予纪律处分或经济制裁，触犯刑律者，提请司法机关依法追究刑事责任。

工会委员会向上级工会报送预算、决算，向会员和上级工会报告经费收支情况时，预算、决算、报告必须经同级工会经费审查委员会审查、签署、盖章。

工会经费审查委员会对审查工作中的重大事项，有权向上级工会委员会、经费审查委员会反映。

四、工会经费审查监督的方式与程序

1. 工会经费审查委员会进行审查工作的主要方式。

（1）定期召开经费审查委员会全体会议审查工会委员会提出的预算和决算方案，听取预算执行情况的报告，审议预算的调整和追加事项。

（2）对工会经费的收入、上解、管理、重大开支事项或会员群众反映的重要问题，进行专题审查。

（3）对工会所属企业、事业单位的经费收支、社会效益和经济效益状况，对工会财产的管理状况，进行定期报送审查或就地审查。

（4）参加同级工会组织的财务大检查工作，参与检查监督。

2. 工会经费审查委员会进行审查工作的主要程序。

（1）根据国家和上级工会的规定、要求以及本单位的实际情况，制订对基层工会及所属企业、事业进行审查的工作计划。

（2）审查前，应当通知工会或被审查的所属企业、事业单位。

（3）审查终结，应将审查结果、处理意见和改进工作的建议报告工会委员会。报送前，应征求被审查单位的意见。

（4）工会委员会应及时研究处理，并将处理意见和执行情况向工会经费审查委员会通报。

（5）被审查单位对处理决定如有异议，可以提请复议。如复议后原决定仍维持不变，被审查单位必须执行。

（6）工会经费审查委员会与工会委员会在重大问题上意见不一致时，应同时报请上级的工会委员会和经费审查委员会处理。

第三节　工会资产管理

一、工会资产的组成

工会资产是指受国家法律保护的，通过多种渠道形成的，由工会享有所有权（拥有占有、使用、收益和处分权）的动产与不动产，是工会开展活动的物质基础，也是工会成为社团法人的重要条件。

为了加强工会资产管理，2016 年 8 月全国总工会颁发了《工会固定资产管理办法》《工会行政事业性资产管理办法》和《各级工会行政单位占有使用房屋建筑物和土地使用权处置暂行规定（试行）》等有关规定。工会资产管理的主要内容包括工会流动资产和非流动资产两大类。

二、工会资产所有权界定

1. 凡由工会会员缴纳的会费，建立工会组织的企业、事业单位、机关按每月全部职工工资总额的 2% 向工会拨缴的经费，工会所属企业、事业单位上缴的收入及工会自筹资金等其他收入形成的资产，属于工会资产，应作为工会资产登记入账。

2. 凡由国家拨给各级总工会及所属事业单位使用的资产，属于国有资产，应作为国有资产登记入账。

3. 凡由国家拨付资金形成的资产，属于国有资产，应作为国有资产登记入账。2007 年 9 月 30 日以前，根据《关于工会资产界定与管理有关问题的通知》（工总财字〔1993〕66 号）有关规定，由国家拨付资金形成的资产中，已经作为工会资产登记入账的部分，可以继续作为工会资产管理。2007 年 10 月 1 日以后，由国家拨付资金形成的资产，应全部作为国有资产登记入账和管理。

4. 由不同资金来源形成的资产，应根据不同资金来源所占份额，明确其产权性质，分别作为国有资产和工会资产登记入账。

5. 各级总工会及所属事业单位占有使用的国有资产和工会资产，任何组织和个人不得侵占、挪用和任意调拨。

6. 各级财政部门、各级总工会及所属事业单位，要依照有关法律法规，采取切实措施，维护国有资产和工会资产的安全和完整，防止资产流失，提高资产使用效益。

三、工会固定资产的范围与分类

1. 符合下列标准的列为固定资产。

（1）使用年限在一年以上，一般设备单价在 500 元以上，专用设备单价在 800 元以上，并在使用过程中基本保持原来物质形态的资产。

（2）单位价值虽不足规定标准，但使用时间在一年以上的大批同类物资，按固定资产管理。

2. 固定资产的分类。

（1）房屋及建筑物：指房屋、建筑物及其附属设施。房屋包括办公用房、生产经营用房、仓库、职工生活用房、食堂用房、锅炉房等；建筑物包括道路、围墙、水塔、雕塑等；附属设施包括房屋、建筑物内的电梯、通信线路、输电线路、水气管道等。

（2）专用设备：指各种具有专门性能和专门用途的设备，包括各种仪器和机械设备、医疗器械、文体事业单位的文体设备等。

（3）一般设备：指办公和事务用的通用性设备、交通工具、通信工具、家具等。

（4）文物和陈列品：指古玩、字画、纪念品、装饰品、展品、藏品等。

（5）图书：指图书馆（室）、阅览室等的图书、资料等。

（6）其他固定资产：指未能包括在上述各项内的固定资产。

四、工会资产管理要求

1. 要建立健全财产管理登记制度。所有的财产、物品都应登记入账，填制实物登记卡片，做到账账相符、账实相符。对大型、贵重、精密的仪器、设备要按台（件）建立技术档案。

2. 要建立健全财产的入库验收、保管、领发使用、检查、维护的制度和办法，加强管理。对大型、精密的贵重设备、仪器要指定专人管理、维护，提高设备的利用率。库存财产、物品要有相应的保管人员、较好的库房和适用的设备，物品摆放要整齐美观、便于清点和发放；在用的财产、物品，要先经管理部门登记，建立管理卡片，财产物品要贴标签，标明其名称、编号、使用部门及保管人；贵重设备要有专人管理、精心使用，定期检查、维修、养护，提高设备利用率。

3. 要建立健全财产损坏、损失、赔偿制度。对因管理、使用不善造成损坏、损失和浪费的，要追究管理、使用人员责任，区别情况作出处理，由过失人予以部分或全部赔偿。

4. 要建立财产保管、使用情况考核指标，对爱护工会财产有突出贡献的人员，各级工会要定期给予奖励。

5. 工会兴办的企业和自收自支的事业单位占用工会房屋、设备、场地等，要根据不同经营项目和方式，签订投资或有偿使用的合同。实行有偿使用的，按月（季）计提或交纳资产占用费。年资产占用费应不低于资产投入额的8%计算；属于投资的，可按投资收益的办法处理。无论投资还是租用，财产的所有权仍归工会。

6. 工会及事业单位利用所占有的工会资产，用于经营创收活动的部分，根据不同的经营方式，签订投资或有偿使用合同，其投资收益或资产占用费，都应全部纳入预算管理，用于事业发展、弥补经费不足，逐年递减拨入经费。

7. 工会房屋、设备、交通工具、场地等对外投资、联营、出租，必须按照国家有关规定，进行资产评估，合理确定财产的价值，并根据不同的经营方式，签订投资，联营或租赁的合同，办理公证手续。投资收益、租赁收入作其他收入。

8. 用工会结余资金（经费）兴办工会企业或对外投资、联营，应根据不同经营项目和方式，明确投资或借贷关系，签订合同、协议，收取投资收益或资金占用费。年资金占用费一般应高于10%，具体比例可根据事业单位的性质，由主管工会财务部门审定。

第十九章
女职工和未成年工的特殊保护

工会干部培训教材
（黑龙江版）

第一节　女职工的特殊保护

一、什么是女职工的特殊保护

女职工的特殊保护又称女职工劳动保护，是指根据女职工身体结构、生理特点和哺育子女的需要，对其在劳动过程中的安全健康所采取的有别于男子的保护，包括禁止和限制女职工从事某些作业、女职工"四期"保护等内容。

二、女职工特殊保护的特征

1. 具有女性特殊需要的特征。

根据妇女劳动卫生学，女性身体结构及生理机能与男性不同，妇女的体力和耐力一般比男子差，特别是妇女有月经、妊娠、哺乳、绝经等生理现象，需要特殊保护。因此，女职工劳动保护具有女性特殊需要的特性。

2. 具有保护女职工和下一代的特性。

女职工负有哺育下一代的特殊任务。对女职工实行特殊劳动保护，不仅是保护女职工的人身安全和身体健康，而且关系到下一代的身体健康和民族优秀体质的延续。因此，对女职工劳动保护具有保护女职工和下一代的双重任务的特性。

3 具有有别于男子的特殊保护的特性。

也就是说，对女职工在劳动过程中的安全和健康，在给予男女职工都可享有的一般性保护的同时，还要给予只有女职工才可享有的特殊保护。

三、对女职工进行特殊保护的内容

1. 在就业方面，坚持男女平等原则，不得歧视女职工。在录用职工时，除国家规定的不适合妇女的工种或者岗位外，不得以性别为由拒绝录用妇女或者提高对妇女的录用标准。对男女职工实行同工同酬。

2. 在劳动合同方面的保护，单位录用女职工应签订劳动合同，不得规定限制女职工结婚、生育的内容；单位不得因结婚、生育、哺乳等情况降低女职工工资、福利待遇，辞退女职工或者单方解除劳动合同。

3. 在工种方面，禁忌女职工从事特殊的劳动。1990 年 1 月，劳动部制定并颁布了《女职工禁忌劳动范围的规定》，明确规定禁忌女职工从事下列作业：（1）矿山井下作业。（2）森林业伐木、归楞及流放作业。（3）体力劳动强度分级中第四级体力劳动强度的作业，即 8 小时工作日，平均耗能值为 2700 大卡/人，劳动时间率为 77%，净劳动时间为 370 分钟，相当于"很重"强度劳动的作业。（4）建筑业脚手架的组装和拆除作业，以及电力、电信行业的高处架线作业。（5）连续负重（指每小时负重次数在 6 次以上）每次负重超过 20 公斤，间断负重每次负重超过 25 公斤的作业。

4. 在"四期"保护方面，包括"经期、孕期、生育期、哺乳期"保护。2012 年 4 月 18 日国务院制定并颁布的《女职工劳动保护特别规定》明确规定了"四期"保护的内容。

（1）"经期"保护：禁忌女职工经期从事低温、冷水作业分级标准中二级以上作业，高处、体力劳动强度作业分级标准中三级以上作业。

（2）"孕期"保护：用人单位不得因女职工怀孕降低其基本工资、予以辞退、与其解除劳动或者聘用合同。女职工孕期不能适应原劳动的，用人单位应当根据医疗机构的证明，予以减轻劳动量或者安排其他能够适应的劳动。对怀孕 7 个月以上的女职工，用人单位不得延长劳动时间或者安排夜班劳动，并应当在劳动时间内安排一定的休息时间。怀孕女职工在劳动时间内进行产前检查，所需时间计入劳动时间。

（3）"产期"保护：女职工生育享受 98 天产假，其中产前可以休假 15天；难产的，增加产假 15 天；生育多胞胎的，每多生育一个婴儿，增加产假 15 天。女职工产假期间的生育津贴，对已经参加生育保险的，按照用人单位上年度职工月平均工资的标准由生育保险基金支付；对未参加生育保险的，按照女职工产假前工资标准由用人单位支付。女职工生育或者流产的医疗费用，按照生育保险规定的项目和标准，对已经参加生育保险的，由生育保险基金支付；对未参加生育保险的，由用人单位支付。

（4）"哺乳期"保护：对哺乳未满1周岁婴儿的女职工，用人单位不得延长劳动时间或者安排夜班劳动。用人单位应当在每天的劳动时间内为哺乳期女职工安排1小时哺乳时间；女职工生育多胞胎的，每多哺乳一个婴儿每天增加1小时哺乳时间。

第二节　未成年工的特殊保护

一、未成年工特殊保护的概念

未成年工的特殊保护是指根据未成年工生长发育的特点及其接受义务教育的需要，对其在劳动法律关系中所应享有的特殊权益的保护。包括限制就业年龄、限制工作时间、禁止从事某些作业、定期进行健康检查等特殊保护。

二、未成年工特殊保护的特征

1. 保护对象具有特定性。

未成年工是指年满16周岁不满18周岁的劳动者。未成年工与未成年人或童工不同。未成年人是指未满18周岁的公民，童工是指未满16周岁，与单位或者个人发生劳动关系，从事有经济收入的劳动者或者从事个体劳动的少年、儿童。

2. 保护内容具有特殊性。

未成年工享有的权益很多，但属于特殊保护的内容则由立法加以特别规定。因此，未成年工的特殊保护具有特殊性。

3. 保护方法具有适应性。

未成年工正处在生长发育时期，这就决定了应该根据未成年工生长发育的特点，采取适宜的措施保护其在劳动过程中的安全和健康。

三、未成年工特殊保护的内容

1. 限制就业年龄。

我国《劳动法》第十五条规定：禁止用人单位招用未满 16 周岁的未成年人。文艺、体育和特种工艺单位招用未满 16 周岁的未成年人，必须依照国家有关规定，履行审批手续，并保障其接受义务教育的权利。

2. 限制工作时间。

未成年工实行缩短工作时间的工时制度。每个工作日的工作时间为 6 小时至 7 小时。禁止安排未成年工加班加点和从事夜班工作。

3. 禁止安排有毒有害健康的工作。

用人单位不得安排未成年工从事矿山井下、有毒有害、国家规定的第四级体力劳动强度的劳动和其他禁忌从事的劳动。

4. 生产工具适合未成年工的身体发育。

未成年工在劳动过程中使用的工具及工具台应当适合未成年工的身体发育特点，以利其健康成长。

5. 定期进行健康检查。

用人单位应按下列要求定期对未成年工进行健康检查：（1）安排工作岗位之前；（2）工作满一年；（3）年满 18 周岁，距前一次检查已超过半年。用人单位应按照未成年工的健康检查结果安排其从事适合的劳动。

第二十章
产业工会工作和产业工人队伍建设

工会干部培训教材
（黑龙江版）

第一节　产业工会工作

中国产业工会是中国共产党领导的产业职工群众自愿结合的工人阶级群众组织，是中国工会的重要组成部分。

一、产业工会的概念及其历史沿革

（一）产业工会的概念

在我国，产业工会是指超越企业的同一产业或者性质相近的几个产业的职工自愿结合组成的工人阶级群众组织。行业工会是指按照行业原则把行业职工组织起来的工会组织，是产业职工自愿结合的工人阶级群众组织。《工会法》第十条第四款规定，同一行业或者性质相近的几个行业，可以根据需要建立全国的或者地方的产业工会。由此可见，行业工会实际上是产业工会的一种组织形式。

（二）中华人民共和国成立后产业工会的历史发展

产业工会是工业社会和工人运动的产物。中国产业工会是在中国共产党领导的反抗帝国主义、封建主义和官僚资本主义的斗争中产生，在社会主义革命和建设以及改革开放征程中不断发展壮大的。

1950 年 4 月，中华全国总工会召开全国组织工作会议，决定建立 22 个全国产业工会。1952 年，中华全国总工会提出《关于调整产业工会组织形式与地方工会领导关系的方案》，对全国产业工会和地方工会的关系进行了调整。1953 年年底，全国共有各级产业工会 311 个，其中，全国一级的产业工会有 15 个。1956 年，随着社会主义改造任务的基本完成，中华全国总工会对产业工会的发展思路更加明晰，作出了《关于加强产业工会工作的决议》，产业工会迅速发展，到同年年底全国共有各级产业工会 613 个，全国一级的产业工会有 25 个。1957 年，中央在审查中国工会第八次全国代表大会的

《中国工会章程草案》时明确提出"中国工会按照产业和地区相结合的原则在民主集中制的基础上组织起来的"，开始将工会体制的重心向地方工会转移。1958 年 3 月，中共中央在成都召开工作会议，通过了《关于工会组织问题的意见的决议》，对中国工会及产业工会的体制作了明确规定。1959 年 1 月中华全国总工会主席团讨论通过了《关于全国总工会及各产业工会全国委员会的组织机构和组织制度的规定》，将产业工会全国委员会由 23 个减少为 16 个。

20 世纪 70 年代以来，一些有利于发挥产业工会作用的政策陆续出台。1978 年 10 月中国工会九大通过的《中国工会章程》，重申了中国工会八大确定的产业和地方相结合的工会组织领导原则。1982 年 7 月，中华全国总工会根据中央关于精简机构的要求，将全国产业工会减少到 11 个。1983 年 10 月，中国工会第十次全国代表大会通过的《中国工会章程》对发挥产业工会作用作了进一步规定。1985 年年初，中华全国总工会为了在经济体制改革中更好地发挥产业工会的作用，提出《关于发挥产业工会作用的几点意见》。1986 年联合制、代表制的产业工会体制被写入《中国工会章程》。1990 年，中华全国总工会出台《关于加强全国产业工会建设的若干问题的意见》和《关于进一步建立健全产业工会全国委员会若干问题的暂行规定》，要求强化产业工会参政议政的功能，理顺产业工会与地方工会的关系。1998 年，中央国家机关开始进行机构改革，相当数量的国务院所属经济管理部门被撤销、合并，使些产业工会失去了对应的政府部门。2001 年，根据中央机构改革的部署，中华全国总工会决定将全国产业工会由原来的 13 个重组合并为 10 个。2008 年 6 月中华全国总工会召开全国产业工会工作会议，并下发了《中华全国总工会关于加强和改进新形势下产业工会工作的意见》，对加强新形势下产业工会主要职责、工作目标任务、建立健全产业工会组织体系等作了明确规定和要求。2017 年，《新时期产业工人队伍建设改革方案》出台，产业工会工作任重道远，面临新的机遇和挑战。

二、产业工会的地位、作用及发展取向

（一）产业工会的地位

1. 产业工会是一级重要的工会组织。

《工会法》第十四条规定："中华全国总工会、地方总工会、产业工会

具有社会团体法人资格。"《中国工会章程》第十一条规定："中国工会实行产业和地方相结合的组织领导原则。同一企业、事业单位、机关和其他社会组织中的会员，组织在一个工会基层组织中；同一行业或者性质相近的几个行业，根据需要建立全国的或者地方的产业工会组织。除少数行政管理体制实行垂直管理的产业，其产业工会实行产业工会和地方工会双重领导，以产业工会领导为主外，其他产业工会均实行以地方工会领导为主，同时接受上级产业工会领导的体制。"第十二条第三款规定："全国产业工会、各级地方产业工会、乡镇工会和城市街道工会的委员会，可以按照联合制、代表制原则，由下一级工会组织民主选举的主要负责人和适当比例的有关方面代表组成。"由此可见，产业工会是《工会法》《中国工会章程》界定的一级工会组织，是中华全国总工会的重要组成部分，不能等同于一级工会组织里面的职能部门和内设机构。

2. 产业工会是产业工人利益的代表。

产业发展是国民经济发展的基础，产业工人是工人阶级的主体力量，产业工会的职责是充分表达本产业职工的利益诉求，维护产业职工的合法权益。《中华全国总工会关于加强和改进新形势下产业工会工作的意见》对产业工会的主要职责作了规定："调查研究和反映本产业改革发展重大问题和特殊利益问题，参与涉及本产业职工切身利益的法律法规和政策的制定，维护本产业职工合法权益；指导基层工会建立健全以职工代表大会为基本形式的企事业单位民主管理制度，推动建立产业（行业）的科学劳动标准，开展行业工资集体协商，建立企业职工工资决定机制、正常增长机制和支付保障机制，构建和谐劳动关系；围绕产业经济发展，组织开展具有产业特点的劳动竞赛、安全生产等建功立业活动，提高职工队伍素质，参与推荐和评选本产业的先进典型和劳动模范；调查研究，总结经验，推广典型，指导所属产业工会工作；培训本产业工会干部，提高工会干部工作能力和水平。"

（二）产业工会的作用

1. 参与国家产业政策法规的制定。

参与制定产业政策法规是产业工会履行代表和维护产业职工合法权益的基本职责最重要的途径和手段，使产业职工的合法权益从源头上具有法律依据和法律保障。产业工会代表产业职工参与产业政策法规制定，有利于调动广大产业职工的积极性和创造性，规范产业的市场行为，促进企业和产业的改革和发展。

2. 参与产业劳动关系的协调。

产业工会在产业劳动关系协调中具有独特的作用，表现在：（1）在劳动法规制定过程中的参与作用；（2）作为本产业职工一方劳动关系诉求的代言人；（3）对本产业的劳动关系进行疏导和预警；（4）对本产业的劳动争议和劳动纠纷进行调解；（5）监督劳动法律法规的执行；（6）推进劳动合同、平等协商集体合同制度的执行；（7）协助处理本产业劳动关系群体性事件；（8）对本产业职工进行法律服务和法律援助。产业工会可以建立超越企业的行业劳动争议调解组织和劳动关系预警网络，使劳动关系的协调向社会纵深延伸，并且可以推行产业或行业工会代行基层工会处理重大劳动关系问题的制度。

3. 贯彻落实全国工会工作方针任务。

我国产业工会是中国工会组织体系中的重要组成部分，坚持自觉贯彻落实中华全国总工会的方针任务。坚持走中国特色社会主义发展道路，必然要求各级产业工会在组织领导、发展方向、基本目标等方面自觉与全国工会的方针任务相统一，这样才能使产业工会的工作既符合产业特点，又符合党的要求、政府的希望和职工群众的愿望。

（三）新时代产业工会工作的指导思想、目标任务和原则要求

1. 指导思想。

坚定不移地走中国特色社会主义工会发展道路，贯彻落实"组织起来、切实维权"工作方针，树立和落实中国特色社会主义工会维权观，探索中国特色社会主义产业工会工作规律，充分发挥产业工会与地方工会两个积极性，在坚持改革开放、推动科学发展、促进社会和谐和工会全局工作中，切实发挥产业工会组织职工、引导职工、服务职工和维护职工合法权益的重要作用。

2. 目标任务。

明确产业工会职责，突出工作重点，发挥产业工会特色和优势；理顺上级产业工会与地方总工会的关系，避免职责交叉、工作重复；逐步建立起组

织健全、职责明确、关系顺畅的产业工会组织体系；完善产业作和产业工人
队伍建设工会整体工作水平。

3. 原则要求。

坚持党的领导，牢牢把握产业工会工作正确的政治方向；坚持产业与地
方相结合的组织领导原则，维护中国工会的团结和统一；坚持围绕中心，服
务大局，从产业特色和产业工会特点出发开展工作；坚持我国新时代工人运
动的主题，促进产业改革和国民经济又好又快发展；坚持推动产业改革发展
和维护产业职工合法权益的统一，发展和谐产业劳动关系；坚持分类分层指
导，突出产业特色，增强基层工会活力；坚持从实际出发，积极稳定推进产
业工会自身改革和建设。

三、产业工会的组织体系

（一）产业工会的组织原则。

《工会法》第九条规定，工会各级组织按照民主集中制原则建立。《中
国工会章程》第十一条规定，地方总工会是当地方工会组织和产业工会地方
组织的领导机关。全国建立统一的中华全国总工会。中华全国总工会是各级
地方总工会和各产业工会全国组织的领导机关。第二十一条规定，产业工会
全国组织的设置，由中华全国总工会根据需要确定。第二十四条规定，各级
地方产业工会组织的设置，由同级地方总工会根据本地区的实际情况确定。

在产业和地方相结合的组织领导原则下，我国产业工会的组织原则主要
有产业原则、行业原则、地域原则、联合制代表制原则和职业原则。

（二）产业工会的组织结构

产业工会的组织结构在产业和地方相结合组织领导原则的框架下，主要
分以下三种形式。

1. 纵向结构。

产业工会的纵向结构是指由全国产业工会，省、自治区、直辖市产业工
会，省辖市产业工会，县（区）、乡镇、街道产业工会和基层工会成的产业
工会组织体系

2. 横向结构。

产业工会的横向结构是指在全国和地方的不同层面，按照产业工会的组

织原则建立的不同类型的产业工会。如目前全国产业设有中国教科文卫体工会全国委员会、中国海员建设工会全国委员会、中国能源化学地质工会全国委员会、中国机械冶金建材工会全国委员会、中国国防邮电工会全国委员会、中国财贸轻纺烟草工会全国委员会、中国农林水利气象工会全国委员会等。省以下各级地方总工会，根据本地区经济结构和职工队伍构成情况与工作需要，设置若干产业工会。

3. 内部结构。

《中国工会章程》第二十四条规定，各级地方产业工会组织的设置，由同级地方总工会根据本地区的实际情况确定。地方产业工会设置差异比较大，产业工会的内部结构也不尽相同。如有的产业工会由工会代表大会民主选举产生领导班子，有的则是按照联合制代表制原则组成领导机关，等等。

（三）行业工会联合会

1. 行业工会联合会的概念及意义。

行业工会联合会，是指按照产业分工和行业性质，由同一行业或者性质相近行业的企事业单位工会，在一定地域内按照联合制、代表制原则组织起来的一级工会组织。行业工会联合会是 1987 年由江苏省常州市和山东省潍坊市对原有的产业工会进行改革而最早进行试点产生的。行业工会联合会主要在县（区）以下，按照地域建立的工会组织，工作对象主要是小型、分散、职工流动性大的非公有制企业职工，行业工会联合会的职责任务重点是组织和指导基层工会落实上级工会的工作部署和要求。积极稳妥推进行业工会联合会建设，是创新产业工会组织体制，进一步加强和改进产业工会工作的迫切需要，也是贯彻"组织起来、切实维权"工作方针的应有之义。

2. 行业工会联合会产生的背景。

行业工会联合会产生的背景主要有两点：一是产业结构调整、非公有制企业发展和职工队伍变化，传统的产业工会难以覆盖新兴行业和非公有制企业。二是政府机构改革伴随着产业行政管理部门撤销，政府逐步重视和扶持行业协会的发展，这也为行业工会的发展创造了有利条件。

3. 行业工会联合会的组织形式。

行业工会联合会的组织形式主要包括：一是在城市产业工会中按照联合

制、代表制原则建立行业工会联合会；二是与政府机构改革后行业管理机构相对应，设置行业工会联合会；三是健全和完善县（区）行业工会联合会；四是建立乡镇（街道）、村（社区）行业工会联合会。

第二节　产业工人队伍建设

工人阶级是我国的领导阶级，产业工人是工人阶级的主体力量。据统计，我国产业工人数量约 2 亿人，其中很大一部分集中在制造业和建筑业，他们为国家发展作出了巨大贡献，但是面对新时代的新要求，产业工人队伍建设也面临着新问题。《新时期产业工人队伍建设改革方案》的出台，为工会指明了产业工人队伍建设改革的方向和思路，工会作为党领导的工人阶级群众组织，在参与改革过程中承担着新的使命和重要职责。

一、工会参与产业工人队伍建设的历史渊源

回顾党领导下的我国工运事业的历程，广大产业工人与工运事业同步伐、共成长，一部辉煌的工会奋斗史，也是产业工人队伍的成长、发展、壮大史。可以说，在推进产业工人队伍建设中，工会一直扮演着重要角色，发挥着重要作用。

新民主主义革命时期，工会在党的领导下，成立劳动补习学校、工人学校，在传授文化、科学知识的同时，着重宣传马列主义和革命道理，启发产业工人的阶级觉悟，有力推动了产业工人从自在阶级转变为自为阶级。

社会主义革命和建设时期，特别是在中华人民共和国成立后十几年的时间里，工会实际上主持了全国职工教育日常工作，创办各级各类职工业余教育组织，大力开展以扫除文盲为中心的业务文化教育和以技术培训为中心的业余技术学习，极大地提高了产业工人的文化素质、技能水平和国家主人翁意识。

改革开放新时期，工会充分发挥"大学校"作用，紧紧围绕发展工人阶级先进性，帮助提高产业工人队伍的思想道德素质、科学文化素质和技术技能素质，产业工人队伍不断壮大，素质全面提高，结构更加优化，面貌焕然

一新，先进性不断增强。

尤其是党的十八大以来，习近平总书记高度重视发挥工会在产业工人队伍建设中的积极作用，明确指出工会要在提高职工队伍整体素质上出实招、办实事、敢创新，不断拓展职工的成长成才空间，着力培养造就一大批知识型、技术型、创新型的高素质职工。

中央全面深化改革领导小组第三十二次会议审议通过了《新时期产业工人队伍建设改革方案》，强调工人阶级是我国的领导阶级，产业工人是工人阶级的主体力量。要从巩固党的执政基础的高度，从促进我国经济社会持续健康发展的高度，加快产业工人队伍建设改革，坚持全心全意依靠工人阶级的方针，按照"政治上保证、制度上落实、素质上提高、权益上维护"的总体思路，针对影响产业工人队伍发展的突出问题，创新体制机制，提高产业工人素质，畅通发展通道，依法保障权益，造就一支有理想守信念、懂技术会创新、敢担当讲奉献的宏大产业工人队伍。

二、加强产业工人队伍建设的意义

加强产业工人队伍建设，全面提高产业工人队伍素质，与产业工人的利益相关，与工人阶级领导阶级地位的巩固和国家长治久安相关，与国家一系列科教、人才、创新政策相关，直接关系到"两个一百年"奋斗目标、中华民族伟大复兴中国梦的实现。

（一）加强产业工人队伍建设，是巩固党的执政基础的迫切需要

工人阶级是我国的领导阶级，是我国先进生产力和生产关系的代表，是改革开放和社会主义现代化建设的主力军，是我们党执政的阶级基础和群众基础，而产业工人是工人阶级中发挥支撑作用的主体力量。中国的革命、建设和改革，离不开产业工人的历史贡献。产业工人无论是在如火如荼的革命战争年代，还是在热火朝天的和平建设时期，还是在建设中国特色社会主义事业的火热实践中，产业工人发扬主人翁精神，开拓进取、艰苦创业，为深化改革、促进发展、维护稳定作出了重大贡献，党和国家各项事业取得的新成就，全面建成小康社会取得的新展，都离不开工人阶级特别是产业工人的奋力拼搏和忠诚奉献。推进产业工人队伍建设改革，对巩固党的执政基础、扩大党的群众基础有着极为重要的作用。

（二）加强产业工人队伍建设，是实施制造强国战略、振兴实体经济的迫切需要

当前，新一轮科技革命和产业变革与我国加快转变经济发展方式形成历史性交汇。我国经济发展进入新常态，改革进入深水区，我国经济在保持长期向好势头的同时，也面临诸多矛盾叠加、各种风险隐患交汇的挑战，产能过剩和需求结构升级矛盾突出，实体经济发展面临多重困难。实体经济是我国发展的根基，要以创新引领实体经济转型升级、结构优化，不断提高质量、效益和竞争力。产业工人是创造社会财富的中坚力量，是创新驱动发展的骨干力量，是实施制造强国战略的有生力量，在加快产业转型升级、推动技术创新、提高企业竞争力等方面具有基础性作用。通过建设一支宏大的产业工人队伍，促进我国经济社会持续健康发展，使我国在新一轮科技革命和产业变革中抢占先机、赢得主动。

（三）加强产业工人队伍建设，是提高产业工人队伍素质的迫切需要

党的十八大以来，以习近平同志为核心的党中央坚持以人民为中心的发展思想和全心全意依靠工人阶级的方针，围绕产业工人队伍建设制定一系列政策措施，产业工人队伍建设改革取得新的进展，但也应该看到，我国经济运行中除了产业结构本身原因外，产业工人队伍素质是关键的制约因素。建设一支高素质的产业工人队伍，已经成为一项重要而紧迫的战略任务。当前，我国产业工人队伍建设中存在的主要问题是：技能人才总量仍然偏少，存在技术断层的隐患；知识型、复合型技能人才严重缺乏，与经济结构优化、产业转型升级的需要存在较大差距。具体说来，一是技术工人总量不足，技术工人仅占就业人员的21.3%。二是技能结构不尽合理，初级工、中级工占比达到73%，高级技工数量占比不到4%，高技能人才比重远低于西方发达国家特别是一些制造业强国30%—40%的水平。三是文化程度不高，专业水平较低，74%的农民工为初中及以下文化程度，60%以上没有接受过非农职业技能培训，在非公有制企业、小微企业，技术工人更是严重匮乏。同时，产业工人队伍建设也存在一些体制机制障碍，技能形成缺乏顶层设计，职业教育、普通教育和职业技能培训之间协调衔接不够，产业工人职业发展通道不畅，人力资本投入不足，相关法律法规政策需要进一步完善落实，等等。提高产业工人素质成为当务之急。

三、《新时期产业工人队伍建设改革方案》解读

（一）指导思想

《新时期产业工人队伍建设改革方案》（以下简称《改革方案》）的指导思想是，高举中国特色社会主义伟大旗帜，全面贯彻党的十八大和十八届三中、四中、五中、六中全会精神，坚持以邓小平理论、"三个代表"重要思想、科学发展观为指导，深入贯彻习近平总书记系列重要讲话精神和治国理政新理念、新思想、新战略，围绕统筹推进"五位一体"总体布局和协调推进"四个全面"战略布局，坚持稳中求进工作总基调，贯彻落实新发展理念，适应把握引领经济发展新常态，按照政治上保证、制度上落实、素质上提高、权益上维护的总体思路，改革不适应产业工人队伍建设要求的体制机制，充分调动广大产业工人的积极性、主动性、创造性，为实现"两个一百年"奋斗目标、实现中华民族伟大复兴中国梦更好地发挥产业工人队伍的主力军作用。

2015年4月28日，习近平总书记在庆祝"五一"国际劳动节表彰全国劳动模范和先进工作者大会上讲话指出，"不论时代怎样变迁，不论社会怎样变化，我们党全心全意依靠工人阶级的根本方针都不能忘记、不能淡化，我国工人阶级地位和作用都不容动摇、不容忽视"。与此同时，新时期产业工人队伍还存在主人翁地位体现不够，技能素质总体不高、结构不合理、发展通道不畅等问题，因此《改革方案》从5个方面提出了25条有针对性的改革举措，要按照政治上保证、制度上落实、素质上提高、权益上维护的总体思路，改革不适应产业工人队伍建设要求的体制机制。

（二）基本原则

《改革方案》明确提出：推进新时期产业工人队伍建设改革必须"坚持党的领导，把握正确的方向；坚持服务大局，发挥支撑作用：坚持以人为本，落实主体地位；坚持问题导向，勇于改革创新"。

坚持党的领导，把握正确方向是根本。加强和改进党必须全心全意依靠工人阶级的方针，既要从思想认识上正确看待产业工人的地位作用，又要贯彻到经济、政治、文化、社会、生态文明建设和党的建设各方面，落实到党和国家制定政策、推进工作全过程体现到企业生产经营各环节。加

强和改进党对产业工人的领导，必须坚守忠诚党的事业、竭诚服务职工的责任担当，按照政治上保证、制度上落实、素质上提高、权益上维护的总体思路，为产业工人成长成才、就业创业、报效国家、服务社会创造更多机会，最广泛地把产业工人组织动员起来，为实现党和国家的目标任务建功立业。

坚持服务大局，发挥支撑作用是中心。党的十八大以来，以习近平同志为核心的党中央提出了实现中华民族伟大复兴中国梦的重大战略思想，赋予了包括产业工人在内的亿万职工庄严的历史使命。推进产业工人队伍建设，必须牢牢把握为中华民族伟大复兴中国梦而奋斗的工人运动时代主题，着力提升产业工人的素质能力，努力建设知识型、技术型、创新型产业工人队伍，引导他们通过辛勤劳动、诚实劳动、创造性劳动，推动经济社会持续健康发展。

坚持以人为本，落实主体地位是落脚点。习总书记多次强调，要坚持发展为了人民、发展依靠人民、发展成果由人民共享。在产业工人队伍建设改革过程中，要明确改革的落脚点，往有利于促进产业工人实现体面劳动、全面发展方向前进，产业工人关心和期盼的，就是改革要抓住和推进的。当前，广大产业工人对增加收入水平、提高技能素质、强化社会保障、追求精神文化生活以及维护合法权益的要求十分迫切。要从产业工人普遍关心的方面入手，着重围绕落实产业工人权益机制，排除阻碍产业工人参与发展、分享发展成果的障碍，维护产业工人切身利益，全面提高产业工人的综合地位。

坚持问题导向，勇于改革创新是方法。产业工人队伍建设中存在的突出问题是，产业工人结构复杂、分布广泛，在各种不同的群体、产业、行业、地域和不同所有制企业中都存在较大差异，要坚持以科学的方法统筹推进产业工人队伍建设改革。尤其要在遵循统一要求的基础上，对产业工人队伍建设的目标任务、工作举措、支持保障等提出具体清晰的要求，形成可操作、能落实的方法，具体情况具体操作，具体问题具体分析。如果只是"一刀切""一锅煮"，就无法对症下药形成有针对性的解决方案。与此同时，产业工人队伍建设还存在思想认识不到位、政策制度不完善、运行体制不顺畅、制度执行不到位等问题，要抓住重点和难点，破除束缚产业工人队伍建设的思想观念和体制机制积极推进改革，确保改革落地见效。

（三）目标任务

《改革方案》明确提出了新时期产业工人队伍建设改革的目标任务，即"把产业工人队伍建设作为实施科教兴国战略、人才强国战略、创新驱动发展战略的重要支撑和基础保障，纳入国家和地方经济社会发展规划，通过改革，产业工人队伍不断壮大、综合素质明显提高，保障产业工人地位的制度更加健全，产业工人合法权益进一步实现，劳动光荣、技能宝贵、创造伟大的时代风尚更加浓厚，造就一支有理想守信念、懂技术会创新、敢担当讲奉献的宏大的产业工人队伍"，为推进新时期产业工人队伍建设指明了奋斗方向，明确了努力目标，对于凝聚各方共识、汇集各方智慧，更好地把思想和行动统一到党中央的决策部署上来，具有重要意义。

一是体现了党中央的要求和产业工人队伍发展实际的契合。《改革方案》坚持从实际出发，结合产业工人对维护自身权益、实现全面发展、共享改革成果的合理诉求，以及当前产业工人队伍建设已有的工作成果和存在的突出问题，有针对性地设定目标任务。

二是明确了产业工人队伍建设在党和国家工作大局中的工作定位。《改革方案》一大亮点在于：将产业工人队伍建设上升到"支撑和保障"三大战略，即在助力科教兴国战略方面，通过提升产业工人的科技文化素质，从产业工人中培养选拔科技人才及各类专业技术能手；在助力创新驱动发展战略方面，引导产业工人增强创新动力、提高创新能力；在助力人才强国战略方面，建设包括高素质产业工人队伍在内的专业技术人才。

三是概括了新时期产业工人队伍的鲜明特征。《改革方案》用"理想守信念、懂技术会创新、敢担当讲奉献"概括了新时期产业队伍特征，并提出"宏大"的要求。这与大力弘扬的劳模精神、劳动精神、工匠精神是一脉相承的。产业工人作为工人阶级中发挥支撑作用的主体力量，集中体现了中国工人阶级的优秀品质和突出特点，在新时代，把产业工人鲜明特征作为时代的精神符号，对于鼓舞人心、凝聚共识具有极其重要的意义。

四、工会要在加强产业工人队伍建设改革中发挥重要作用

推进产业工人队伍建设改革，是以习近平同志为核心的党中央着眼于巩固党的执政基础、实施制造强国战略、全面提高产业工人素质作出的重大部署，事关改革发展稳定大局，事关国家和民族的长远大业，事关产业工人的根本利益。各级工会组织必须深刻认识到在推进新时期产业工人队伍建设改革中肩负的重要职责，以高度的政治责任感和强烈的使命感推进产业工人队伍建设改革，不辜负党的重托和广大产业工人的期望。

（一）团结动员产业工人围绕党和国家的中心任务建功立业，充分发挥主力军作用经济建设是工会工作的主战场，调动职工群众积极性、主动性、创造性是工会工作的中心任务

一是围绕实现"十三五"规划目标任务服务区域发展总体战略和京津冀协同发展、长江经济带发展、"一带一路"建设，河北雄安新区建设等国家战略，深入推进重大工程、重大检查评估、评比表彰、宣传推广等，提高产业工人参与率和受益度。二是着眼构建产业工人技能形成体系，打通产业工人发展通道，深入实施职工素质建设工程，整合工会职工技能培训资源，发挥工会职工教育阵地优势，发展职工在线教育和网上练兵，加强和改进职工书屋建设，引导产业工人提高技术技能素质，培育更多"大国工匠"。三是在产业工人中广泛开展技术革新、技术协作、小发明小创造等职工技术创新活动开展先进操作法总结、命名和推广，发挥职工创新工作室、劳模创新工作室的示范带动作用。四是发挥工会民间外交优势，加强产业工人技能国际交流与合作，组织产业工人积极参与国际性的产业工人技能交流活动，服务走出去战略和"一带一路"建设。

（二）引导产业工人自觉践行社会主义核心价值观，汇聚实现中国梦的强大正能量

工会肩负着引领广大职工听党话、跟党走的政治责任。一是加强对产业工人的思想政治引领，把思想政治工作贯穿到产业工人队伍建设改革各项工作中，改进和引领工作方式，从产业工人的实际出发，通过务实管用的载体，深化群众性精神文明创建活动，教育引领广大产业工人自觉践行社会主义核心价值观，不断增强中国特色社会主义道路自信理论自信、制度自信、文化自信，成为党执政的坚实依靠力量、强大支持力量、深厚社会基础。二是以职业道德为重点，在广大产业工人中开展社会公德、职业道德、家庭美

德、个人品德教育，发挥劳模、道德模范、"最美职工"等先进人物的示范带动作用，打造健康文明、昂扬向上的职工文化。三是在产业工人中大力弘扬劳模精神、劳动精神、工匠精神，深化"中国梦·劳动美"主题教育实践，丰富内容、强化实践，抓好重大节日、重要时点主题活动。四是加强工会网上舆论阵地和网宣队伍建设，对模糊认识进行引导，对错误言论进行驳斥，亮出工会旗帜，发出工会声音，表明工会立场，在产业工人队伍中弘扬主旋律、传播正能量。

（三）强化服务意识、提升服务能力，满腔热情地做好联系服务产业工人工作

联系服务职工群众是工会工作的生命线。一是建立健全联系产业工人的长效机制，推动工会干部下基层活动常态化、制度化，养成深入基层一线、密切联系产业工人的习惯和自觉，争当全心全意为人民服务的忠实践行者、党的群众路线的坚定执行者、党的群众工作的行家里手。二是构建覆盖广泛、快捷有效的服务职工工作体系，为基层工会和产业工人提供项目式、订单式服务，明确服务对象、项目、流程、标准，提高服务工作精准、精细度和项目运作制度化、规范化水平。三是大力推进"互联网＋"工会普惠性服务，加大对困难产业工人解困脱困工作力度，帮助他们解决实际困难。四是把工作重心更多地放在一线产业工人特别是农民工身上，深入推进农民工入会和服务双提升工作，多为他们办实事、解难事、做好事。促进农民工融入城市，均等享有公共服务。

（四）旗帜鲜明维护产业工人合法权益，让改革发展成果更多更公平惠及广大产业工人

工会要赢得广大产业工人的信赖和支持，就必须在维护产业工人权益上更加有所作为。一是保障产业工人的劳动就业权利，高度关注和积极做好钢铁煤炭等行业化解过剩产能、企业兼并重组和处置"僵尸企业"中产业工人权益保障工作，加大工会职业培训、职业介绍和就业援助力度，帮助更多的产业工人稳定就业岗位、实现就业创业。二是保障产业工人取得劳动报酬的权利，完善健全向一线产业工人倾斜的分配制度，维护劳动收入的主体地位，推动完善工资平等协商机制、正常增长机制、支付保障机制，保障产业工人按时足额领到工资，扩大产业工人对改革的获得感。三是保障产业工人

参加社会保险并依法享受社保待遇的权利，加强群众监督，督促企业依法为产业工人缴纳社保，推动健全社会保险制度，提高统筹层次，稳步提高社保水平。四是保障产业工人劳动保护权利，督促企业加强安全生产和职业健康工作，深化"安康杯"竞赛，促进班组现场安全管理，联合有关部门完善工伤和职业病防治保障系统，加强职业安全与职工卫生知识普及教育。

第二十一章
以改革创新精神加强工会自身建设

工会干部培训教材
（黑龙江版）

第一节　全国总工会开展改革试点工作

按照中央全面深化改革领导小组的部署，2015 年 11 月以来，全国总工会开展了为期一年的改革试点工作。

一、改革试点的基本情况

2015 年 7 月 23 日，中央改革办下发通知，决定在全国总工会开展中央群团机关改革试点。11 月 9 日，习近平总书记主持召开中央全面深化改革领导小组第 18 次会议，审议通过《全国总工会改革试点方案》（以下简称《改革试点方案》），对推进党的群团改革作出重要指示、提出明确要求。2016 年 2 月 26 日，刘云山同志主持召开中央书记处办公会议，专题听取全总等群团组织深化改革进展情况汇报，对全国总工会改革试点工作给予肯定并提出具体要求。

全总领导班子认真贯彻落实中央全面深化改革领导小组要求，积极主动、全面谋划，按照增"三性"、去"四化"、强基层、促创新的改革总体思路，有序有力有效推进改革试点工作。目前，《改革试点方案》提出的 7 个方面 27 条改革举措均如期完成，原定制定 25 项制度文件而实际出台了 35 项，改革试点工作实现了既定目标，取得了阶段性成果。与此同时，全国总工会坚持以上带下，指导各级工会主动对接、及时跟进，整个工会系统改革全面展开、态势良好。中央改革办的《改革情况交流》多次专门介绍全总改革试点进展情况并给予充分肯定。

二、改革试点的主要做法及成效

1. 以发挥全总党组领导核心作用为保证，增强了工会系统党组织的先进性纯洁性。

（1）**坚决维护习近平同志的核心地位。**党的十八届六中全会正式提出"以习近平同志为核心的党中央"，确立了习近平同志是党中央的核心、全党的核心。这是实践和历史的选择、全党和人民的选择，充分反映了包括亿万职工在内的全国各族人民的共同心愿。全总党组进一步增强政治意识、大局意识、核心意识、看齐意识，引导广大工会干部和职工群众更加紧密地团结在以习近平同志为核心的党中央周围，更加坚定地维护以习近平同志为核心的党中央权威，更加自觉地在思想上政治上行动上同以习近平同志为核心的党中央保持高度一致，更加扎实地把党中央各项决策部署落到实处。

（2）**坚持自觉接受党的领导。**把深入学习贯彻习近平总书记系列重要讲话精神作为重大政治任务。健全完善传达学习贯彻党中央重大决策部署工作制度和向党中央请示、报告重要工作制度。坚持第一时间传达学习党中央决策部署，以党中央的旗帜立场、决策部署、担当精神为标杆，提高政治站位，确保中央政令畅通，切实把党的路线方针政策落实到工会工作各方面和全过程。全总改革试点工作开展以来，就贯彻落实中央决策部署和工会工作中的重大问题，以书面形式向党中央和中央改革办报送请示报告多次。全总党组和中心组坚持每周组织 1 次集体学习，机关党员干部 3000 余人次参加。《求是》2016 年第 1 期刊登了全总党组书记学习习近平总书记关于工人阶级和工会工作重要论述的体会文章。《人民日报》7 月 8 日要闻版报道了全总党组中心组学习贯彻习近平总书记"七一"重要讲话精神的情况；10 月 19日报道了全总党组牢固树立和自觉践行"四个意识"、激励引导广大职工充分发挥工人阶级主力军作用的情况。《中国纪检监察报》多次在头版报道了全总党组严守政治纪律和政治规矩、扛起"两个责任"、勇于责任担当的做法。

（3）**全面落实党建工作责任制。**把加强党建工作作为改革的重要内容和关键举措。成立了由党组书记任组长的全总党建工作领导小组，承担全面从严治党的主体责任，构建党组书记负总责、分管领导分工负责、机关党委推进落实、各单位主要负责同志"一岗双责"的党建工作格局。修订了《中共中华全国总工会党组工作规则》《中共中华全国总工会党组中心组学习制度》，制定了党组议事内容目录和党组中心组学习目录，指导驻会全国产业工会等8个分党组修订了分党组工作规则。健全机关各级党组织，强化党建基础工作，落实"三会一课"等党的组织生活制度，加强基层党组织队伍建设。在机关减编情况下，专门为机关党委、纪委增加编制，增强了监督的力量。

（4）坚定不移推进全面从严治党。认真贯彻落实《关于新形势下党内政治生活的若干准则》《中国共产党廉洁自律准则》《中国共产党党内监督条例》《中国共产党纪律处分条例》《中国共产党问责条例》等党内法规，坚持把政治纪律和政治规矩摆在前面，加强和规范党内政治生活、加强党内监督，净化党内政治生态。认真开展"两学一做"学习教育，引导广大党员做"四讲四有"合格党员。召开全国工会党风廉政建设工作会议，制定《全国总工会机关落实党风廉政建设主体责任和监督责任实施意见》，深入推进工会系统党风廉政建设和反腐败工作。

（5）自觉接受中央巡视组对全总党组的专项巡视。坚持在政治高度上突出坚持党的领导，在政治要求上抓住党的建设，在政治定位上聚焦全面从严治党，从严从实、不折不扣落实整改要求，做到全面改深入改、改到底改到位。修订了《全国总工会关于贯彻中央改进工作作风、密切联系群众八项规定的实施办法》，持之以恒反对"四风"。全面清理规范全总会议活动、评比表彰、期刊等，撤销了25个评比表彰项目，将全总主管的15种报刊撤并清理规范保留为8个。制定了《工会行政事业性资产管理暂行办法》《工会行政事业性资产使用管理暂行办法》和《工会行政事业性资产处置管理暂行办法》等，强化工会资产监管，落实工会资产损失责任追究办法，提高了廉洁风险防控水平。

（6）强化对工会意识形态工作的领导。坚持把做好工会意识形态工作作为事关全局的重大政治任务来抓，旗帜鲜明地用马克思主义占领意识形态阵地，着力把握政治方向、增强政治定力，坚守主阵地、释放正能量。多次就工会意识形态工作进行专题研究，制定了《全总党组关于贯彻落实〈党委（党组）意识形态工作责任制实施办法〉的实施细则》，下发了加强工会网络宣传和舆情工作意见，整合了《工人日报》、中工网等宣传阵地，突出加强了网上舆论引导工作。

2. 以整合机构优化职能为突破口，增强了工会组织的广泛性代表性。

（1）改进了工会领导机构人员构成。突出工会组织群众性特点，在工会副主席、常委、委员、代表及内部工作部门人员的安排上，提高了劳模和一线职工比例，把更多普通职工中的优秀代表吸纳进工会领导机构。全总十六届四次执委会议选举全国劳模、农民工代表巨晓林为全总副主席（兼职），全总十六届九次主席团会议推选北京师范大学党委副书记田辉为全总书记处书记（挂职）。全总执委中增加劳模和一线职工12名，比例由11.6%增至15.4%；主席团成员中增加劳模和一线职工3名，比例由9.9%增至13.5%。各驻会全国产业工会全委会委员、常委中劳模和一线职工比例均提高到9%以上，并分别增设2名兼职副主席。制定了《关于充分发挥全国总工会劳模兼职副主席作用的暂行办法》，组织全总劳模兼职副主席参加学习培训、开展调研、参加送温暖活动，切实发挥了全总劳模兼职副主席作用。制定了《工会全国代表大会代表、全国总工会执行委员会委员提案办理办法（试行）》，通过全体会议发言和向大会提交提案等方式，扩大了代表、委员的参与渠道。

（2）优化了全总机关组织架构。将6个主要职能部门整合为3个，新成立了网络工作部和社会联络部，职能部门总数减少了1个。5个生产经营类事业单位转制为企业，事业单位由18个减少到13个。深入细致做好机关干部的思想政治工作，在机构整合过程中，对149名干部进行了工作岗位调整，一周内全部到岗，高效平稳地完成了工作交接和干部对接。通过整合精简机构，减少了中间层次和交叉重复，进一步优化强化硬化职能，更加聚焦主责主业，机关工作效率和工作质量明显提升。

3. 以改进干部管理方式为关键点，激发了机关干部的动力和活力。

（1）实行工会干部专挂兼。通过"总量不变、调整结构"的方式，优化干部结构，探索建立了一支以专职干部为骨干力量、以挂职兼职干部为重要支撑的机关干部队伍。制定了全总接收挂职锻炼干部管理办法，接收使用兼职干部办法，各驻会产业工会机关和委员、常委单位互派挂职干部管理办法，全总机关干部挂职锻炼工作办法和扶贫驻村第一书记管理办法等制度。加大了全总机关干部和地方、企事业单位工会干部双向挂职工作力度，改革试点工作开展以来，全总机关共接收了来自基层工会的32名挂职干部、23

名兼职干部（包括 9 个部门的兼职副部长），并选派了 46 名机关干部到基层挂职锻炼，进一步增强了机关全体干部的改革意识和创新意识。

（2）拓宽机关干部来源渠道。突出机关干部基层一线工作经历、群众工作经历，探索建立符合工会组织特点的机关干部遴选、管理、使用办法，制定了《关于全总机关从劳模和一线优秀工会工作者中考录遴选机关干部工作的意见》，把更多知职工、懂职工、爱职工的人充实到全总机关。

（3）创新局级干部推选办法。在副局级职务晋升工作中，采取"三推两核一汇报"的方式推荐人选、确定考察对象，取得较好效果。"三推"是指对副局级职务人选先后进行 3 轮推荐；"两核"，即各部门推荐初步人选时进行"一核"，研究确定考察对象时进行"二核"；"一汇报"，是指在"三推"会议推荐环节，各部门推荐的初步人选向与会的机关局级干部简要汇报本人基本情况和近 3 年工作实绩。此办法得到了机关干部的充分认可。

4. 以增强基层活力发挥作用为着力点，推动了工会工作的重心下移力量下沉。

（1）构建工会网络化组织体系。按照习近平总书记关于加强基层工会建设和农民工工作的重要指示精神，深化基层工会建设落实年活动。以开发区（工业园区）、建筑项目、物流（快递）业、家庭服务业、农业专业合作组织以及社会组织等为重点，加大了工会组建力度，创新建会形式，采取单独组建、区域联建、行业统建、依托组建等多种方式，总结推广地方工会坚持依法办事、依靠职工建会的经验，有效破解非公有制企业建会难题，扩大了工会组织覆盖面，工会会员达到 3 亿人。制定了《工会会员会籍管理办法》，拓宽职工便捷入会渠道，积极探索网上入会、手机 APP 入会等新途径，打通了职工入会"最后一公里"。制定了"十三五"时期工会农民工工作规划，广泛开展"农民工入会集中行动"。

（2）做实基层工会工作。制定了增强基层工会活力发挥基层工会作用的指导意见，深化职工之家建设，开展"六有"工会建设和"双争"活动。制定了深入推进产业工会工作创新发展的意见，支持产业工会开展各具特色的工作。制定了加强工会社会工作专业人才队伍建设的意见，推动工会社会化工作者纳入国家社会工作专业人才队伍体系。修订了《工会基层组织选举工作暂行条例》，提高了一线职工在工会委员会、代表大会代表中的比例，规范基层工会民主选举，有力地促进了基层工会作用的发挥。

（3）加大工会资源向基层倾斜力度。全总机关和事业单位精简编制25%，将精简的50个行政编制补充到任务繁重、力量薄弱的县级工会，以此带动省级、市级地方工会实行编制"减上补下"，推动解决基层基础薄弱问题。将全国工会经费全年收入的95%留在地方和基层工会，由全总本级集中5%，把其中的70%用于对下级工会的补助，重点投向基层工会。

（4）密切机关干部与职工群众的联系。建立了基层联系点、调查研究、基层挂职任职、定期接待群众来访、谈心和征求意见5项直接联系群众制度，全总党组所有成员都确定了1个县级工会和1个企业工会作为联系点，下沉到基层，直接到一线，了解实情和职工诉求。把机关干部直接联系职工群众和基层联系点工作列入干部考核内容，推进了工会领导机关干部下基层活动常态化、制度化。以职工参与率、满意率、受益率为重点，探索建立了工会服务职工满意度评价制度，适应职工的作息特点安排工作时间，推广"错峰服务"模式。建立了依靠职工群众推进工会工作的运行机制，畅通普通职工直接参与工会工作渠道。

（5）强化工会资产服务职工的功能。制定了加强和规范工人文化宫管理、工人疗休养院管理的意见，探索并创新工会资产在市场经济条件下依法依规、更好服务职工的措施和办法。加大了职工书屋建设经费投入和建设规模，专门增加电子职工书屋建设基础经费投入。目前，职工书屋已达10万多家，辐射职工5000万人以上，在社会上产生了广泛影响，形成了品牌。职工书屋被列入公共文化设施范围，写进了公共文化服务保障法草案。

5. 以创新工作载体机制为切入点，提升了工会组织凝聚力影响力。

（1）着力用社会主义核心价值观引领职工群众。创新思想政治工作方式方法，把思想引领贯穿工会各项工作和活动，突出政治性、思想性和教育性。通过开设专版、专栏、专题，推出出版物和微感言、微故事、微视频、随手拍、拍摄公益广告等方式，运用企业内部报刊、闭路电视、网站和宣传栏、橱窗、活动室等载体，深入开展核心价值观教育，形成强大宣传声势，引导职工坚定中国特色社会主义的道路自信、理论自信、制度自信、文化自信。在全国 10 个省（区、市）的万名职工中开展了思想状况调研，提高职工思想政治工作的针对性和实效性。

（2）叫响做实大国工匠品牌。广泛开展"中国梦·劳动美"主题教育，全总牵头组织大国工匠纪录片和新闻专题片，大力弘扬劳模精神、劳动精神、工匠精神，职工群众和社会各界普遍点赞，大国工匠品牌已经家喻户晓。以"弘扬工匠精神、提升职业素养"为主题，联合教育部开展"大国工匠进校园"活动，与国家网信办开展"中国梦·大国工匠篇"主题宣传，在《人民日报》《工人日报》开设专栏持续宣传阐释工匠精神，推动工匠精神进车间、进班组、进校园，树立先进典型，引领广大职工争做工匠人才。

（3）创新职工建功立业载体和方式。深入开展"践行新理念、建功'十三五'"主题劳动和技能竞赛，组织职工群众在经济建设主战场创新创业创优。完善竞赛组织、评估、表彰机制，扩大了竞赛覆盖面，提高了职工参与率，2016 年共有 180 多万家企业开展了劳动和技能竞赛，参与职工 8000 多万人。落实中央改革办要求，全总牵头就推进产业工人队伍建设改革开展调查研究，起草相关重要文件。认真贯彻《中国制造 2025》，实施职工素质建设工程五年规划，开展多种形式的职工技能培训、岗位练兵、技术创新活动，发挥"劳模创新工作室""首席技师""首席员工"的示范作用，设立职工创新补助资金，推动建设知识型、技术型、创新型产业工人队伍。

（4）完善工会维权服务制度机制。扎实做好经济发展新常态下职工权益维护工作，积极参与化解过剩产能职工安置等政策制定，引导和督促企业帮助职工多转岗少下岗、多转业少失业。贯彻落实全国国有企业党的建设工作会议精神，健全以职工代表大会为基本形式的民主管理制度，推进厂务公开、业务公开，坚持企业重大决策听取职工意见，涉及职工切身利益的重大问题必须经过职代会审议。制定了关于深入推进非公有制企业民主管理工作的意见。与有关部门协调沟通，制定加强职工董事制度、职工监事制度建设意见，组织和代表职工有序参与企业民主管理。进一步推动构建和谐劳动关系，协调劳动关系三方机制、政府与工会联席会议制度逐步健全，平等协商和集体协商工作得到深化，实现了数量质量双提升。目前，全国已建工会企事业单位职代会和厂务公开建制率均超过 90%，集体合同覆盖职工约 3 亿人。

（5）加大城市困难职工解困脱困的帮扶和保障力度。精准、分类做好400多万名城市困难职工的解困脱困工作，修订了工会困难职工档案管理办法，对困难职工进行精准识别、精准帮扶。围绕国家脱贫攻坚大局，充实工会扶贫工作力量，增加资金投入，实施了一批工会定点扶贫开发项目。指导地方工会建立健全市、区（县）、街道（乡镇）三级服务体系，提高精准服务职工能力。加强农民工维权服务工作，配合有关部门开展农民工工资支付专项检查，为225万名农民工追回被拖欠工资230多亿元。

6. 以建设"互联网＋"工会工作新格局为手段，实现了服务职工群众全方位全天候。

（1）实施全国工会"互联网＋"行动计划。增强互联网思维，把打造互联网工作平台作为推进工会工作改革创新、提高服务引领职工能力的重要手段。推动将工会网络安全与信息化重点工作纳入"十三五"国家政务信息化工程，整合工会系统网络资源，加大投入和工作力度，实现联系网、工作网、服务网整体合一、工会工作线上线下互动融合、实体和虚拟两大空间共同开展工作，提高建网、用网、占网能力。

（2）推行"互联网＋"工会普惠性服务。召开全国"互联网＋"工会普惠性服务现场推进会，总结推广地方工会构建"互联网＋"服务职工体系的经验。以"一片心、一叠卡、一张网、一个家"为抓手，打造全国工会系统服务职工网络。开通全总微博、微信公众号，开发移动客户端，制定工会工作和会员信息基础数据库相关标准，强化工会帮扶、劳模管理、社会信用代码登记等服务职工相关系统的功能设计，依托中国职工教育网开发"职工驿站"APP，实现服务职工工作全方位。

（3）构建联系动员职工网上网下"同心圆"。开展工会新媒体聚合联动行动，首次召开全国最有影响力工会新媒体论坛，发挥工会系统9000多个新媒体账号作用，积极参与构建清朗网络空间。充分发挥互联网社会动员功能，积极回应网民关切、解疑释惑，让互联网成为了解职工、贴近职工、联系职工、服务职工的新途径。

7. 以实行工会工作社会化为抓手，拓展了联系职工的新途径新方式。

（1）联系引导劳动关系领域社会组织。发挥工会枢纽型组织作用，把联系引导相关社会组织作为一项重要任务，接长手臂、形成链条、扩大影响。

会同有关部门联合开展调研，推动建设劳动关系领域社会组织数据库，开发建设全国工会社会组织工作信息服务平台。制定推进工会联系引导劳动关系领域社会组织工作意见，探索联系引导服务劳动关系领域社会组织新路径、新方式。通过购买服务等方式，引导社会组织依法依规为职工提供专业优质高效的服务。探索在基层培育孵化工会直接领导的劳动关系领域社会组织和志愿者队伍，与共青团、妇联等群团组织联合建立社会组织或社会组织服务平台。

（2）做好维护职工队伍稳定工作。针对化解过剩产能中职工下岗失业、劳动关系矛盾可能激化等新情况新问题，加强调查研究、风险评估和会商研判。指导地方工会加强对劳动关系和职工队伍情况监测和研究，建立源头治理劳资纠纷试验区，发挥工会在劳资纠纷源头治理中的基础性作用，及时有力化解了劳动关系中出现的矛盾和问题，坚决维护了社会大局稳定。

8. 以推进全总改革试点为引领，促进了各级工会改起来强起来。

（1）按照双重领导原则加强对省级工会的领导。进一步完善与省级党委沟通协调机制，共同研究解决工会工作特别是工会改革中遇到的问题，建立与省级党委协调推进工会工作的运转机制。通过多种方式，向省级党委通报中央关于工人阶级和工会工作的重要指示以及工会重点工作，要求省级总工会及时向省级党委汇报全总重要会议精神。完善全总定期听取省级工会工作报告和意见建议制度，省级总工会每半年向全总作一次工作报告，重大事项随时报告。

（2）强力推进工会系统改革创新。召开了工会系统改革工作推进会，下发指导文件，对工会系统全面推进改革创新进行部署，充分发挥全总改革试点的示范效应、引领效应、推进效应、指导效应、督促效应，使工会系统改革自上而下、自下而上有机结合，形成了强劲推动的格局。深入调研督导，了解掌握各级工会改革进展，对省级工会改革方案及时给予指导，以全总机关改革带动工会系统改革。各级工会在同级党委领导下，主动对接、及时跟进全总改革试点工作，结合各自实际研究谋划改革。目前，31个省（区、市）总工会参照全总改革试点方案，推行本地区工会系统改革。

三、进一步深化工会改革，全面开创工运事业发展新局面

改革没有完成时，只有进行时，工会改革永远在路上。目前，改革试点工作只是取得了阶段性成果，与党中央的要求和职工群众期待相比，仍然存在差距和不足，如工会领导机关职能作用需要进一步优化和强化，干部队伍建设需要加强，对地方和基层工会改革的指导力度需要加大，基层基础薄弱、活力不足的短板需要补齐，改革中出台的制度文件必须严格执行并接受检验、不断完善提高等。持续并深化改革，需要锲而不舍地从理论和实践两个方面进行探索和总结，努力取得新进展、新成效。

1. 坚持把深入学习习近平新时代中国特色社会主义思想作为重要政治任务，强化政治引领，增强政治责任感、工作使命感，坚决贯彻落实全面从严治党各项要求，努力筑牢工会系统全面从严治党的政治根基。

2. 继续加大改革力度，推动改革不断取得新进展。要进一步坚定改革信心，增强改革定力，继续把改革抓在手上，突出重点难点，聚焦深层次问题，持续用力、久久为功，以钉钉子精神抓好改革各项任务的落实落地。

3. 推动工会系统深化改革，确保改革落地生根。要坚持以上带下、以下促上、整体联动，既抓好全总改革试点工作，为工会系统改革树立标杆，又抓好对地方和基层工会改革的指导，推动各级工会跟进对接全总改革举措，努力做到顶层设计源自基层、改革成果惠及基层，不断增强职工群众对工会改革的获得感。

4. 创新工会工作制度机制，巩固扩大改革成果。要把改革中行之有效的经验及时上升为制度机制，把改革成效努力转化为服务党和国家工作大局、服务职工群众的能力和水平，切实把广大职工的积极性主动性创造性充分调动起来，把工人阶级的主人翁地位充分体现出来，不断增强工会组织的吸引力凝聚力战斗力。

第二节　进一步创新基层工会工作

为深入贯彻习近平总书记系列重要讲话特别是关于工人阶级和工会工

作的重要指示精神，进一步夯实工会基层基础，增强基层工会组织吸引力凝聚力，2014 年 7 月 30 日，全国总工会印发《中华全国总工会关于新形势下加强基层工会建设的意见》，这是加强和创新基层工会工作的指导性文件。2016 年 10 月 26 日，全国总工会又印发《中华全国总工会关于增强基层工会活力发挥基层工会作用的实施意见》，为增强基层工会的政治性、先进性、群众性提供了新的指引。

一、加强基层工会建设的目标要求

加强基层工会建设，要坚持从工会组织的性质和特点出发，努力建设"六有"工会：一是有依法选举的工会主席，建设心系职工、善于维权、开拓进取的骨干队伍；二是有独立健全的组织机构，完善工会委员会、经费审查委员会、女职工委员会等组织；三是有服务职工的活动载体，满足职工的多样化需求；四是有健全完善的制度机制，实现工会工作的群众化、民主化、制度化、法治化；五是有自主管理的工会经费，真正用于服务职工和工会活动；六是有会员满意的工作绩效，切实让职工群众感受到工会是"职工之家"。通过 3—5 年努力，使基层工会覆盖面明显扩大，服务职工能力明显提高，工会组织吸引力凝聚力明显增强，力争实现全国 80% 以上的基层工会基本达到"六有"目标。

二、基层工会建设的主要任务

1. 加强基层工会组织建设。

加强企业和机关事业单位工会建设。企业和机关事业单位工会是基层工会的主体。要适应工业化、信息化、城镇化和农业现代化，依法推进各类企业和机关事业单位普遍建立工会组织，巩固建会成果，提高建会质量。国有及国有控股企业、机关、事业单位工会组建实现全覆盖，职工人数较多、规模以上企业工会组建实现全覆盖。积极推进非公有制企业、社会组织以及服务业单位建会工作，25 人以上单位应单独组建工会，25 人以下单位一般通过联合基层工会实现组织覆盖。切实纠正企业和机关事业单位改革改制中撤销工会或将工会合并到党群工作部门的现象。

加强乡镇（街道）、开发区（工业园区）工会建设。乡镇（街道）、开发区（工业园区）工会承担地方工会和基层工会双重职责。积极推进乡镇

（街道）、开发区（工业园区）组建工会，已经建立工会工作委员会的，要逐步向工会联合会、总工会等组织形式转变。企业100家左右、职工5000人左右的乡镇（街道）、省级以上开发区（工业园区）可以设立总工会，作为一级地方工会组织，履行地方工会领导职责。乡镇（街道）、开发区（工业园区）工会组织机构单独设置，工会主席按党政同级副职配备，副主席享受中层正职待遇。乡镇（街道）设立总工会的，要积极推动乡镇（街道）党（工）委副书记兼任总工会主席，配备1名专职副主席，并配备专职工会干事，同时选配好兼职副主席和委员。

加强区域（行业）基层工会联合会建设。按照地域相近、行业相同的原则，在县以下建立区域性或行业性基层工会联合会。联合会委员会由专职工作人员和所属基层工会主席组成，也可以吸收党委政府相关部门人员参加。联合会原则上至少配备1名专职工作人员，会员人数较多的应适当增加配备人数。加强村（社区）工会建设，努力实现对不具备单独建会条件的小微企业和零散就业人员全覆盖。规范联合基层工会组织架构，所辖单位原则上不超过50家。

加强基层工会干部队伍建设。基层工会干部队伍是基层工会赖以发挥作用的关键。要在同级党组织和上级工会的领导下，充分发扬民主，依法依规推进基层工会民主选举。按照积极稳妥、确保质量的要求，扎实推进基层工会主席（副主席）由会员大会或者会员代表大会直接选举产生。根据各地实际和工作需要，上级工会可以向基层工会推荐、选派工会主席候选人。积极争取公益性岗位，运用市场化、社会化方式聘用社会化工会工作者，建立完善社会化工会工作者选聘、任用、履职、考核、退出等机制。加强基层工会干部培训工作，切实增强政治意识、大局意识和服务意识，不断提高履职能力。基层工会主席上岗一年内应参加培训。

加强会员发展和会籍管理工作。加大会员发展力度，最大限度地把广大职工组织到工会中来。切实做好农民工会员发展工作，积极探索运用多种形式，把农民工吸引到工会中来、吸引到工会活动中来。加强对职工特别是农民工服务类社会组织的团结、联系和吸纳，通过服务和活动吸引凝聚职工，充分发挥工会枢纽型社会组织的作用。推进会员管理工作制度化、规范化、信息化，健全会员档案，做好会员登记和会员证发放工作，积极推进会员实名制管理，通过举行职工入会仪式等多种途径增强会员意识。会员组织关系随劳动关系流动，完善"源头入会、凭证接转、属地管理"机制，畅通会员组织关系接转渠道。

2. 明确基层工会建设的主要任务。

（1）教育引导职工。培育和践行社会主义核心价值观，提高职工的道德素养，激发职工奋发向上、崇德向善的正能量。大力弘扬劳动精神、劳模精神和工人阶级伟大品格，深入开展"中国梦·劳动美"主题教育活动，倡导辛勤劳动、诚实劳动、科学劳动。加强职工思想政治工作，注重对职工的人文关怀、心理疏导和情绪引导，突出做好农民工、青年职工和知识分子等职工群体的思想工作。加强职工文化建设，广泛开展职工文化体育活动，丰富职工精神文化生活。加强普法宣传教育，提高职工法律意识。

（2）推动改革发展。引导职工群众拥护支持改革、参与推动改革，夯实全面深化改革的群众基础。深入开展多种形式的劳动竞赛活动，深化合理化建议、技术攻关、技术革新、发明创造等群众性技术创新活动。加强班组建设，广泛开展"工人先锋号"创建活动。深入实施职工素质建设工程，加大职工职业技能培训力度，建立健全技术工人培养、评价、使用、激励机制，培养造就知识型、技术型、创新型的高素质职工队伍。

（3）履行维权职责。认真履行维护职工合法权益的基本职责，坚持以职工为本，主动依法科学维权。紧紧围绕职工最关心最直接最现实的利益问题、最困难最操心最忧虑的实际问题，以一线职工、农民工、困难职工等为重点群体，以劳动就业、技能培训、收入分配、社会保障、安全卫生等为重点领域，切实维护好广大职工的各项合法权益。坚持维权与维稳相统一，引导职工依法理性表达利益诉求，维护职工队伍和社会和谐稳定。

（4）协调劳动关系。建立健全科学有效的利益协调机制、诉求表达机制、矛盾调处机制、权益保障机制，推动形成规范有序、公正合理、互利共赢、和谐稳定的社会主义新型劳动关系。引导企业开展创建和谐劳动关系活动，依法推动企业普遍开展工资集体协商，促进基础扎实、条件成熟的行业建立集体协商制度。建立健全以职代会为基本形式的企事业单位民主管理制度、厂务公开制度和职工董事、职工监事制度。加强劳动争议特别是集体劳动争议调处工作。深入开展"安康杯"竞赛活动，改善劳动安全卫生条件，保障职工群众生命安全和健康权益。

（5）服务职工群众。坚持全心全意为职工服务的宗旨，以服务增强工会组织的吸引力和凝聚力，以服务增强职工群众对工会组织的归属感和认同感。深化"面对面、心贴心、实打实服务职工在基层"活动长效机制，积极为职工办实事、做好事、解难事。加快构建服务职工工作体系，按照"会、站、家"一体化的思路，把组建工会、创办职工帮扶服务中心、建设"职工之家"统一起来，着力打造基层服务型工会。大力推行会员普惠制，加大投入、创新方式、完善机制，使全体会员都能享受到工会组织提供的实实在在的服务。探索向职工服务类社会组织购买服务，推进项目制、订单式、社会化服务方式。

三、加强基层工会建设的方法措施

1. 坚持分类指导。

坚持从实际出发，在认真履行基本职责的基础上，针对不同性质、不同工作基础、不同组织形式的基层工会，提出不同的工作要求。国有企业工会要围绕生产经营搞好服务，保障职工参与管理和监督的民主权利，组织职工为企业改革发展献力献策。非公有制企业工会要围绕构建互利双赢的劳动关系，代表和维护职工合法权益，促进企业科学发展、和谐稳定。机关工会要围绕机关中心工作，开展群众性精神文明创建活动，不断丰富职工精神文化生活。事业单位工会要围绕深化分类改革、促进事业发展，做好职工思想政治工作，不断提升公益服务水平。区域（行业）基层工会联合会要有效指导所属单位工会开展工作，推动区域（行业）性维权和服务机制建设。

2. 完善工作格局。

健全完善党委领导、政府支持、工会运作、职工参与、社会协同的工作格局。深化党建带动工建、工建服务党建、党工共建机制，推动基层工会建设纳入党建工作规划和考核体系。健全完善各级地方工会、产业工会与政府联席（系）会议制度、劳动关系三方协商机制，逐步向乡镇（街道）、开发区（工业园区）延伸。积极参与和促进人大立法，配合各级人大、政协开展执法检查、专题视察。推动建立企业经营者履行社会责任激励引导机制，争取相关部门在推荐协商企业界党代表、人大代表、政协委员、工商联会员及评选劳动模范、五一劳动奖章、各类先进企业时将企业经营者支持工会工作、履行社会责任作为必要条件，并征求同级工会意见。加强与国资委、工商联、企业协会等单位协作，选树典型，调动企业经营者积极性，为开展工会工作创造良好的外部环境。

3. 强化激励机制。

关心爱护基层工会干部，按照有关规定全面落实保障待遇，让他们在政治上有关心、经济上有保障、职业上有发展，增强基层工会干部的积极性及职业荣誉感。积极推动基层工会主席享受同级党政副职待遇。大力表彰基层工会建设中涌现出来的先进集体和先进个人，事迹特别突出的分别授予五一劳动奖状、五一劳动奖章。有条件的地方可以由上级工会向基层兼职工会干部发放补贴。健全完善工会主席合法权益保护机制，用好用活工会干部权益保障金。基层工会主席劳动合同变更、解除或终止前应向上级工会报告和备案。

4. 畅通联系渠道。

健全完善基层工会向同级党组织和上级工会报告工作制度。建立健全劳动关系预警、预判、预报和紧急处置机制，发生集体劳动争议时，基层工会主席应第一时间深入职工了解情况并向上级工会报告。在基层工会难以履行维权职责时，上级工会要加强指导帮助或"上代下"维权。积极推进工会联系点制度建设，探索建立各级工会代表大会代表联系职工群众制度。建立健全基层工会与行政沟通协商制度。

5. 深化建家活动。

职工之家建设是加强基层工会建设的本质要求和综合载体。要以职工之家建设为引领，以会员是否满意为基本标准，建立健全基层工会建设综合考核评价体系。围绕实践"两个信赖"，深入开展"深化建家达标创优"活动，探索建立各层级模范职工之家创建、申报、考核、表彰、复查等制度，提升职工之家品牌影响力。坚持依靠会员办工会，深化"工会组织亮牌子、工会主席亮身份"活动，推进会员评家、会务公开以及会员代表常任制等工作，落实会员的知情权、参与权、选举权和监督权。探索推进联合职工之家、网上职工之家建设。基层单位及其党政负责人拟推荐申报工会系统评选表彰的各层级五一劳动奖状、五一劳动奖章等称号的，其工会组织应荣获相应层级的模范职工之家称号。

6. 加大经费保障。

积极推动税务部门全额代征工会经费，保证基层工会经费足额到位。上级工会按照权随责走、费随事转原则，通过转移支付、项目化管理等方式，把工会经费向基层工会倾斜。在基层工会自愿基础上，探索实行财务集中管理、分户核算的"上代下"会计核算模式。各地工会要拓宽工会经费来源渠道，积极承接政府转移职能和项目，争取政府财政补助、活动经费或专项经费，强化基层工会经费保障。全总在对下补助中安排专项资金用于乡镇（街道）工会（不低于补助总额的 10%）并专款专用。省及省以下各级工会都要加大对乡镇（街道）、开发区（工业园区）工会和基层工会资金投入力度，把更多的资金用在职工身上。

第二十二章
工会主席素质修养的提升

工会干部培训教材
（黑龙江版）

工会主席的素质修养是工会自身建设的重要组成部分，是工会主席必须了解和掌握的重要内容。我国已经进入中国特色社会主义新时代，新的使命和担当都要求工会干部特别是工会主席要不断提高自身修养和素质，增强科学发展本领和职工群众工作本领，发挥联系职工群众的桥梁和纽带作用，组织、动员广大职工群众为决胜全面建成小康社会、夺取新时代中国特色社会主义伟大胜利贡献力量。

第一节 素质修养的含义和特点

一、素质修养的含义

素质概念有狭义、广义、泛指之分。狭义的素质是生理学概念，指人的神经系统、感觉器官和运动器官等先天的解剖生理特点。这种先天特点是人们获得知识、才能的自然基础。随着社会的发展，素质一词的含义进一步拓宽，即广义的素质包括人的性格、毅力、兴趣、气质、风度等，它是指一个人在先天性生理条件的基础上，通过后天的努力学习和不断实践形成的基本特征，它是一个人与其他人相区别的基本点。泛指的素质是指一种事物在特定的条件下、特定的时间内的基本状态或特征，它不再局限于生理学、心理学范围，而且被广泛应用到其他方面，十分突出的是它被广泛应用于说明人和各种组织的现时状态。例如：干部素质、职工素质、企业素质、工会主席素质等。

领导者的素质是指在先天禀赋的生理素质的基础上，通过后天的不断学习、实践锻炼而形成的，在领导工作中经常起作用的那些内在要素的总和。其中，良好的先天禀赋是领导能力发挥的自然前提和客观基础，但它只是领导者智能发展的潜在可能性，后天的主观努力（学习、实践、修炼）是素质形成的关键。领导者的素质是领导者从事领导活动、实现科学有效的领导的基本条件，是一种潜在的领导能力。

修养是一个含义广泛的概念。所谓"修"，有整治、锻炼、提高、完善的意思；所谓"养"，有养成、培养、涵养的意思。修养既包含举止、仪表、礼貌、情操等方面的陶冶和锻炼，也包含品德、知识、能力等方面在一定阶段的造诣和水平。

领导者的素质修养指的是领导者为了实现科学有效的领导目标所必须具备的要求和达到的水平，它是一个领导者自我努力、自我提高、自我完善的过程，也是主观因素和客观条件的优化组合。领导者要有良好的素质修养，而良好的素质修养的关键在于它是通过后天的学习、实践和修炼逐步形成的。

中外历史上任何一个阶级都有其自身的"修养"学，按照本阶级的需要去塑造领导者的素质，培养本阶级忠实的、得力的领导者。我国历史上许多思想家都注意研究修养，古代就有"修犹切磋琢磨，养犹涵育熏陶"以及"修身齐家治国平天下"的说法。无产阶级的革命领袖非常重视各种修养，给"修养"一词注入了新的生命力，使之具有全新的社会内容和更高的境界。马克思、恩格斯、列宁、毛泽东都多次讲到加强政治修养、科学修养、艺术修养和思想意识修养的重要性。列宁说，有政治修养的人是不会贪污的。毛泽东在《为人民服务》等名篇佳作中，刘少奇在《论共产党员的修养》专著中，周恩来在《我的修养要则》文章中，都全面精辟地论述了领导者的素质修养问题。从革命导师的论述中我们可以看到，领导者的基本素质是多方面的。但是，对于无产阶级政党的领导者来说，尤其要重视提高各级领导干部的政治思想品德素养，这是领导者素质修养之魂。进入中国特色社会主义新时代，领导者的素质修养更为重要。习近平总书记指出："各级领导干部都要树立和发扬好的作风，既严以修身、严以用权、严以律己，又谋事要实、创业要实、做人要实。严以修身，就是要加强党性修养，坚定理想信念，提升道德境界，追求高尚情操，自觉远离低级趣味，自觉抵制歪风邪气……"由此可见，加强领导干部的党性修养，是新时代领导干部素质修养提升的关键。

二、工会主席素质修养的特点

1. 综合性。

领导者的素质修养是由诸多因素组成的一个有机的结构体系。我国古代有"德、才、学、识、体"的说法，近代也有人提出德、才、学、识、质、体等内容。领导者的素质修养内容很广泛，包括政治修养、知识修养、能力修养、心理修养等，其中任何一方面的修养都是领导者不可或缺的。工会工作事多面广，具有较宽的活动领域。就一个企业工会来说，劳动关系、劳资矛盾、生产经营、思想政治工作、劳动者的各种权益、生老病死、生活福利等都会涉及工会工作。这就决定了一个优秀的工会干部，尤其是工会领导干部应该具备广博的知识，不仅要懂得劳动法律、经济管理、企业管理，熟悉诸如劳动工资、劳动保护、社会保险、产品技术等方面的专业知识，以满足和支持他（她）所代表和组织会员群众参政议政、共谋企业健康发展的需要；他（她）还要懂得工会领导学、心理学、行为科学等方面的知识，熟悉《工会法》《劳动法》《劳动合同法》《企业工会工作条例》等规定，遵循一定的工会领导规律，掌握一定的工会领导方法和艺术，提高工会领导能力和水平，以满足和支持他（她）维护职工合法权益、调动和保护劳动者积极性和创造性的需要；他（她）还要懂得公共关系，学会塑造工会组织形象和工会主席自身形象，从而增强工会凝聚力、向心力、感召力和吸引力。

2. 可塑性。

可塑性也可理解为动态性，领导者的素质修养是一个动态的概念，经常处在不断变化之中，可塑性很大。人的先天禀赋存在着差别，这是客观存在的，良好的先天禀赋是高素质的前提和基础，但它并不是唯一的，也不是必然的条件。一个人能否胜任领导工作，以及能否胜任哪一级的领导工作，固然与其先天的生理素质有关，但决定的因素是后天的社会实践。素质修养的提高是后天主观努力的结果。实践证明，即使原来素质较差的，经过不懈的努力，也可成为卓越的领导人；相反，即使原来素质较好的，如果不继续努力学习，锻炼提高，也会停滞不前，成为落伍者。一个有作为的工会领导干部——工会主席，既不能陶醉于以往所取得的成绩，也不应一遇到困难就灰心丧气。正确的做法应是：不断地学习、实践、再学习、再实践……努力使自己的素质修养与新时代所肩负的使命和责任相适应。

3. 时代性。

工会主席的素质修养具有强烈的时代性。不同的历史时期对工会主席有不同的素质修养要求。中华人民共和国成立前，我们党处于地下斗争时期，党通过工会领导工人运动，与反动派进行斗争，当时的工会领导者——工会主席，必须具备领导工人运动，进行公开的、合法的或隐蔽的、地下斗争的素质和"破坏旧世界"的革命者的素质；中华人民共和国成立后，我们党成为执政党，党通过工会更加广泛地团结和联系工人阶级，完成"建设新世界"的历史使命。这时的工会必须服从并且服务于经济建设的大局，工会主席不仅要有调动和保护劳动者积极性、创造性的能力素养，而且还要具备一定的参与经济建设的能力素养；中国特色社会主义新时代的到来，工会工作面临着新的挑战，对工会主席的综合素质修养提出了更高的要求。

另外，在不同性质的企事业单位的工会组织，由于解决劳动关系的双方所构成的矛盾性质不同，对工会主席的素质修养（维权方式、领导方法、能力素质等）要求也不尽相同。

4. 层次性。

任何领导工作都是一个系统，都划分为多种层次，不同层次有不同的职责，因而对领导者也有不同的素养要求，应该区别对待，不搞"一刀切"。关于这个问题，早在古代就有论述。在《淮阴侯列传》中，记载过刘邦和韩信的一次"论将"对话，韩信提出了一个十分重要的军事人才分类原则，即所谓"领兵者，谓之将才也"，"能将将者，谓之帅才也"。"将才"和"帅才"是活动在不同的社会层次中的领导人物，所以他们的社会职能也就不同。现代社会活动复杂，组织机构的领导层次分明，其素质修养的层次性特点更为突出。在一个大型社会组织中，一般分为高层、中层、基层三个不同层次的领导者，他们各自担负着不同的使命和责任，因而对其也有相应不同的素质要求。具体为：高层的领导者的主要职责是：（1）为整个组织提供满意的、符合规律的发展方向，确定大政方针；（2）尽可能提供为整个组织中层、下层所能接受的战略、政策和策略；（3）协调各部门之间的相互关系。因此，其主要的职责是要加强自己的学习，强化战略意识，只有这样才能提高自己的判断和识别能力。中层领导者主要是同人打交道，运用各种管理方法和技术实现大政方针，故应该着重扩大人际关系方面的知识。基层领导者主要是执行管理指令，帮助下属及时解决具体问题的，故应该增长专业知识。

第二节　工会主席提高素质加强修养的重要性

一、提高素质加强修养是工会主席自我完善的需要

领导者素质修养是一定社会的政治思想体系、道德原则和规范、科学文化知识、心理品质等在个人思想和行动中的具体表现。而人们的思想、品德、觉悟、知识、才能以及人的个性心理品质等，不是先天就有的，而是在后天的各种复杂的社会关系中经过长期的锻炼培养形成的。尤其是思想、品德、觉悟，必须经过艰苦的锻炼和长期的修身养性，才能成为自己的内心信念并自觉地转化为思想、观念和行为规范。应当指出的是，每一位领导者都不是生活在真空中，而是生活在现实社会里。面对复杂的社会生活，他们总会受到各种思想的影响而或多或少地带有某些错误思想痕迹。另外，客观情况是在不断变化的，每一位领导人在现实生活中，也会遇到主观认识和客观实际的矛盾问题。所以，工会主席只有在工会领导活动中，努力学习和加强锻炼，不断战胜自我、扬弃自我、超越自我、完善自我，才能使自身的素质不断升华，成为一名卓有成效的现代领导者。

二、提高素质加强修养是工会主席履行领导职责的重要保证

领导者不仅要参加改造世界的活动，而且还在社会组织中扮演一个关键的角色。他是社会组织的指挥者、组织者，他担负着制定与实施战略、制定与执行政策、建立与健全组织机构、选用人才、思想政治工作等职能。领导者要有效地履行自己的职责，就必须具有坚定正确的政治方向、高尚的道德品质、广博的科学知识、卓越的创造能力。所以，对领导者本身来说，自觉地提高素质修养，对于胜任领导工作，有效地履行领导职责，出色地完成领导任务，是有决定作用的。从这个意义上说，如何塑造一定的领导者，就意

味着如何塑造一定的社会组织。工会也不例外。今天，决胜全面建成小康社会、实现中华民族伟大复兴的中国梦，对各级领导干部提出了更高素质要求。党中央一再提出，干部队伍特别是领导干部的政治素质和业务素质能否适应新时代新任务的要求，关系到社会主义建设事业的成败，关系到党和国家的兴衰。因此，提高领导干部的素质修养，对于党和国家事业的兴旺发达，都有着非常重要的意义。工会领导者——工会主席的素质修养如何对于工会组织有效地履行基本职责和各项社会职能的关系极大，从某种意义上来说，它关系到工会组织的兴盛衰亡。因此，提高工会主席的素质修养，是做好工会工作，尤其是加强工会自身建设中的一个重要内容。

三、提高素质加强修养是工会主席增强领导影响力的客观要求

领导的基础是权力，权力的本质是影响力。影响力是领导者在领导过程中影响和改变被领导者心理和行为的能力。从影响力的性质来看，影响力可分为权力性影响力和非权力性影响力。权力性影响力的特点是依靠外推力来起作用，在它的作用和影响下，被影响者的心理和行为主要表现为被动服从。非权力性影响力的特点是依靠内驱力来起作用，在它的作用和影响下，被影响者的心理和行为主要表现为在信服、折服、敬佩的基础上的自愿、主动的服从。任何一个成功的领导者，在其领导活动中，都是把二者有机地结合起来，使它们各显其能。一般来说，权力性影响力是个常数，而非权力性影响力则是个变量。从现代领导活动的发展趋势来看，非权力性影响力越来越成为主要因素，社会越文明，在领导行为中，非权力性影响力将显得越重要。非权力性影响力积累到一定程度会发生质的飞跃而上升为统御力。统御力既是取得领导权的客观条件，又是加强领导权的重要基础。因此，要提高领导效能，关键在于正确使用影响力，努力提高统御力。统御力的构成要素包括：品德、知识、才能、情感、气质、风度、修养等，这些正是领导者素质修养的构成要素。所以，提高统御力必须全面提高领导者的素质修养。由于工会组织与其他社会组织的性质和职能的不同，也由于工会组织越往基层，工会职能机构越少、专职工作人员越少、工会主席手中的职权越小、工作量却越大这一现状等，越往基层，工会主席学习运用非权力性影响力、掌握和提高统御力就越显得重要。

四、提高素质加强修养是工会主席提升领导艺术和方法的基础

随着经济和社会发展目标日益多样化，作为担负指挥和组织重任的各级领导者，迫切需要掌握和正确运用领导艺术和方法。而领导艺术和方法的掌握及运用，都以领导者个人的知识、经验为基础，还要以其才能和气质为前提。从素质形成的先天的客观条件方面来看，人的生理特点影响着人的能力的形成；从素质形成的后天的主观条件来看，一个再聪明的人，如果没有领导活动的实践机会与环境，就谈不上什么高超的领导艺术。可见，素质在领导艺术中占有十分重要的地位。无数领导者的实践证明，优良的素质是产生领导艺术的源泉，领导艺术水平与领导者个体素质水平成正比。所以，工会要适应社会发展的需要，工会主席要提高工会领导艺术水平，就应该重视优化工会主席个体素质。否则，就无从谈及工会领导艺术水平的提高。

第三节　工会主席素质修养的基本内容

一、品德

品德是领导者素质修养之魂，是现代领导者获得事业成功的前提条件。历史的经验教训告诉我们，领导者的品德至关重要：领导者人品一旦出了问题，其职位越高，能力越强，对社会的破坏力也就越大。由此可见，品德是现代领导者素质修养的前提和基础。领导者品德素养的培养和提升，是任何社会组织自身建设中不可或缺的内容和环节，工会组织也不例外。

领导学表明：品德通过对被领导者的驱动、引发而起作用。领导者具有博大的襟怀和高尚的品德，会赢得下属的尊敬和爱戴，使其指挥能得到下属的积极呼应，它是领导者获得统御力的一个重要因素。领导者的人格魅力、威信、凝聚力等，皆与此密切相关。工会组织要想真正发挥作用，增强凝聚力、向心力、吸引力和感召力，关注工会主席（包括工会干部）品德的培养和提升是非常关键的。从某种意义上说，工会主席的人格魅力、威信比其手中的职权影响更大，因为工会是"职工之家"，工会主席是职工群众的贴心

人、知心朋友，是职工群众合法利益的代表者和维护者，如果工会主席人品欠佳，那么他（她）是无法得到职工群众的尊重、拥戴和爱护，也会有碍于工会主席的角色扮演和形象塑造的。

工会主席的品德素养主要包含以下内容：

1. 工会主席要不断提高马克思主义理论修养，坚持用马列主义、毛泽东思想、邓小平理论、"三个代表"重要思想、科学发展观、习近平新时代中国特色社会主义思想为指导，研究新情况、解决新问题。

2. 工会主席要坚持人民的立场，全心全意为职工群众服务。

3. 工会主席要能自觉地贯彻执行新时代的正确路线、方针和政策。

4. 工会主席要有敬业精神，要热爱工会工作。

5. 工会主席要有强烈的事业心和责任感。

6. 工会主席要有诚信意识，要能以诚待人。

7. 工会主席要有民主的工作作风，要善于同职工群众打成一片。

8. 工会主席要善良、富有同情心。

9. 工会主席要能淡泊名利、宽容大度。

10. 工会主席要能虚心听取不同意见，敢于正视自己的弱点，敢于否定自我、超越自我。

二、能力

能力，即才干，是指人们通常所说的做事的本领。领导能力是指领导者进行领导活动，达到领导目标的心理特征、活动方式与智能的综合反映。工会主席的领导能力是工会主席自身素质修养的外在表现，是其观念、品德、知识、能力、心理等诸多因素的综合反映和主要标志。它是在工会主席个性心理特征基础上，经过工会领导活动实践磨炼，以其知识经验的积累与运用，在社会环境和工作环境影响作用下形成和培养起来的重要能力，是工会主席胜任和履行职责的主观条件。工会主席的领导能力，因其所处的职位层次、工作范围、性质特点和被领导对象的不同，要求也不尽相同。

工会主席的领导能力主要包含以下内容：

1. 战略思考能力。

统观全局的战略思考能力，是任何一级社会组织的领导者都必须具备的首要基本的领导能力。领导者必须有统观全局、服从大局的战略观念。毛泽东说："没有全局在胸，是不会真的投下一着好棋子的。"只有全局在胸，才能够从全局出发，正确认识本地区、本单位或本部门在全局中的层次和地位，正确处理好全局与局部的关系。各级领导者要把自己培养成为战略家，需要纠正战略问题与己无关的思想。那种认为"战略是高层领导者的事"，与我们基层领导者尤其是基层工会领导者无关的看法，是不对的。高层领导者要考虑全国战略大局，但是，路线、方针、政策、任务要通过中层、基层领导者贯彻执行，如果这些人没有战略头脑，就不能很好地贯彻执行；同时，战略问题是相对的，对全国来说，省（自治区）是个局部，但对于地、市、县来说，它又是一个全局。所以，无论处在哪一个部门、哪一层级的领导者，都有一个考虑全局的问题，区别只是大小而已。

工会主席只有培养起战略的观念和能力，才能正确协调和处理好全局和局部、"大维护"和"具体维护"的辩证关系。统观全局的战略思考能力，来源于领导者坚定的共产主义信念、高度的责任感和深厚的理论水平。所以，工会主席必须努力学习，完整准确地掌握马列主义、毛泽东思想和习近平新时代中国特色社会主义思想的基本立场、观念和方法，才能不断地锻炼和提高自己统观全局的战略思考能力。

2. 创新能力。

创新，是一个民族进步的灵魂，同样也是各项工作求得更高层次发展的灵魂。领导工作是一种创造性的劳动，是一种不能满足于现状和沉溺于已有的领导技能中的一种创造性劳动。有效领导的基本特征是及时准确地调整组织目标，适时适度地拿出新的方案，以维持组织的动态平衡。对于广大工会领导干部而言，新时代的工会工作会出现许多新情况、新问题，需要我们去面对、去解决、去探索，所以，创新能力对于工会领导干部来说，同样重要。

提高创新能力要注意的问题：（1）必须自觉培养科学的世界观和方法论；（2）必须培养自己强烈的事业心、竞争意识、进取心和敬业精神；（3）必须具备新型的合理的知识结构；（4）必须培养自己自觉的实践活动；（5）必须努力排除各种心理障碍；（6）必须培养领导集体的良好领导环境。

3. 协调人际关系的能力。

人际关系是工会主席在进行工会领导活动中经常接触到的一个重要问题。提高工会主席处理人际关系的能力，是改进工会领导方法、提高工会领导水平的一个重要内容。

协调人际关系的能力是指工会主席为实现领导目标而善于调节各种人际矛盾、沟通各种人际关系、创造一个宽松和谐的工会领导环境的能力。工会主席与一般领导者的工作一样，不是具体的机械的操作，主要的大量的是以人为媒介的工作。这就要求工会主席不仅要与同事、下属交往并协调好关系，而且要与上级和友邻单位交往并协调好关系，还要协调好劳动关系主体双方的关系。领导者人际关系的交往和协调能力的强弱，对领导活动的效率乃至成败都有重大影响，所以，工会主席要重视这种能力的培养。

在此，介绍几种提高人际协调能力的方法。

（1）与上级关系协调。

工会主席与上级关系协调的主要原则：①执行命令，听从指挥；②积极做好工作，为上级分忧解难；③避免关系庸俗化。

工会主席与上级关系协调的技巧：①找准自己的角色和位置，做到出力而不"越位"；②善于领会上级领导的意图；③适应上级的特点和习惯开展工作；④在上级面前规矩而不拘谨；⑤从工作出发，对上级领导成员一视同仁，亲疏有度，建立和发展正常的关系。

（2）与下级关系协调。

工会主席与下级关系协调的原则：①服务的原则；②民主的原则；③公平的原则；④监督的原则。

工会主席与下级关系协调的技巧：①知人善任的技巧；②批评教育的技巧；③关心爱护的技巧；④助人发展的技巧；⑤授权超脱的技巧；⑥上下沟通的技巧。

（3）与同级关系协调。

工会主席处理好与同级关系的前提条件：①要有共同的使命感；②要有集体荣誉感；③要有相互的认同感。

工会主席协调好与同级关系的技巧：①积极配合而不越位擅权；②明辨

是非而不斤斤计较；③见贤思齐而不嫉贤妒能；④支持帮助而不揽功推过；⑤相互沟通而不怨恨猜忌；⑥相互尊重和互相理解支持。

（4）与职工群众关系协调。

与职工群众的关系是工会主席必须认真解决好的一个重要关系。相信群众、依靠群众，时刻同人民群众保持密切的联系，为人民群众服务，这是我们党的优良传统和作风。作为工会主席，只有坚持以职工为本、坚持走党的群众路线，心中装着职工群众，正确解决与职工群众的关系问题，才能有坚实的群众基础，才能更好地提高工会领导的效能。

处理好与职工群众关系的技巧：①以人为本的理念；②平易近人的作风；③沟通的技巧；④倾听的技巧；⑤语言表达的技巧；⑥体贴下情——关心群众疾苦，真心实意为群众办实事，做好事、解难事，维护好职工群众的合法权益；⑦坚持从群众中来、到群众中去的工作方法和作风，防止"命令主义"和"尾巴主义"。

"命令主义"和"尾巴主义"是领导者在处理与群众的关系时，应该注意防范的两种错误倾向。命令主义是指超越大多数群众觉悟程度，要求群众去做一些暂时做不到的事情；尾巴主义是指看不到群众的长远利益，看不到群众的主流和积极性，消极地反映群众意见，甚至迁就某些后进群众情绪的行为倾向。

4. 公关能力。

公关能力是工会领导能力的一个重要组成部分。它是指工会主席在特定的环境中巧妙、灵活地运用各种公关手段和技巧，达到塑造良好的自身形象和工会组织形象所具备的能力。它主要体现在以下几个方面：一是化解、转移和利用矛盾的能力；二是运用各种手段的能力；三是摆脱困境和窘态的能力；四是善于表达思想、说服对方的能力；等等。

工会主席如何提高公关能力？

（1）注重学习、积累知识。工会主席除学习公共关系学之外，还要重点学习心理学、社会学、领导学、经济学、行政管理学、系统论、信息论、控制论等方面的知识。通过学习，不断提高公关能力和公关水平。

（2）积极、大胆地实践。具体地说，要在以下几个方面进行锻炼：一是思维的灵活性；二是实施的技巧性；三是才智的多面性。

5. 预见能力。

领导者在自己的工作中必须有足够的预见性，才能充分实现领导的功能，这是领导工作的一项基本原则。预见不是一种先哲的预言，而是在科学分析了历史与现状后对事物规律的掌握，它不是去预言什么事在何时将如何具体地发生，而是指明事态发展的趋势和大方向；它是对下属群众情绪与要求的一种了解和洞察，领导者应该在群众已经感受到而尚未理解的时候，最先揭示和代表下属群众的心声。一个没有预见的领导者就是把自己降低到群众的水平，他的工作就会失去方向，在下属面前也会失去领导的魅力，从而也就不能实行领导的职责。"凡事预则立，不预则废。"预见能力是衡量领导水平高低的一个重要标志。

除上述的五种能力之外，工会主席还必须具备以下的一些能力：理解政策与法律的能力、学习能力、思维能力、判断能力、调研能力、沟通能力、倾听能力、语言表达能力、决策能力、激励能力、调动职工群众积极性的能力、谈判能力、用人能力、应对突发事件能力、情绪的调控能力、认识自己的能力；等等。

三、知识

文化知识是现代领导者的必备素质修养，又是领导者提高素质修养的基本条件。毛泽东说："没有文化的军队是愚蠢的军队，而愚蠢的军队是不能战胜敌人的。"知识是沟通人们心灵的桥梁。渊博的知识素养、深厚的知识结构，丰富的工作经验，有助于树立领导者的威信，增强领导者的影响力，促使领导工作更有成效。领导工作的综合性客观上要求领导者必须具有广博的知识，这样才能使领导者在观察和思考问题时，有较为开阔的视野，较为宽广的思路和较为深刻的见解，有利于敏锐地发现问题和及时正确地解决问题。值得一提的是：领导者不可能穷尽所有的学科，但应该尽可能地博览群书，扩大知识面；应该尊重知识，尊重人才，应该了解熟悉所任职位需要的专业知识和相关知识，只有这样，才能有的放矢地组织有关专家共同研究情况，听懂他们的介绍和说明，筛选他们的意见并作出正确的决策。

工会主席的岗位知识主要包含以下内容：

1. 哲理知识。

哲学是使人聪明的学问，能够提高人们概括和综合思维的能力。工会主席应学会运用哲理知识去处理好以下的关系：一是全局与局部关系；二是长远与眼前的关系；三是人与物的关系；四是主要矛盾和次要矛盾的关系；五是质量与数量的关系。

2. 事理知识。

事理知识主要指工会主席需要了解和掌握一定的与工作相关的社会科学和人文学科方面的知识。工会主席需要掌握的事理知识主要有以下内容：一是领导学、工会领导学；二是工会理论和工会业务；三是劳动关系理论；四是相关的法律知识（其中包括《工会法》《劳动法》《劳动合同法》等）；五是经济管理、企业管理；六是企业文化；七是工运史和当代国际工运形势；八是市场经济理论、社会主义市场经济理论、金融知识等。

3. 心理知识。

人的心理现象是宇宙中最复杂的现象之一，心理学就是研究人的心理现象及其规律的科学。领导者在领导活动中有复杂的心理状态，有些心理状态会直接影响领导效率和效能。另外，随着社会的迅速发展，人们就业和工作压力的不断加大，容易引发各种各样的心理问题。所以，工会主席应该了解和掌握一些心理学方面的知识（比如普通心理学、社会心理学、管理心理学，员工心理学等）和心理调控的技能技巧，培养积极阳光的心态，从而提高自身的情绪调控能力，并运用所学的心理健康知识，及时发现问题，帮助和引导有问题的职工走出心理阴影。

4. 传理知识。

传理知识是指处在信息社会的各级工会主席需要了解和掌握一定的有关大众传媒方面的基础知识。比如：通过理论学习充分理解信息、大众传媒等概念，了解各种传媒在各自领域形成的传媒技能以及各自的独特分工，了解传媒工具向大众传播信息时的基本原则……从而使工会信息的传递渠道畅通无阻，提高工会领导的效能。

在此需要强调的是：首先，工会主席要重视情报、统计系统的作用并善于利用它们，要会熟练地使用电子计算机存贮和提取信息，并在可能条件下，尽量运用信息网络技术；其次，工会主席要了解和利用公共关系、广告、营销的技巧，要善于利用报纸、刊物、广播、电视等大众传播媒介，同时关注传媒技术的发展——及时了解并利用未来新传媒技术来扩大工会组织的影响，塑造工会组织和工会主席的良好形象；最后，通过学习，提高工会主席应对突发事件时与新闻媒体打交道的能力。为此，工会主席需要学习和掌握的传理知识是：传播学；新闻学；公共关系学；"互联网＋工会"。

总之，为了实现科学有效的工会领导，工会主席应该了解和掌握哲理思维、事理、心理、传理等知识，形成较好的知识结构。当然，由于学历、工会经历和文化背景的不同，每位工会主席在知识结构上都有自己的特点，不会完全一样。同时，每个人的知识结构也不会一成不变，随着工会组织内外条件的变化，工会主席应主动调整自己的知识结构，改变上述知识所占的比重，补充其中薄弱和欠缺的部分，并不断更新各类知识的内容。只有在这种动态过程中，工会主席才能保持自己知识结构的优化，胜任复杂、繁重和迅速变化着的工会领导工作。

四、性格气质

性格是表现在人的态度和行为方面的比较稳定的心理特征，对人的行为方式和行为效果有着经常的重要的影响。领导者由于身处一级组织或一个单位的主导地位，其性格特征的影响更为引人注目。它包括坚强的意志、健全的理智、乐观稳定的情绪三方面。

五、特质

特质定义有狭义和广义之分。狭义的特质是指领导者的个性特质，"就是一个人给他人的印象"（直观的领导力，如形象、气质、语言风格及基础性、习惯性的心理结构和行为方式）。广义的特质包括生理、心理、行为和观念的所有特征。

领导特质理论研究表明，领导者的特质要素包括：智力水平、自信心、决心、正直、社会交往能力。特质在领导行为中具体表现为：（1）能制定适当的目标；（2）信心十足；（3）有稳定的情绪；（4）对自我评价和自我发展颇有自知之明；（5）充沛的体力；（6）善于主动寻找问题；（7）有竞争意识；（8）善于化繁为简，抓住中心；（9）做决定时尽可能预料到所有的后果；（10）信守诺言，言必行，行必果；（11）学会默契；（12）不介意误会；（13）学会工作委派；（14）平等待人等。

领导特质理论是 20 世纪最流行的领导理论，其理论研究依据和方法是从优秀的领导人物身上寻找共同的东西。领导特质研究发现：领导者不是完美和全能的人，也不是绝顶聪明和知识最多的人，但他们必须是最善于学习的人。他们具有极好的特质——经常主动采取行动而不是空谈，能够承担责任而不是逃避，能够承受巨大压力和挫折而不是怯懦，能够洞察别人看不到的商机和危机而不迟缓和麻木。

第四节　提高工会主席素质修养的途径和方法

一、基本途径

1. 加强学习。

要提升工会主席的素质修养，必须加强学习。习近平总书记指出：增强本领就要加强学习，既把学到的知识运用于实践，又在实践中增长解决问题的新本领。那么，工会主席要学习什么？

（1）工会主席要把系统掌握马克思主义基本理论作为看家本领，老老实实、原原本本学习马克思列宁主义、毛泽东思想、邓小平理论、"三个代表"重要思想、科学发展观、习近平新时代中国特色社会主义思想。

（2）工会主席要学习党的路线方针政策和国家法律法规，这是开展工作要做的基本准备，也是很重要的政治素养。

（3）工会主席要学好经济、政治、历史、文化、社会、科技、军事、外交等方面的知识，要结合工作需要来学习，不断提高自己的知识化、专业化水平。要坚持干什么学什么、缺什么补什么，有针对性地学习掌握做好领导工作、履行岗位职责所必备的各种知识，努力使自己真正成为行家里手、内行领导。

2. 勇于实践。

学习的目的全在于运用。工会主席的学习要紧紧围绕党和国家事业的发展要求来进行，要从正确认识和切实解决社会发展中出现的新问题入手，带着问题学。学习是为了解决问题，而不是装点门面。职工群众中蕴含着丰富的实践规律，要善于向职工群众学习，从职工群众的智慧和力量中汲取推动工会事业前进的不竭动力。如果脱离职工群众，离开职工群众的利益坐而论道，或空谈理论而不能推动工会事业发展，这样的学习是没有意义的。全党开展的"两学一做"学习教育，特别强调基础在学、关键在做，就是要坚持学以致用，做到在学中干、干中学，通过学习增强工作本领，提高解决实际问题的能力。

二、具体方法

除上述基本途径之外，我们着力从提高知识水平和思维能力方面，向工会主席推荐以下的方法，供大家参考：

1. 要善于搜索相关信息、选择书籍资料和掌握高效的阅读方法。
2. 要与有知识的人和有正能量的人交朋友。
3. 要善于"以人为镜"，提高自我意识水平。
4. 要自觉地做好思想总结和工作总结。
5. 要以优秀的成功领导者为楷模。

第二十三章
工会调查研究工作

工会干部培训教材
（黑龙江版）

工会调查研究工作是对工会工作的基本问题和基本规律进行探索的科学活动。实践中，工会工作者必须凭借调查研究的基本技能和方法，分析和把握工作中不断遇到的新情况新问题，进而有效加以解决。

第一节　调查研究是工会工作的重要组成部分

一、调查研究是党的优良传统和作风

所谓"调查"，即指通过规范的程序了解事实、收集资料的过程；所谓"研究"，即在科学理论的指导下，对了解到的工作现状和问题进行分析和解释的过程。综合起来，调查研究就是通过科学的方法来探究社会生活中人们的行为、态度和关系以及由此形成的各种社会现象。

早在中国共产党成立之初，一批共产党人就开始运用调查研究的方法来了解中国国情，寻找革命的正确道路。毛泽东是早期工人运动调查研究的开拓者之一。1921 年至 1922 年，他曾先后四次深入安源煤矿调查，了解工人的劳动、生活和思想状况以及劳资状况，发动和指导工人运动。1930 年在《反对本本主义》中，毛泽东提出了"没有调查，就没有发言权"的著名论断，并对调查的方式方法进行了说明并提出了讨论式调查、典型调查等概念，形成了一系列优秀的调查成果。

在当前新的形势下，党中央仍然高度重视调查研究工作。习近平总书记在 2011 年中央党校秋季开学典礼上专门就加强调查研究发表重要讲话，指出调查研究不仅是一种工作方法，而且是关系党和人民事业得失成败的大问题。重视调查研究是我们党在革命、建设、改革各个历史时期做好领导工作的重要传家宝，是领导干部提高认识能力、判断能力和工作能力的重要过程。为做好新形势下的调查研究工作，习近平总书记提出要学习和掌握正确方法，努力提高调查研究水平和成效，要从群众中来、到群众中去，广泛听取群众意见。在调查方法上，要适应新形势新情况特别是当今上会信息网络化的特点，进一步拓展调研渠道、丰富调研手段、创新调研方式，学习、掌握和运用现代科学技术的调研方法，不断提高调查研究的效率和科学性。

二、调查研究是解决问题的科学方法

首先，调查研究是一种经验而非思辨的方法。每一位工会工作者都可以就面对的情况和问题作出自己的分析，但一般性的分析往往依赖个人的感觉或推理，很难超越这些局限真实地把握问题的实质。调查研究强调经验性，意味着必须依据可以感知和观察的资料，才能对研究的问题作出分析判断。人的行为，劳动创造的产品以及各种意见、态度等，都属于经验上可感觉的社会事实。只有通过一整套规范的程序进行调查研究，观察和分析这些经验资料，才能穿透"想当然"的观点深入认识社会现象的整体和本质。

其次，调查研究的过程是客观的、价值中立的过程。在实际工作中，作为职工合法权益的代表者和维护者，工会有自己的价值取向。工会工作者在选择研究问题、研究角度和从事具体工作等方面，都离不开社会主义核心价值观的指引。但是在调查研究的实施过程中，必须坚持价值中立的态度，客观地说明"事实是什么""事情是如何变化的"。只有坚持科学的态度，才能准确地认识我们面对的现象和问题，并促进我们作出正确的判断和选择。

三、调查研究是各级工会的基础性工作

一方面，调查研究是工会干部了解情况、发现问题和提出思路的基本方法。改革开放30多年来，伴随市场化改革进程，我国劳动关系和工会工作领域出现了很多新情况新问题，对此，工会工作者必须立足不断变化的社会实践，加强工会工作的调查研究，切实提高工会工作的实践针对性、决策科学性和措施实效性。另一方面，调查研究是工会密切联系职工群众的重要渠道。工会要真正做到代表和维护好职工合法权益，就必须深入实际开展调查研究工作，与职工群众进行直接的交流互动，了解职工的态度、意愿和要

求。唯有如此，才能发现问题的症结，提出合理的解决方案，真正做到以职工为本，为职工群众排忧解难。

第二节　选择调查问题与提出假设

一、选题的标准

在工会工作中，选择调查问题大致有三个来源：一是工会的重点工作；二是与职工群众权益密切相关的问题；三是对工会和职工权益有重大影响的经济社会问题。实践中，选择问题的标准，第一是重要，即调查的问题必须具有一定的理论意义和实践价值，是值得工会去研究和解决的。第二是具体，即调查研究必须将问题明确化，缩小调查的内容范围，针对劳动关系和工会工作及职工权益的某项具体问题开展研究，题目不能空泛。第三是可行，即选择的题目是调查者有条件去完成的，一方面是工会工作者自身具备足够的经验、能力和技术；另一方面调查的时间、经费、人员等客观条件相应充足。

二、提出假设

问题确定后，研究者必须对选定的问题有所思考和判断。调查的目的不外乎三种，即发现问题、描述状况和检验现有的观点、假设。无论是达到哪种目的，研究者都需要提前思考可能存在什么样的问题、现状如何以及有哪些可以解释的原因，这决定了调查研究的具体方向，也是后续设计研究方案的基础之一。提出假设和判断的方法有三种：第一，应考虑与调查问题相关的因素。比如研究职工对工会的满意度问题，相关的因素涉及企业的类型，行业类型，职工的性别、年龄、文化程度等。第二，能够提出对调查问题作出解释的理论和观点。如针对上述问题，可以提出这样的假设：工会工作者与职工的接触越多、交往越频繁，那么职工对工会的满意度可能更高。第三，从研究者个人的工作经验和判断中提出观点。当然，这些预先提出的假设和判断并不一定具有足够的解释力或完全正确，而是要通过后续的调查研究工作加以证实或证伪。

第三节　调查研究的准备与实施

一、调查方案的设计

明确调查问题之后，需要对整个调查研究工作进行规划，内容涉及确定研究的最佳途径，选择恰当的研究方法，制订详细的操作步骤和研究方案等。调查方案大致包括以下内容：（1）明确研究目的。不同的研究目的要求我们在研究对象、调查方法和具体操作程序上都有所不同。（2）对研究目的进行分解和细化，说明调查研究的具体内容。（3）陈述对问题的预先判断和理论假设。（4）指明研究对象的范围以及在总体中抽取调查样本的方法。（5）确定研究方式和资料收集方法与分析方法。可供选择的研究方式主要有四种：统计调查、实验研究、文献研究和实地研究。对于工会工作者来说，常用的是统计调查和实地研究。统计调查主要采用自填式问卷或结构式访问的方法，系统地从调查样本中收集量化资料，并通过对这些资料的统计分析来认识现象及其规律。实地研究主要是通过参与观察、个案研究的形式进行，深入研究对象的生活环境中，去感受、体验调查对象的行为方式及其背后的深层次因素。（6）说明研究人员组成及工作进度安排等。

二、资料收集方法

（一）问卷法

问卷法是现代调查研究中最常用的资料收集方法，美国社会学家艾尔·巴比称其为"社会调查的支柱"，英国社会学家莫泽也曾说"十项社会调查中就有九项是采用问卷进行的"。问卷法主要是通过精心设计的一份问题表格，来对人们的特征、行为和态度等进行测量。按照填答和使用方式的不同，可以分为自填式问卷和访问问卷。问卷的基本结构通常包括封面信、指导语、问题和答案，以及其他相关资料。问题和答案是问卷的核心部分，设计时应尽量避免一些常见的毛病。一是封闭式问题的答案要有完备性，尽量涵盖所有可能的答案，对于不能穷尽的要通过增列"其他"选项加以解决；二是答案的选项要有排他性，使各个选项之间不会出现相互包含或重叠的现象；三是问题的叙述务必明确，避免模棱两可的问题，尤其要注意在一道题中不要出现两个问题，以免让被访者无从回答；四是为了最大限度地减少偏见，问题应该尽可能中性地表述，以免因研究者的个人偏见影响被访者的回答。

（二）访谈法

访谈法是由研究者直接向被访者进行询问的互动过程，这是工会工作者需要掌握的重要方法之一。在具体实践中，访谈法通常按照对访问过程的控制程度，分为结构式访谈和无结构式访谈。结构式访谈即标准化的访谈，要求对访问过程进行高度控制：根据随机抽样的原则选择访问对象采用事先统一设计的问卷或提纲，访谈者必须严格按照问卷或提纲上的问题提问。结构式访谈常用于较大规模的社会调查，其最大优点是调查结果便于数量化，可以进行各种统计分析。无结构式访谈即非标准化半控制或无控制的访谈形式，不事先制定问卷、表格和提问的标准程序，仅仅提供一个调查的题目，由研究者与被访者围绕这个题目自由交谈。无结构式访谈通常用于对问题的探索性研究，其优点是弹性大，能够充分发挥研究者和被访者的积极性。在实际工作中经常使用的座谈会方法，属于一种无结构式集体访谈，即将调查对象召集起来进行共同讨论。座谈会的最大特点是，访谈过程不仅是调查者与被访者之间的互动交流，也是被访者之间的互动交流过程。座谈会的成功，依赖于充分调动和利用这两种交流方式。

（三）观察法

观察法中最重要的一种类型是参与观察。参与观察是研究者在实际参与研究对象日常社会生活的过程中所进行的观察，值得在工会工作中加以借鉴和应用。参与观察需要工会工作者长时间的现场参与，从观察和接触的大量现象中概括和把握研究对象的主要特征，从而比较全面、深入地描述工会工作中某一特定的现象或问题。参与观察通常能获得关于调查问题的生动的感性认识和洞察力，能够为大规模的统计调查提供观点、假设和分析思路。当然，在参与观察中，工会工作者也可以运用问卷调查和访谈的方法作为辅助工具。采用参与观察的方法，工会工作者会面临一系列难题。因为作为研究者，需要融入所观察的社会情境中，所以时常难以保持研究的客观性。此外，在公开性的参与观察中，被观察的对象往往会敏感于观察者的身份而修正他们的行为，以致影响调查研究的过程和结果，这就需要研究者能够根据情境调整自己的观察活动。

三、调查对象的选择

在选择调查研究的对象时，需要明确调查范围。从研究对象的范围来看，有三种类型：一是普查，即对较大范围的地区或部门中的每个对象都进行调查；二是个案调查，从研究对象中选取一个或几个个体（可以是个人、家庭、社区、企业或班组等）进行深入细致的调查；三是从研究对象的总体中抽取部分个体作为样本，通过调查样本的状况来推断总体的情况。

在工会调查领域，抽样是选择调查对象的主要方法，通常使用的抽样方法一是简单随机抽样，类似抓阄的形式，但在大规模的社会调查中要使操作容易进行，还要借助由计算机或随机表产生的随机数字来决定选择哪些个体作为样本；二是系统抽样，即遵循特定的方案抽取样本；三是分层抽样，即将调查总体按照一种或几种特征分为若干个小群体或类别，也就是"分层"，然后从每一个群体或类别中随机抽取子样本，合起来构成总体的样本。总之，在实际调查中，要依据调查的目的和总体情况，用合适的抽样方法来选择调查对象。

四、调查访问过程的控制

在调查研究的实施过程中，一方面调查人员要严格按照调查计划的要求和进度安排开展工作，另一方面调查的管理者和指导者要对这一阶段的工作进行全面把握。控制好调查过程的目的在于：一是确保调查人员按照确定的抽样方法严格选择调查对象；二是确保调查人员严格按照问卷和量表进行访问，避免出现遗漏和偏差；三是保证较高的调查回收率，并在问卷回收后及时进行问卷资料的审核。

第四节　调查研究资料的整理与分析

一、定量资料整理和分析

定量资料的整理和分析过程通常包括资料审核、资料转换、数据录入和统计分析四个环节。在工会调查研究工作中，要掌握两种最常用的分析方法：（1）对单一问题或项目的描述统计。通常是以表格或图形等最简单的概括形式将数据资料包含的信息展示出来。制作图形和表格时，要注意内容完整和形式规范。在单变量的统计中，描述调查对象的总体水平通常使用平均值的概念，比如收入平均值、受教育年限平均值、满意程度评分平均值等。平均值能够反映调查对象的一般水平。（2）两个问题或项目的交互分析。比如要考虑教育程度与职工民主参与之间的关系，就属于两个变量之间的相关分析问题。展示分析结果时，通常要使用交互表。一些详细且具体的方法需要参阅专门书籍。

二、定性资料整理和分析

定性资料的整理和分析过程一般包括审核、分类、汇编和分析的过程。审核是在着手整理调查资料之前，对原始资料进行审查和核实的过程，检验资料的真实性、准确性和实用性。分类是把经过审核的资料进一步条理化、系统化。分类的关键是根据研究的问题确定分类的标准。例如，研究某个地区职工群众参与企业管理的基本状况，可以把不同企业的所有制性质作为分类的标准。汇编是将分类后的资料按照一定的逻辑结构进行汇总和编辑。在汇总和编辑时，要根据研究的目的和客观情况，确定合理的逻辑结构。

定性资料的分析方法具有多样性。工会工作者要掌握其中两种基本方法：比较分析和流程分析。比较分析是根据研究的需要，寻找资料中的相似性和相异性。流程分析主要是根据前因后果排列、时间流动序列等方式详细描述事件发展变化的过程。从这个过程中，可以看出事件发生变化的各个时间点，进而讨论引起变化的背景和原因。

第五节 调查研究报告的撰写

一、调查研究报告的特点和类型

调查研究报告是反映调查研究成果的一种书面报告，是以文字、图表等形式将调查研究的过程、方法和结果表现出来。工会调查研究报告要具备以下几个特点，即科学性、求实性、针对性和实效性。调查研究报告根据不同的标准可以划分为不同的类型：（1）根据调研报告的性质和主要功能，可以分为描述性报告和解释性报告；（2）根据调研目的和读者对象，可以分为学术性报告和应用性报告；（3）根据调研的性质，可以分为定量调查报告和定性调查报告。

二、调查研究报告的结构和形式

规范的调查研究报告通常有比较固定的格式，尽管用于不同目的、不同情况的调研报告在形式上会有细小的差别，但大体上都有以下六个部分：（1）标题。要简洁明了地概括调查研究的基本内容。（2）前言。主要说明调查研究的主要问题、目的和意义。（3）研究现状和方法介绍。（4）调查结果。这是调研报告的主体部分，说明通过调查研究发现了什么问题，得出了哪些结论等。（5）小结或讨论。（6）参考文献和附录。

三、调查研究报告的撰写步骤

撰写调查研究报告的基本步骤包括四个阶段：（1）确立报告主题。这是调研的核心问题，也是调研报告的灵魂。（2）拟定提纲。明确主题后，应先厘清思路，构思好报告的整体框架，并在此基础上拟定具体的撰写提纲。（3）选择材料。按照撰写提纲的范围和要求，选择与研究问题紧密相关的调查资料，既要有全面性，也要讲究精练和典型性。（4）撰写报告。

第二十四章
发源于黑龙江的几大民族精神

工会干部培训教材
（黑龙江版）

一、铁人精神

（一）内涵

铁人精神——"爱国创业我最认真，求实奉献我最根本！"是铁人精神的核心价值。大庆精神概括为爱国，创业，求实，奉献。大庆精神诞生于1959年9月26日松基三井喷油大庆油田发现纪念日。而铁人王进喜是大庆精神的实践者，铁人王进喜1960年响应当时石油部的号召，从甘肃玉门带领1205钻井队来到大庆油田参加石油开发大会战，铁人王进喜是大庆精神的发扬者。是大庆油田工人阶级的杰出代表。"爱国创业我最认真，求实奉献我最根本！"是铁人王进喜精神面貌的真实写照，是铁人精神的核心价值。

（二）具体表现

1. 大庆精神。

2. 为国争光、为民族争气的爱国主义精神。

3. 独立自主、自力更生的艰苦创业精神。

4. 讲求科学、"三老四严"的求实精神。

5. 胸怀全局、为国分忧的奉献精神。

6. 铁人精神：推进企业发展的不竭动力。

（三）形成

1959年9月26日，在十年国庆前夕，以松辽盆地第三口基准井——"松基3井"喜获工业油流为标志，宣告了大庆油田的诞生。1960年，面对国家建设急需石油的燃眉之急，全国各地的几万名职工和3万名转业官兵，来到了大庆，开展了一场声势浩大、艰苦卓绝的石油大会战。会战之初，几万人马一下子涌到萨尔图草原，生活和生产都遇到了极大的困难。正是在这样的非常条件下，刚到大庆的王进喜就喊出了为革命"有条件要上，没有条件创造条件也要上"的口号。他带领 1205 钻井队的几十名硬汉，人拉肩扛卸运钻机，盆端桶提运水抢开钻，只用 5 天零 4 小时就打完了大庆会战的第一口油井，创造了当时的最高纪录。在打第二口井时，发生了井喷。为了制服井喷，王进喜顾不上腿伤，跳进齐腰深的泥浆池用身体搅拌泥浆。井喷制服了，可他的伤腿已血肉模糊，泥浆把他的手脚烧起了大泡。王进喜和 1205 队工人们的英雄行为深深地感动了附近的乡亲们。房东赵大娘看到王队长累不垮、压不倒，没白天没黑夜地干，就对住在他家的工人说："大娘活了大半辈子，没见过这么拼命的人，你们王队长可真是个铁人啊！"从此，"王铁人"的名号就叫开了。当时的会战工委敏锐地抓住这个典型，决定树立王进喜为大庆会战的第一个标兵，发出了"学习铁人王进喜，人人做铁人，为大会战立功"的号召，一时间，一个学铁人、做铁人的热潮在油田蓬蓬勃勃地开展起来。

在油田开发建设过程中，铁人精神一直是鼓舞石油职工战胜困难，勇往直前，不断取得新胜利的巨大精神力量。20 世纪 60 年代正值三年自然灾害时期，面对"头上青天一顶，脚下荒原一片"的恶劣环境，在生产生活条件异常艰难的情况下，大庆人正是依靠铁人精神，取得了会战的伟大胜利，当年 6 月就实现首车原油外运，到年底生产原油 97 万吨，有力地支援了国家的经济建设。经过 3 年半时间，高速度高水平拿下了大油田，从根本上改变了我国贫油的面貌。多年来，油田各级党组织始终坚持对职工进行经常性的大庆精神、铁人精神教育，并根据不同时期的形势特点和职工队伍的思想状况，采取多种多样、灵活有效的方式、方法，把教育形象化、具体化、规范化、系统化，努力建设铁人式的职工队伍。特别是在 20 世纪的八九十年代，以"新时期铁人"王启民为代表的一大批科技工作者，为保持 5000 万吨的原油产量，在油井含水上升较快，油田地下情况严重恶化的形势下，迎难而上，刻苦攻关，取得了重大科技突破，不仅 5000 万吨的原油稳产 10 年作出了突出贡献，而且为铁人精神注入了新的内涵。历史雄辩地证明：铁人精神是大庆油田的传家宝。每一次学铁人、做铁人，就意味着大庆油田的大发展，油田建设的新突破。

铁人精神是"爱国、创业、拼搏、求实、奉献"的大庆精神的典型化、人格化。其主要方面包括："为祖国分忧、为民族争气"的爱国主义精神；为"早日把中国石油落后的帽子甩到太平洋里去"，"宁肯少活二十年，拼命也要拿下大油田"的忘我拼搏精神；干事业"有条件要上，没有条件创造条件也要上"的艰苦奋斗精神；"要为油田负责一辈子"，"干工作要经得起子孙万代检查"，对工作精益求精，为革命"练一身硬功夫、真本事"的科学求实精神；不计名利，不计报酬，埋头苦干的"老黄牛"精神，等等。多年来，铁人精神早已家喻户晓，深入人心，成为大庆人的共同理想信念和行为准则。

铁人精神是对王进喜崇高思想、优秀品德的高度概括，体现了我国工人阶级精神风貌和中华民族传统美德的完美结合。

（四）时代性

民族精神是一个民族赖以生存和发展的精神支撑。一个民族，没有振奋的精神和高尚的品格，不可能自立于世界民族之林。民族是如此，企业也是这样。回顾大庆油田走过的历程，可以得出一个明确的结论：铁人精神是推进企业发展的不竭精神动力。

社会学家艾君在认为，铁人精神的时代性表现在"旗帜性、朴素性、坚韧坚强性、民族精神性"几方面，也就是说，"铁人"不仅仅是一个先进人物的代表，体现着一种精神。这种"铁人精神"是一面旗帜，凝聚着工人阶级的朴素情感。"铁人精神"是一种力量，凸显了一种坚忍不拔创业的勇气。"铁人精神"是一种标志，凝缩着一个民族不畏困难的民族气概。这些精神能够激发新时期发挥好工人阶级的先锋作用，在建设有中国特色社会主义大业中建功立业。

二、大庆精神

（一）精神内涵

大庆精神，概括起来就是八个字，"爱国、创业、求实、奉献"。"为国争光、为民族争气的爱国主义精神；独立自主、自力更生的艰苦创业精神；讲究科学、'三老四严'的求实精神；胸怀全局、为国分忧的奉献精神。"

大庆精神始终伴随着大庆油田的开发建设而不断丰富完善。其主要内容有：发愤图强，自力更生，以实际行动为中国人民争气的爱国主义精神和民族自豪感；无所畏惧，勇挑重担，靠自己的双手艰苦创业的革命精神；一丝不苟，认真负责，讲究科学，"三老四严"，脚踏实地做好本职工作的求实精神；胸怀全局，忘我劳动，为国家分担困难，不计较个人得失的献身精神。

（二）政治内涵

大庆精神、铁人精神是推进发展构建和谐的强大文化力。

作为我国最大的战略能源基地，大庆油田肩负着重大的使命，备受世人瞩目。为此，大庆油田提出了确保"原油硬稳定、天然气快发展"，创建百年油田、搞好二次创业的宏伟目标。围绕推进发展、构建和谐的两大主旋律，大庆石油管理局更掀起了继承、发扬、创新和丰富大庆精神、铁人精神的新高潮，不断赋予其更科学的发展内涵，更具时代气息和文化品位，为企业发展培育独具特色的文化优势，以文化力提升竞争力。

大庆精神、铁人精神是一种强大的文化力，它创造出了大庆油田一次创业的辉煌，也必将在创建百年油田、搞好二次创业的伟大实践中，以科学发展观为统领，推进发展，构建和谐，再铸大庆油田辉煌。

（三）历史沿革

1. 历史背景。

大庆精神产生于 20 世纪 60 年代石油会战，当年铁人王进喜一句"宁肯少活二十年，拼命也要拿下大油田"的豪言壮语，感动、激励了几代人。当我们年轻的共和国经济建设急需石油的时候，以王进喜为代表的一批"大庆石油人"凭借着艰苦奋斗、无私奉献的精神开发建设了当时全中国最大的油田，从此大庆油田为国家源源不断地输送着石油，结束了中国人依赖洋油的日子，集中体现了中华民族和中国工人阶级的优良传统与优秀品质，是中华民族精神的重要组成部分。

2. 时代意义。

大庆精神没有丢。不仅没有丢，而且被赋予了更多新时代的特点，新时代的内涵。大庆精神在社会转型时期，不仅需要，而且比以往任何时候都需要。

首先，大庆精神是时代精神的展现。大庆精神，概括起来就是八个字，

"爱国、创业、求实、奉献"。"爱国",绝不是一句空洞的口号,不同的时代,有不同的内涵。大庆人用行动证明了什么才叫爱国,什么叫爱国主义,什么叫爱国精神;"创业",不是简单的创造一项事业,完成一项工程,建设一个企业,大庆人把创业变成了一种精神,一种动力,一种享受,一种成就。大庆人的创业既有艰苦创业的要求,更有不断创新的内涵;"求实",在大庆人的心里,是一面镜子,一面旗子,正是他们的求实态度,才使他们克服了一个又一个困难,解决了一个又一个问题,创造了一个又一个业绩,作出一个又一个贡献;"奉献",是大庆人奉献给国人、奉献给时代最珍贵的财富,也是大庆人人格魅力、人文精神的象征。大庆人创造的"大庆精神",不是一个企业的精神,而是一个时代精神的展现,是这个时代所有为社会进步、人民富裕、国家强大而努力的人们的集体精神。

第二,大庆精神是民族精神的浓缩。如果把大庆精神仅仅理解为大庆人的精神,那是十分狭隘和教条的。中华民族五千年,留下了许多宝贵的精神财富,"先天下之忧而忧,后天下之乐而乐""安得广厦千万间、大批天下寒士俱欢颜""生当作人杰、死亦为鬼雄",等等,这一切,都是中华民族精神的象征。大庆精神是对中华民族精神的高度浓缩,是对中华民族精神的发扬光大。对大庆精神的理解,应当融入于中华民族精神之中,融入于五千年的辉煌历史之中。认为大庆精神已经过时的人,是对大庆精神的片面理解,是对中华民族历史的不了解,是对中华民族精神的不理解;认为大庆精神不适应市场经济要求的人,不仅不了解大庆精神,也不了解市场经济,大庆精神与市场经济并不排斥,大庆精神需要赋予市场经济的内容,市场经济更需要大庆精神的洗涤和净化。

第三,大庆精神是智慧与力量的象征。有人认为,大庆人只会苦干、蛮干,不会巧干、灵干;大庆人只会用身体创造财富,而不会用智慧创造财富。这些人,真的是不了解大庆,不了解大庆人。大庆有今天,大庆能够为中国的繁荣富强作出如此巨大的贡献,除了不怕牺牲、艰苦创业之外,大庆人善于利用智慧、善于利用人类的文明成果是分不开的。仅仅只有初中文化的"土专家"何登龙能够写出多媒体培训课程、30 岁出头的伍晓林博士在世界尖端技术舞台上"领衔主演"、大庆原油产量连续 27 年高产稳产,等等,这一切,仅仅依靠身体、依靠苦干能够达到、能够做得出来吗？大庆精神，不是代表着力量，更代表着智慧，不仅仅代表一个人或几个人的智慧与力量，而是所有大庆人的智慧与力量，是整个中国人的智慧与力量的象征。

第四，大庆精神是社会进步的标志。中国要发展，中国要强大，中国要屹立在世界的东方，没有一点爱国精神不行；中国要富强，人民要富裕，社会要和谐，没有一点创业精神不行；中国还有许多问题需要解决，还有许多矛盾需要克服，还有许多的事要做，没有求实、务实精神不行；中国要推行社会公平正义、要建设和谐社会，没有一点奉献精神不行。中国要进步，需要大庆精神，大庆精神，就是中国社会全面进步的重要标志。今天，我们重温大庆精神，就是要把这种精神用到我们的实际工作中去，用到经济和社会发展中去，用到全心全意为人民服务中去，用到为中国的繁荣进步和社会和谐中去。

大庆精神，永远不会过时；大庆精神，是我们这个时代最需要的精神。

3. 丰富完善。

大庆精神始终伴随着大庆油田的开发建设而不断丰富完善。1964 年 4 月 20 日，《人民日报》刊发了长篇通讯《大庆精神大庆人》，指出：大庆精神，就是无产阶级的革命精神。大庆人，是特种材料制成的人，就是用无产阶级革命精神武装起来的人。这种精神、这种人，正是我们学习的崇高榜样。第一次提出了大庆精神这一概念。

1981 年 12 月 18 日，中共中央转发国家经委党组《关于工业学大庆问题的报告》，以中央文件的形式肯定了国家经委党组对大庆精神的概括，即发愤图强、自力更生、以实际行动为中国人民争气的爱国主义精神和民族自豪感；无所畏惧、勇挑重担、靠自己双手艰苦创业的革命精神；一丝不苟、认真负责、讲究科学、"三老四严"、踏踏实实做好本职工作的求实精神；胸怀全局、忘我劳动、为国家分担困难、不计较个人得失的献身精神。

《关于工业学大庆问题的报告》还明确指出："大庆石油职工之所以能够创造出那样的英雄业绩，为国家做出那样大的贡献，最重要的就在于他们继承和发扬了我国工人阶级的革命传统和优良品德，就在于他们有强烈的爱国主义精神和民族自豪感，有不怕困难、勇挑重担的革命英雄主义气概，有高度的主人翁责任感。他们的这种革命精神，充分体现了我国工人阶级的本色，在社会主义现代化建设的新时期，应该进一步发扬光大。"

1989 年 9 月 25 日，国务院致电祝贺大庆油田发现 30 周年。电文指出："30 年来，大庆油田以马克思列宁主义、毛泽东思想为指针，继承和发扬我们党和人民解放军的优良传统，在社会主义工业建设的实践中，形成了以高度的爱国主义、艰苦创业和求实、献身精神为主要特征的大庆精神。"国务院认为，"大庆精神和大庆经验是我们的宝贵精神财富，需要进一步继承和发扬"。

1990 年 2 月，江泽民同志高度评价了大庆精神，并把大庆精神进一步阐述为"为国争光、为民族争气的爱国主义精神；独立自主、自力更生的艰苦创业精神；讲究科学、'三老四严'的求实精神；胸怀全局、为国分忧的奉献精神"，就是"爱国、创业、求实、奉献"八个字。

2009 年 6 月 26 日胡锦涛同志到大庆油田考察时强调，50 年来，以铁人王进喜同志为代表的一代又一代大庆油田创业者，怀着为国争光、为民族争气的远大胸怀，克服重重困难，创造了极不平凡的业绩，生产了大量国家经济发展所需要的宝贵石油产品，培育了爱国、创业、求实、奉献的大庆精神，锤炼了一支敢打硬仗、勇创一流的英雄队伍。大庆精神永远是激励我们不畏艰难、勇往直前的宝贵精神财富。

2009 年 9 月 21 日，习近平同志先后来到大庆、肇东、哈尔滨等地，深入农村、企业、学校和菜市场，围绕学习贯彻党的十七届四中全会精神和开展深入学习实践科学发展观活动进行调研。21 日下午，习近平一下飞机就来到铁人王进喜生前战斗过的大庆油田 1205 钻井队，仔细察看正在运转的钻机，与一线职工亲切交谈，对他们高举大庆红旗、传承铁人精神和加强基层党组织建设所取得的成效给予肯定。他说，大庆精神、铁人精神永远是激励中国人民不畏艰难、勇往直前的宝贵精神财富，不仅要在大庆、在整个石油战线，而且要在全国始终不渝地大力弘扬。

59 年来，大庆油田胸怀全局、甘于奉献。大庆油田一直坚定不移唱响"我为祖国献石油"主旋律，建成我国最大的石油生产基地，累计生产原油 23.52 亿吨，占同期全国原油总产量的 40%。

历史进入新时代，大庆油田改革发展稳定的任务异常繁重。尤其是 2016 年以来，面对国际油价持续低位振荡的严峻挑战，大庆油田队伍经受住了考验，振兴发展的各项工作稳中推进，表现出了大庆精神武装出来的钢铁队伍的担当。为不断地夯实和巩固党执政的经济基础作贡献，是大庆石油永远不变的信念。

4. 领导重视。

大庆油田的巨大贡献和大庆精神、铁人精神，得到了党和国家领导人的高度评价和充分肯定。1964 年，毛泽东同志发出了"工业学大庆"的号召，亲手树起了大庆这面红旗，还多次接见铁人王进喜同志，把大庆精神、铁人精神所蕴含的无私奉献的核心价值观和艰苦奋斗作风推向了全国。1990 年，江泽民同志考察大庆时，提出"发扬大庆精神，搞好二次创业"。1996 年，胡锦涛同志在接见大庆油田负责同志时，殷切希望"珍惜大庆光荣史，再创大庆新辉煌"。2009 年 6 月，胡总书记再次到大庆油田考察，赞扬大庆油田生产了国家经济发展所需要的大量的宝贵石油产品，培育了大庆精神，锤炼了敢打硬仗、勇创一流的英雄队伍，在我国石油工业发展史上谱写了光辉篇章。

2009 年在大庆油田发现 50 周年庆祝大会上，习近平同志指出："大庆精神、铁人精神已经成为中华民族伟大精神的重要组成部分，永远是激励中国人民不畏艰难、勇往直前的宝贵精神财富。"

（四）精神不老

五十多年前，有这样一支队伍，怀着"为国分忧、为民族争气"的雄心壮志，钻透祁连山，在玉门油田创出"月上五千，年上双万"的世界纪录；

有这样一支队伍，从 1960 年 3 月开始参加大庆石油会战，以"人拉肩扛运钻机，破冰取水保开钻"的忘我拼搏精神，打出大庆第一口生产油井；

有这样一支队伍，"有条件要上，没有条件创造条件也要上"的钢铁意志，铭记在几代人心中……

这就是"铁人"王进喜带过的 1205 钻井队。这支队伍始终学习、继承和发扬铁人精神，书写了可歌可泣的劳动者之歌。

铁人精神建队铸魂：1205 钻井队坚持用会战时期战天斗地的英雄事迹教育职工，用铁人"宁肯少活二十年，拼命也要拿下大油田"的拼搏精神激励职工，使每名干部职工做到生产环境改善了，克服困难的劲头不丢；装备技术改变了，顽强拼搏的作风不变；生活水平提高了，艰苦奋斗的精神不忘，敢于接受各种挑战，敢于战胜各种困难。

像"铁人"一样战斗：据统计，五十多年来，这支队伍已经累计钻井1700多口，总进尺210多万米，相当于钻透240多座珠穆朗玛峰。

"铁人"就在身边：1205钻井队要求党员发挥先锋模范作用，带头继承和发扬铁人精神。2006年，胡志强接过大庆油田1205钻井队队长的接力棒，"一旦拥有铁人精神，就没有什么困难是克服不了的！"他带着这支英雄的队伍再建奇功。同年，1205钻井队成功打出大庆油田首口水平取芯井，取芯长度是339米，取芯收获率99.15%，这也创出了全国最高纪录，实现了单一井型向复杂井型、国内市场向国际市场的双跨越。

让"铁人"走得更远：如今，老一代铁人创业时期的艰苦环境已经不复存在，钻井队员们不用再像铁人王进喜那样冒着严寒跳到水泥池里，但野外作业带来的考验依然严酷，冬天他们要承受零下40摄氏度的严寒，夏天还有成群的蚊虫叮咬。2006年，1205钻井队凭借综合实力，一举打入了苏丹钻井市场，实现了铁人"把井打到国外去"的夙愿。

六十多年来，铁人精神薪火相传，钢铁队旗鲜艳如初。永远过硬的1205钻井队，被授予"钢铁钻井队""卫星钻井队"等称号，荣获大庆石油管理局和黑龙江省先进党组织标杆，中国石油天然气集团公司基层建设"百面红旗单位"，全国"五一"劳动奖状、全国先进基层党组织等诸多殊荣。这支队伍更让我们看到，不管时空如何变，"铁人"从没有离开过。

改革开放40年来，作为民族精神的瑰宝，以"爱国、创业、求实、奉献"为主要内容的大庆精神、铁人精神，激励着一代又一代产业工人顽强拼搏、为国奉献。进入新的历史阶段，大庆人继承不守旧，创新不丢根，赋予大庆精神新的时代内涵，为中国新一代的产业工人树立了光辉的典范。

新世纪的大庆精神大庆人启示我们，精神传统和优良作风是企业又好又快发展的动力之源。企业在注重提高经济效益、增强竞争力的同时，也要重视"软实力"建设，用民族精神和时代精神培育企业精神，用马克思主义中国化最新成果指导企业文化实践，用中国特色社会主义共同理想引领职工价值追求，用社会主义荣辱观规范企业和职工行为，把社会主义核心价值体系植根于职工队伍建设之中，做到既抓产品，更抓人品。

面对思想文化多元多样、精神需求日趋增长、价值取向标准各异的职工队伍，既要教育人、引导人、鼓舞人，又要尊重人、理解人、关心人，尤其要注重职工的文化养成，引导职工树立共同理想和崇高信仰，不断激发他们的积极性、主动性和创造性，要认知人格尊严，理解复杂心理，保护合法权益，提高成才能力，促进人的全面发展，把国家需要、企业发展与职工个人求学求知、成长成才的愿望紧密结合，共创、共享改革发展的丰硕成果。

人是要有一点精神的。当个人主义、拜金主义、功利主义袭来，唯有精神崇高，才能使人多一分从容，少一些浮躁。当铅华洗尽、尘嚣远去，唯有精神的力量光芒依旧。

三、北大荒精神

（一）精神简介

什么是北大荒精神？这便是"艰苦奋斗、勇于开拓、顾全大局、无私奉献"这十六个字，字字铿锵有力，发人深思。北大荒人在创造丰硕的物质文明成果的同时，在把北大荒打造成北大仓的同时，更用他们的青春和生命，忠诚与坚韧为后人留下了名传千古的创业精髓。

人们赞美拓荒者，歌颂拓荒牛，更颂扬在艰苦跋涉中取得辉煌业绩的北大荒精神。20世纪50年代初，我国十万转业官兵在东北三江平原的亘古荒原上发起了"向地球开战，向荒原要粮"的伟大壮举。半个世纪来，几代拓荒人承受了难以想象的艰难困苦，战天斗地，百折不挠，用火热的激情、青春和汗水把人生道路上的句号画在了祖国边陲那曾经荒芜凄凉的土地上，他们以"艰苦奋斗、勇于开拓、顾全大局、无私奉献"为内容的北大荒精神，献了青春献终身，献了终身献子孙。垦荒英雄们跋山涉水、勇往直前，他们已把生命融入了这片荒原，用青春和智慧征服了这片桀骜不驯的黑土地，实现了从北大荒到北大仓的历史性巨变。

（二）形成历史

20世纪50年代中期，王震将军奉党中央、毛主席之命，先是率领铁道兵，后又指挥十万转业官兵挺进荒原，展开了大规模的开发建设，奠定了垦区的基础。近半个世纪以来，先后由14万转复官兵，5万大专院校毕业生，20万山东、四川等地的支边青年，54万城市知识青年和地方干部、农民组成的垦荒大军，继承发扬解放军的光荣传统和"南泥湾"精神，头顶蓝天、脚踏荒原，人拉肩扛，搭马架、睡地铺，战胜重重困难，在茫茫沼泽荒原上建起了一大批机械化国营农场群。老一代北大荒人数十年如一日，艰苦创业，自强不息，为垦区的开发建设"献了青春献终身，献了终身献子孙。"黑龙江垦区从无到有，不断发展壮大，成为国家重要的商品粮基地，成为工农商学兵结合、农林牧工副渔综合经营、两个文明建设协调发展的社会经济区域。垦区始终与共和国同呼吸共命运，垦区的开发建设史是共和国发展史的一个缩影。垦区人民在创造物质财富的同时，还创造了宝贵的精神财富，即"艰苦奋斗，勇于开拓，顾全大局，无私奉献"的北大荒精神。

（三）精神内涵

不畏艰险、顽强拼搏的艰苦奋斗精神；

解放思想、敢闯新路的勇于开拓精神；

胸怀全局、富国强民的顾全大局精神；

不计得失、勇于牺牲的无私奉献精神。

（四）精神解读

1. 艰苦奋斗精神。

北大荒的艰苦奋斗精神主要从以下三个方面来体现。

一是环境的艰苦。

史书上记载：北大荒自古以来，就是蛮荒之地。这里荆莽丛生，沼泽遍布，风雪肆虐，野兽成群，人迹罕至，寒冷、偏僻、荒蛮、凶险以至于自身难以克服的困难等。

北大荒是冰雪的故乡，属寒温带大陆性季风气候区。受西伯利亚寒流影响，冬季漫长而寒冷干燥，冬天最低气温可达零下48.6度，一年有三分之二的时间为冰霜期，冻土层最厚达2.5米，滴水成冰、鹅毛大雪都是对这里形象的比喻。

夏季的北大荒，野兽成群，沼泽密布，蚊虻成阵，因草水多多，蚊子就多。晚上睡觉，蚂蚁和蛇常会爬进被窝里。作家聂绀弩在《北大荒歌》中写道："北大荒，天苍苍，地茫茫，一片衰草和枯苇塘。苇草青，苇草黄，生者死，死者烂，肥土壤，为下代，做食粮。何物空中飞？蚊虻苍蝇，蠓蠓牛虻。何物水边爬？四脚蛇，蛤士蟆，肉蚂蟥。山中霸主熊和虎，原上英雄豺与狼。烂草污泥真乐土，毒虫猛兽美家乡。谁来酣睡似榻前，须见一日之短长。大烟儿泡，谁敢当？天低昂，雪飞扬，风癫狂，无昼夜，迷八方。雉不能飞，狍不能走，熊不出洞，野无虎狼。酣战玉龙披甲苦，图南鹏鸟振翼忙。天地末日情何异，冰河时代味再尝。一年四季冬最长。"

二是工作的艰苦。

北大荒初期的工作，就是开垦荒地。建场的时候，进点建场的人员都是靠着两条腿一步一步走的。茫茫荒原，荆棘丛生，塔头甸子和沼泽遍布。每刨一镐，把泥水溅起老高，人都变成了泥猴。没有伙房，露天打灶；没有水井，就用泡子水过滤做饭；没有蔬菜，就挖野菜吃。有时工作的地方处处是水，中午吃饭无蹲坐之地，只好边走边吃。出征归来，脸和脖子上都被蚊子咬得胖出一圈。

三是生活的艰苦。

他们长年吃的是清一色的高粱米、窝窝头、盐水煮黄豆，白菜粉条汤。一日三餐除了大白菜，偶尔有点土豆之外，几乎一年也吃不到肉，逢年过节才能吃一顿大米饭或者饺子，饺子也多半是喝片汤。在三年自然灾害时期，虽然号称黄金般的"北大仓"，也经历了绝大多数人没有经受过的、可怕的饥饿。没有了粮食，只有吃牲口的饲料——糠皮、青稞大麦、黑豆，以至树皮、草根、瓜蔓、辣椒秧、野菜……因饥饿而亡的人也不计其数。有带家属的，还有带孩子的。当时，夫妻一对一双地安排在一个通铺上睡。天很冷，但是得挂蚊帐，一个蚊帐里睡一对。江滨农场当年一间不足20平方米的草房，却同时住过四对新婚夫妇。还有很多农场坐落在深山老林中，不通电、不通邮、不通车。要想和上级联系，只靠一台发报机。战士们想寄一封家书，只能到几十里外的镇里去寄。

2. 勇于开拓精神。

一是向荒原进军。

为了响应党中央的号召，一批又一批以复转军人为主体的垦荒大军，从战场走向荒原，有1956年王震将军率领的铁道兵七个师和1958年从各军种兵种转业来的十万官兵；有1959年来自齐鲁大地的六万支边青年，有1966年来自沈阳军区的万名复转官兵；有1968年组建黑龙江生产建设兵团的三千现役军人和从全国各地来北大荒的80万城市知青；还有数以万计的科技人员、各地的高等院校毕业生以及改革开放后来到北大荒的建设者们在这片

神奇的土地上，共开垦出 3600 多万亩良田，建成了中国规模最大、现代化
程度最高、综合生产能力最强的国有农场群，将 5 万多平方公里的漠漠大荒
建成了闻名遐迩、举世瞩目的现代化农业的黑龙江垦区。

二是科技的创新。

从 1948 年夏始，通北机械化农场就设立了试验室。1949 年，"查育一
号"经小区直播实验，创造亩产 467 公斤的高产纪录。1950 年经反复试验，
用机械化收获水稻获得成功。1955 年，友谊农场组建了农业科研试验站。
1956 年，铁道兵农垦局成立试验站。1957 年，虎林县湖北示范农场移交给
八五零农场，改为试验场。1962 年友谊农场建立农机科研室。1964 年制成
国内第一台盘式精点玉米机。1965 年粮食烘干设备、冻土开沟犁、悬挂式培
土机等 5 项科研任务的研制和开发获得成功。1963 年，东北农垦总局科研所
成立，下设育种、耕作栽培、农业机械、畜牧兽医 4 个研究室。1965 年又成
立了农业经济研究室。同年，黑龙江农垦科学研究所成立。这一时期，从局
到场、从场到连均组建了科研组织机构。1967 年至 1977 年，兵团中期恢复
了科研机构，省农场管理局和 7 个地区农场分局，也先后恢复和建立地区农
垦科研所和农场试验站。在 1978 年全国科学大会上，垦区的"北玉 5 号"
玉米早熟单交种、LD－70 冻土机、LKD－100 单圆盘旋转开沟机、悬挂式播
种施厩肥机、侧牵引清淤机、4W－2 型立卧辊玉米收获机、4YL－2 型立辊
玉米收获机、东北毛肉兼用细毛羊的培育（协作）、哈尔滨白猪的培育（协
作）等 10 项成果获国家部级成果奖。省国营农场总局科学大会首次授予奖
励的农垦优秀科技成果奖 92 项。

进入 21 世纪以来，垦区农业生产实现了跨越式发展，粮食单产稳定提
高，产品质量不断提升，粮食总量、商品率不断创历史新高。

三是体制的创新。

1979 年，国家对黑龙江垦区实行财务包干，30 年"铁饭碗"的历史宣
告结束。1980 年，中共中央下发文件，充分肯定了"专业承包联产计酬责
任制"的优点。1983 年，国营农场生产责任制继续朝着承包到组、到户、
到劳的方向发展。1984 年，中共中央《关于农村工作的通知》指出："国营
农场应继续进行改革，实行联产承包责任制，办好家庭农场。"从此，家庭
农场在黑龙江垦区全面兴起。从 1984 年到 1996 年，垦区先后兴办 20 多万个

家庭农场，实现了农业改革的第一次历史性飞跃。1998年，黑龙江北大荒农垦集团总公司作为国家大型企业集团试点企业正式组建。2000年，农垦总局制定了《黑龙江垦区农业现代化规划纲要》，积极探索垦区内部政企分开的实现形式，加快建立现代企业制度，实行集团母子公司管理体制。2002年，104个农牧场和4家厂矿企业内部政企分开改革全部到位。从2004年开始，垦区启动现代农机装备工程。由于原有的组织模式已不适应生产力发展的需要，于是北大荒开始了撤连建区的改革，把原来的2241个生产连全部撤销，集中设立661个管理区，降低了农业的生产成本，推动了农业现代化进程。制度的创新洞开了世界的窗口，将北大荒人引向了国际舞台。垦区已与几十多个国家和地区建立了贸易往来和经济技术合作关系，主要农畜产品出口世界几十个国家和地区。

3. 顾全大局精神。

北大荒人有着崇高的责任感和使命感，无论在怎样的困难面前，他们都能咬紧牙关，服从大局，千方百计完成上缴国家粮食的任务。有些年由于各种自然灾害，导致垦区粮食大量减产，能否按计划完成国家交给的上缴粮食的任务，就变得十分艰巨。为了顾全国家这个大局，替国家分忧解难，北大荒人不顾个人得失，勇敢地站了出来。在各级党组织的领导下，垦区上上下下积极行动，献计献策，为完成上缴国家粮食任务而努力。他们勒紧腰带，精打细算，将霉变的小麦当作口粮，把好的粮食和全部余粮都上交给了国家，按时完成国家交给的粮食购销任务。顾全大局是北大荒人的一贯信念，他们"急国之急、想国之想"，不讲条件不讲代价，用自己的生命和汗水证实了对祖国的赤胆忠心。

他们为民族大业，为抢险救灾，为完成国家任务作出了不可磨灭的贡献。

在保护生态环境方面主要表现为：旱涝灾害频繁、江河泛滥、水土流失、风蚀沙化，耕地肥力下降，多种珍稀水禽和鸟类被迫迁徙他乡，曾肥的流油的黑土地日益变得贫瘠。为此，黑龙江垦区提出了保护生态环境、发展绿色农业的新思路：禁止一切湿地、草原垦殖和毁林开荒活动，退耕还林，退耕还牧，退耕还草，退耕还湿。同时，加大造林的力度，多处建立了自然保护区和自然保护地、生态农业试验示范点、绿色食品生产基地，使北大荒的生态环境得到明显改善。实行"场县共建"，增加农民收入，促进地方与垦区互利共赢。

4. 无私奉献精神。

北大荒的无私奉献精神主要体现在以下几个方面：

一是事业的奉献。

北大荒人承载着党和人民的殷切期望，伴随着共和国艰难前进的脚步，历经三代北大荒人的薪火传承、拓荒风雨，终将昔日的北大荒变成今天的北大仓。

在这块神奇的黑土地上，有数不清的中华民族的优秀儿女，把他们的一生奉献给北大荒的垦荒事业中。他们之中有老红军战士余永清、黄振荣、张文忠；有身残志坚的残疾荣誉军人迟子强、郝光浓、侯祥宽、汪立国、韩应魁；有战斗英雄李国富、王树功、张一千、曹学法；有支边青年模范人物杨华、范素兰、纪长英、梅树生；有城市知识青年的优秀代表徐淑芳、邵玉琨、曲雅娟、高崇辉；有献身科技事业的专家张元培、桂体仁、梁甲农、徐一戎和冯紫琅夫妇等。他们燃篝火，战严寒，驱野兽，开荒原，在这漠漠大荒上建起了一座又一座农场，终于将5万多平方公里的漠漠大荒建成了闻名遐迩、举世瞩目的现代化农业的黑龙江垦区。

二是青春的奉献。

十四万复转官兵都很年轻，年龄普遍在二三十岁，他们在解放战争、抗美援朝的炮火硝烟中英勇杀敌，建功立业，而当祖国需要他们的时候，他们毫无怨言，意志坚定，来到茫茫荒原，投入北大荒的伟大事业中。从北京、天津、上海、杭州、宁波、哈尔滨等城市的几十万的学生和知识青年，刚来到北大荒的时候，小的只有十五六岁，最大的也不过20左右岁，他们才从学校毕业，步入社会的第一步就来到了遥远的祖国边陲，为垦区的繁荣发展作出了巨大的贡献，他们把他们最宝贵的青春财富献给了北大荒。

三是生命的奉献。

有多少北大荒的建设者们因长期的劳累身患重病死在了北大荒；有的在开垦荒原的过程中，被茫茫无际的沼泽地所吞噬；有的在洪水中为了抢救国家的财产献出了生命；有的在茫茫火海中化为灰尘而永生；有的因在军事演习中，遇突发事故为保护战友而永不醒；有的因为在爆破之中，为排除哑炮而牺牲；有的为抢救落水的学生，毅然跳入水中而献身；有的因抢救家属妇女，被黑瞎子的大掌拍碎脑壳，他们用自己的理想信念和血肉之躯为北大荒谱写了一曲曲英勇牺牲、无私奉献的英雄赞歌。据有关方面统计，在北大荒的开垦中，有12000多人长眠于辽阔而富饶的北大荒，将生命永远奉献给了这片神奇的黑土地，而这仅仅是整个黑龙江垦区故去者的一部分。在长达六十多年艰苦创业的岁月里，有五万多转业官兵、支边青年、知识分子、知识青年永远长眠在北大荒。

（五）北大荒简介

1. 气候。

这里是冰雪的故乡，属寒温带大陆季风气候区，暴虐的西伯利亚寒流长久地在这里盘旋，因此，北大荒的冬季漫长、寒冷、干燥。年平均气温从南至北由2.6℃减到零下3.5℃，极端最低温度达零下40℃！的确，寒冷是拓荒者面临的首要劲敌。

2. 地貌。

北大荒有复杂的自然地貌，有莽莽山地，有平缓丘陵，还有宽大的谷地。这里濒临风口一年有三分之二的时间在冰霜统治之下，冻土层最厚达2.5米。它的西部是松嫩平原区嫩江从伊勒呼里山千里南下，与松花江合流侵蚀，使这里的地势平坦，更有梦幻般广阔无垠的大草原。它的东部是三江平原区。平均海拔仅54米，万分之一的坡降，构成罕见的平坦地势，形成大面积的低湿沼泽地，漂浮堡变幻莫测，于是有"鬼沼"的神奇传说。

3. 凶险之地。

北大荒地处边塞之地。它的东、北两面以乌苏里江和黑龙江为界与俄罗斯隔江相望。区内有大江大河拦阻有无数的川溪涧泉切割；有冰雪断道，荆柴封路；有毒虫结阵，猛兽成群；更有令人毛骨悚然的地方疫病，如"出血热""克山病"等肆意横行，使历史的北大荒在传说中凶险无比。当年，著名作家聂绀弩下放此地，目睹此景，不由慨然放歌：

秀色蕴于险峰之顶。

瑰宝必藏于艰险之地。

北大荒是祖国的一片宝地。

4. 自然资源。

这里是世界三大黑土带之一。土质肥沃，有机质含量大都在 5% 到 8% 之间，有的地区高达 10% 以上。这里有丰富的水利资源，地表江河纵横，地下储量可观，大气降水充盈，极为适宜农业发展；有珍贵的矿产资源，煤、铁、铜、金、石油一应俱全；还有极为丰富的野生动植物资源，山林中有虎、熊、獐、鹿，沼泽区有丹顶鹤、天鹅，河湖中的鳇鱼、鲟鱼、大马哈鱼、白鱼，俱是水产珍品，人参、猴头、木耳、蘑菇也都是名贵山珍……难怪历朝历代的人们不惧凶险、不畏艰难，竞相踏上那条几乎没有归途的开拓之路，为后代留下了可以凭吊的印迹。

四、东北抗联精神

东北抗联精神，是二十世纪三四十年代中国共产党领导的东北抗日联军为抗击强大的日本法西斯，在长达十四年艰苦卓绝、气壮山河的英勇斗争中，所铸就的光耀千秋、彪炳史册的民族精神，是中华民族精神的重要组成部分，是中国革命精神的继承和发扬，是我们党、军队和民族的宝精神财富。它同井冈山精神、长征精神、延安精神、西柏坡精神等革命精神一样，是激励全国各族人民奋勇前进的强大精神力量源泉，东北抗联精神的内涵，作者经过十余年的反复研究和论证，将其概括为五个方面：忠贞报国、勇赴国难的爱国主义精神；勇敢顽强、前仆后继的英勇战斗精神；坚贞不屈、勇于献身的不畏牺牲精神；不畏艰苦、百折不挠的艰苦奋斗精神；休戚与共、团结御侮的国际主义精神。